Alberto Siliotti

ÄGYPTEN
LAND DER PHARAONEN

nebel
BILDBAND

INHALT

Text:
Alberto Siliotti

Herausgeberin:
Valeria Manferto

Graphische Konzeption:
Patrizia Balocco

Farbkarten:
Luca Rossi

Übersetzung:
Anneliese Kerschgens

Schwarzweiß-Karten und Zeichnungen:
Monica Falcone, Cristina Franco

Der Verlag dankt Yvonne Marzoni, Fabio Bourbon, Ahmed El Ebrashi (Direktor des General Press Centre) und Ebtesam Gamal El Den für die Mitarbeit an diesem Buch.

Genehmigte Sonderausgabe für Nebel Verlag GmbH, Erlangen/Utting

Titel der Originalausgabe: Egitto
Übertragung aus dem Italienischen: Anneliese Kerschgens
Lektorat: Reingard Kastenhuber, Dieter Krumbach, Eleonore Ponader-Weber

Printed in Italy

ISBN 3-89555-037-X

3 4 5 1 00 9 8

__1__ Dieses Bild ist an der Decke des Grabes von Irinefer, dem „Diener im Sitz der Wahrheit" abgebildet. (Deir el-Medina, West-Theben)

__2-3__ Diese Goldfolie gehörte Königin Henut-taui, der Mutter Psusennes' I. (21. Dynastie, um 1000 v. Chr.). Sie wurde auf den Schnitt in der Bauchdecke gelegt, den die Einbalsamierer vornahmen, um die Eingeweide aus dem Körper zu nehmen. Das Udjat Auge des Gottes Horus, ein mächtiges Amulett, wird von vier Kindern des Horus umgeben, den Beschützern der Kanopen: Duamutef mit einem Schakalkopf, Kebechsenuef mit einem Falkenkopf, Hapi mit einem Paviankopf und Amset mit einem Menschenkopf. (Ägyptisches Museum, Kairo)

__4-5__ Dieses Brustblatt in Gold und Blau wurde im Grab von Scheschonk II. (22. Dynastie, um 890 v. Chr.) gefunden. In der Mitte des Schmuckstückes, ist die Sonnenscheibe, die in einer Barke auf dem Ur-Ozean segelt, dargestellt, in welche die Gestalt des Gottes Amun-Rê eingraviert wurde, der gerade eine Gabe von der Göttin Maat erhält. Diese Sonnenscheibe ist von den Göttinnen Isis und Nephthys umgeben, die ihre Flügel schützend um sie breiten. Die Darstellung wird vom Symbol des Himmelszeltes eingerahmt.

__6-7__ Die Portraits von Gästen, die an einem Bankett teilnehmen, das von Ramose, Stadtverwalter und Wesir, zur Zeit Amenophis' IV. gegeben wurde, zählen zu den vollkommensten Kunstwerken der 18. Dynastie. (Sheikh Abd el-Qurna, West-Theben)

__8__ Der Kopf des Gottes Horus, der als Falke dargestllt wird. Er wurde in Hierakonpolis gefunden, der ersten Hauptstadt Oberägyptens in Vorgeschichtlicher Zeit. Er ist eines der Meisterwerke der Goldschmiedekunst des Alten Reiches. Der Körper dieser Statue, die auf die 6. Dynastie zurückgeht (um 2325 v. Chr.), wurde nie gefunden. Der goldene Kopf zeugt von der außergewöhnlichen technischen Fähigkeit der Künstler jener Epoche. Mit großer Wahrscheinlichkeit symbolisieren die zwei hohen Federn über dem Kopf besondere Eigenschaften der himmlischen Gottheiten und sind erst im Neuen Reich angebracht worden.

__9__ Die von Pierre Montet 1939 in Tanis entdeckte Mumie des Pharaos Psusennes I. war mit einer wundervollen Goldmaske bedeckt, deren Wert und Schönheit mit der berühmten Maske Tut-anch-Amuns verglichen werden kann.

Vorwort

Die Geschichte des Alten Ägypten übt eine Faszination aus, die nicht nachzulassen scheint. Die Fülle der neu hinzukommenden Bücher und anderer Veröffentlichungen über dieses interessante Thema ist nach wie vor beträchtlich.
Auf den ersten Blick scheint es deshalb überflüssig oder zumindest gewagt, einen weiteren Band vorzulegen. Wenn man allerdings die Bücher über Ägypten genauer betrachtet, wird deutlich, daß bislang nur wenige existieren, in denen die Abbildungen nicht nur zur Darstellung der archäologischen und geschichtlichen, sondern auch der damit eng verbundenen geographischen und die Lebensumstände betreffenden Aspekte dienen. In dem vorliegenden Bildband wurden all diese Aspekte berücksichtigt.
Die Textbeiträge sind bewußt knapp gehalten und beschränken sich auf das Wesentliche: Sie kommentieren die Bilder und ermöglichen ihre Interpretation, da sie alle nötigen Informationen zur geschichtlichen und geographischen Einordnung beinhalten. Darüber hinaus liefert der Text eine vereinfachte Zusammenfassung der komplexen geschichtlichen Abläufe und ihrer Bedeutung. Zahlreiche Fotografien dokumentieren die beeindruckenden archäologischen Fundstätten.
Aufzeichnungen und Berichte berühmter Reisender, Gelehrter und Forscher des 19. Jahrhunderts sollen dem Leser einen tiefergehenden Eindruck vom Alten Ägypten vermitteln. Die Gegenstände der wichtigsten Ausgrabungen werden in ihrem ursprünglichen Kontext vorgestellt. Ein ausführliches Glossar erläutert die wichtigsten Fachbegriffe und erleichtert die Orientierung in der komplizierten Welt der Mythologie und der Religion des Alten Ägypten, ohne deren Kenntnis auch die schönsten Denkmäler bedeutungsleere architektonische Gebilde blieben.

10 *Diese Abbildung zeigt die Schriftrolle der Königin Nofretiri, Meri-en-Mut, was soviel heißt wie „die von Mut geliebte Schönste“.*

11 *Dieses Portrait der berühmten Nofretiri, Meri-en-Mut, Gemahlin von Ramses II., befindet sich auf einer ihrer Grabmalwände im Tal der Königinnen. Die technische und stilistische Perfektion der Wandbilder im Grabmal der Nofretiri sind in der Kunst des Alten Ägypten einzigartig.*

12-13 *Vor den zwei Kolossen Ramses' II., die den Eingang des Tempels in Luxor säumen, standen ursprünglich zwei Obelisken, die der Pascha Mehmed Ali im Jahre 1831 an Frankreich verschenkte. Ein Obelisk wurde nach Paris transportiert und steht seit 1836 auf der Place de la Concorde.*

14-15 *Der nubische Tempel Ramses' II. in Wadi es-Sebua sollte dem Bau des Assuanstaudamms zum Opfer fallen. Dank einer internationalen Kampagne unter der Leitung der UNESCO wurde der Tempel an einem etwas höher gelegenen Ort, einige Kilometer weit entfernt, wieder aufgebaut.*

Kemet, das Land der schwarzen Erde

***16** Der Ritus des 'shai' (das arabische Wort für Tee) ist zusammen mit dem Rauchen der 'sisha', einer Wasserpfeife ottomanischen Ursprungs, eine der verbreitetsten Gewohnheiten unter der Bevölkerung Oberägyptens und der Wüsten östlich und westlich des Nils.*

***17** Sanddünen durchziehen wie ein langes Band die Westliche Wüste, auch Libysche Wüste genannt. Sie bildet den ägyptischen Streifen der Sahara.*

Die Alten Ägypter nannten ihr Land 'kemet', schwarze Erde, und grenzten es damit von der mit 'deshret' bezeichneten roten Erde der sie umgebenden Wüste ab.

Sie selbst nannten sich 'remet-en-kemet', das Volk der schwarzen Erde.

Die schwarze Erde war das urbar gemachte Land, der fruchtbare Schlamm, den der Nil während seines jährlichen Hochwassers in den Überschwemmungsgebieten ablagerte. Während des Tertiär (vor etwa 45 Millionen Jahren) war ganz Ägypten vom großen Tethys-Altmeer bedeckt. Als im Oligozän, am Ende des Tertiär, die großen Alpidischen Faltungen zur Bildung der Himalaja- und Alpenkette führten, zogen sich die Gewässer des Altmeeres zurück: Es bildeten sich das mittelmeerische Becken sowie ein Gebiet, das der heutigen Sahara und Ägypten entspricht.

Zu Beginn des Quartär, im Pleistozän, kam es zur Bildung der großen Äquatorseen, und es entwickelten sich die klimatischen Bedingungen, die zur Entstehung des Nils führten. Der Nil geht aus dem Zusammenfluß zweier Ströme hervor: dem Weißen Nil und dem Blauen Nil, die sich im Sudan, nahe der heutigen Stadt Khartum, vereinigen. Der Weiße Nil wird von den großen Seen (Victoria-, Edward- und George-See) gespeist und verfügt daher über eine fast konstante Wasserführung. Der Blaue Nil mit seinem Zufluß Atbara unterliegt dagegen dem Einfluß der Monsunregen aus den Bergen Äthiopiens und weist deshalb gegen Ende des Frühlings hohe Wasserstände auf. Hierdurch entsteht eine bestimmte Abfolge von Pegelständen des Nils, die wiederum großen Einfluß auf die Entwicklung der dortigen Zivilisation hatte.

Während ihres langen Weges zum Mittelmeer gruben sich die Wasser des noch jungen Nils in den weichen Tertiär-Kalkstein, der einst den Grund des Tethys-Altmeeres bildete. So entstand ein breites Flußtal. Der Fluß traf auf seinem Weg zum Mittelmeer an verschiedenen Stellen jedoch auch auf das im Vergleich zum weichen Sedimentgestein wesentlich härtere Urgestein (Granit) der Kontinentalplatte. Dadurch entstanden die sechs Katarakte. Das aus dem Griechischen stammende Wort, das in etwa mit dem Begriff „Wasserfall“ zu übersetzen ist, charakterisiert diese durch heftige Strömungsverhältnisse geprägten Abschnitte des Flußlaufes sehr treffend.

Nach etwa sechstausend Kilometern verzweigt sich der Nil nahe dem Meer fächerförmig in verschiedene Arme und bildet ein Delta.

Im Osten des Nils liegt die (gebirgige) Ost-Wüste oder Arabische Wüste, die zum Roten Meer hin abfällt. Im Westen befindet sich die (sandige) Westliche Wüste oder Libysche Wüste, die die Sahara im Osten begrenzt und die in etwa zweihundert Kilometern Entfernung vom Nil von Oasen unterbrochen wird. Diese Oasen sind aus Depressionsgebieten

***18-19** Eine Kamelkarawane in der Wüste Oberägyptens zieht in Richtung der großen Märkte. Das Dromedar, das fälschlicherweise oft auch als Kamel bezeichnet wird, war zur Zeit der Pharaonen noch unbekannt und wurde erst später von den Arabern in Ägypten eingeführt.*

entstanden, die in etwa parallel zum Fluß verliefen. Ohne den Nil wäre Ägypten eine unfruchtbare Wüste geblieben. Zu Beginn des Holozän vor ungefähr 10 000 Jahren floß der mächtige Nil durch die sogenannte „Grüne Sahara", ein heutiges Wüstengebiet, das damals wegen des wesentlich feuchteren Klimas (im Verhältnis zu den Eiszeiten des Quartär) eine riesige Savanne war, und von Büffeln, Gazellen, Elefanten und Zebras bevölkert wurde. Die alljährlichen Hochwasser des Stromes waren zwar oft reißend, aber wenn sich das Wasser zurückzog, ließ es eine Vielzahl von Seen, Wassertümpeln und Sümpfen in den Überschwemmungsgebieten zurück. Hier lebten dann Krokodile, Nilpferde sowie zahlreiche Fisch- und Vogelarten.
Begünstigt durch diese Verhältnisse, ließen sich die Jäger und Sammler in festen Siedlungen nieder und begannen Viehzucht und Ackerbau zu betreiben. Klima und Natur begünstigten Wanderungsbewegungen sowohl quer durch jene „Wüste", die kurze Zeit später ein unüberwindliches Hindernis darstellen sollte als auch entlang des Flusses: So erfolgte ein Austausch von Rohstoffen und Ideen.
Um 5000 v. Chr. begann dann eine Trockenphase, die den Übergang zur heutigen Klimasituation einleitete. Damals suchte die Bevölkerung in ihrem Überlebenskampf den Schutz des Niltals mit seinen günstigeren Lebensbedingungen. Dadurch entstanden in zwei getrennten Gebieten des Landes – im Norden und im Süden – die ersten städtischen Siedlungen.
Im Süden siedelten sich die Menschen in der Nähe der späteren Stadt Theben an. Im Norden wählten sie das Gebiet des westlichen Nildeltas und der grünen Region des Fayûm. Diese Region verdankt ihre Existenz einem Nilarm, der dort in eine breite Niederung fließt und den See Qarun speist.
Die Siedlungsgebiete entwickelten sich unterschiedlich und unabhängig voneinander und waren Ursache einer dualistischen Prägung Ägyptens. Schon früh nannten die Einwohner ihr Land „das doppelte Land" oder „die zwei Länder": Ein Dualismus, der sich auch geographisch in der Gegenüberstellung von 'kemet' und 'deshret' – fruchtbarem Land und Wüste – ausdrückt.
Das Leben in diesen ersten Ansiedlungen erforderte eine feste Ordnung sowie die Ausbildung sozialer Strukturen. Es kristallisierte sich immer mehr die Notwendigkeit einer Führungsgestalt, wie sie später der König war, heraus. Er war derjenige, der seinem Volk das Überleben sicherte, der die Arbeit organisierte und das Land gegen Feinde verteidigte.
Die Einsetzung eines Königs und eine zentralisierte Machtausübung waren die Elemente, die in Ägypten die Voraussetzung für die Bildung eines dynastischen Staates schufen. Der Nil fungierte als Bindeglied dieses Staates: Ein Fluß, der das ganze Jahr über lebenserhaltendes Wasser spendete, wenn Trockenzeiten das Land verdorren ließen, und nach dessen Hochwasserphasen die Alten Ägypter Arbeits- und Jahreszeiten einteilten. Mitte Juli, wenn der Hundsstern Sirius am Morgenhimmel aufging, öffnete der widderköpfige Gott Chnum die Tore seiner riesigen Höhle auf dem Grund des 1. Kataraktes und ließ das Wasser herausfließen: Dann begann 'akhet' die Jahreszeit der Überschwemmungen, die bis einschließlich September dauerte. Wenn sich die Wassermas-

***20** Das Licht der untergehenden Sonne fällt auf die Wasserspuren, die die Feluken in den Gewässern nahe Assuan hinterlassen. Die Feluke ist ein typisches Nilboot: Mit Hilfe eines riesigen Segels vermag sie auch eine noch so leichte Brise auszunutzen. Dort, wo bis zum letzten Jahrhundert praktisch keine Transportwege über Land existierten, galt sie als Haupttransportmittel für Personen und Güter.*

***21** Der Nil umspült den Wüstensand bei Assuan, dem früheren Syene. Auf der Höhe dieser Stadt, die damals ein reges Handelszentrum für Waren aus Äquatorialafrika war, entstand die Region Nubien.*

22 oben *Das Kloster des heiligen Antonius ist eines der ältesten in ganz Ägypten. Es wurde im 7. Jahrhundert von den Schülern des heiligen Antonius gegründet, nicht weit von der Grotte entfernt, in der dieser als Einsiedler gelebt hatte.*

Im 13. Jahrhundert erlebte das Kloster eine Blütezeit. Die imposanten Klostermauern umschließen nicht nur die Hauptkirche und zahlreiche kleine Kapellen, sondern auch eine richtige Dorfsiedlung, die den Mönchen völlige Autonomie sicherte.

sen wieder in ihr Flußbett zurückzogen, folgte zwischen November und März die Jahreszeit 'peret' mit Aussaat und Wachstum. Dem schloß sich zwischen April und Juni der mit 'shemu' bezeichnete Zeitabschnitt an, in dem das Getreide heranreifte und geerntet wurde.

Die Nilüberschwemmungen waren oft unregelmäßig. Der Gemüseanbau bedarf aber einer regelmäßigen Wasserzufuhr. Darüber hinaus reichten die Ernteerträge der hauptsächlich angebauten Getreidesorten Weizen und Gerste nicht zur Ernährung der Bevölkerung aus. Es wurde deshalb sehr bald notwendig, den Fluß zu „zähmen" und nutzbar zu machen – so wie es mit Tieren und Pflanzen bereits lange Zeit vorher geschehen war. Vermutlich entwarfen und bauten die Ägypter schon seit Vorgeschichtlicher Zeit Schleusen und Kanäle; dies läßt ein Relief auf dem Stab des Skorpionkönigs vermuten, auf dem ein Mann beim Kanalbau dargestellt ist. Zur gleichen Zeit begann man, Getreidespeicher und Vorratshäuser anzulegen.

Eine „primitivere" Form der Bevorratung durch Jagd und Fischerei auf dem Nil und in den zahlreichen großen Sümpfen wurde allerdings nie ganz aufgegeben und blieb ein wichtiger Wirtschaftsfaktor für die Niltalbevölkerung.

Aber der große Strom sicherte den Ägyptern nicht nur die Nahrung: In diesem Wüstengebiet, wo Leben nur in der Nähe des Flußufers möglich war, stellte der Nil den einzigen Kommunikations- und Transportweg dar. Auf bemalten Keramiken aus der Periode des Naquada II. (abgeleitet von einem Ortsnamen in der Provinz von Abydos) sind Schiffe abgebildet, von denen einige sogar mit Segeln ausgestattet sind.

Reisen war damals gleichzusetzen mit Schiffahrt – einer Schiffahrt, die in Richtung Norden von der Strömung erleichtert wurde und stromaufwärts die meist aus Norden wehenden Winde nutzen konnte.

Auch in der Hieroglyphenschrift wurde eine Reise, je nachdem in welche Richtung sie ging, unterschiedlich dargestellt: die Hieroglyphe symbolisierte das Segel und bedeutete eine Fahrt nach Süden, während ein Boot mit Ruder eine Fahrt nach Norden kennzeichnete. Die Ägypter

***22-23** Das koptische Kloster von Amba Bishai im Wadi Natrun. Das Wadi Natrun liegt zwischen Kairo und Alexandria. Seinen Namen verdankt es dem Natrium (Natron), das man früher aus den Seen in diesem Gebiet gewann. Das Natrium wurde zur Glasherstellung verwendet; außerdem unterstützte es den Austrocknungsprozeß bei der Einbalsamierung der Toten. Dieses Tal wurde schon bald eines der großen religiösen Zentren in Ägypten: Dort wurden zahlreiche Klöster gegründet, von denen vier noch heute bewohnt sind.*

benutzten sowohl den Hauptfluß als auch das Netz der Kanäle und Flußarme, die sich vor allem im Gebiet des Deltas gebildet hatten, und besaßen damit Kommunikations- und Transportwege, die so funktionstüchtig waren, daß keine Straßen gebaut werden mußten. Dieses Kommunikationssystem über den Fluß war ohne Zweifel ein bestimmender Faktor bei der Bildung des Einheitsstaates. Gleichzeitig erschwerte es das Eindringen fremder Völker in ein Gebiet, das im Osten und Westen von Wüsten und im Norden von den Deltasümpfen begrenzt war und über keine Kommunikationsverbindungen über Land verfügte. Schon seit Vorgeschichtlicher Zeit war das Niltal ein Korridor, der weit voneinander entfernte Völker und Kulturen miteinander in Berührung brachte: Es war die Verbindung zwischen Äquatorialafrika und dem Mittelmeer.

Die Ägypter begriffen die Welt nach dem Abbild ihres Tals: als ein Land, das sich von Süden nach Norden entwickelte und das aus Gewässern geboren war – so wie einst die Gewässer des Ur-Ozeans der Erde und dem Himmel das Leben geschenkt hatten. Das andere Hauptelement dieser Welt war die Sonne, deren Kraft einerseits die Erde austrocknete, die Weiden ausdörrte und die Ernten vernichtete, die andererseits jedoch Leben, Licht und Wärme spendete. So wie das Wasser des Nils von Süden nach Norden floß, so sahen die ersten Einwohner Ägyptens das Tagesgestirn in einer Richtung auf- und untergehen, die die des Flusses kreuzte: von Osten nach Westen. Jeden Abend verschwand die Sonne im Okzident, als ob sie vom Himmel verschluckt werden würde, aber während der Nacht schien sie sich zu erholen, um am nächsten Tag wieder am östlichen Horizont zu erscheinen.
Auf diesen Naturbeobachtungen gründeten die Ägypter schon zu Urzeiten eine Weltanschauung, die sich auf die zwei Achsen des Universums stützte: auf die erdbezogene Nord-Süd-Achse und auf die himmlische Ost-West-Achse. Auch für ihre Religion bildete diese Sicht der Welt die Grundlage. Obwohl der Nil für die Existenz der Ägypter lebensnotwendig war und eine große Rolle bei der Entstehung ihrer Weltanschauung gespielt hat, gaben sie ihm nie einen Namen. Deshalb ist auch heute noch nicht genau geklärt, wie der Nil zu seinem Namen kam. Man vermutet, daß der Name aus einer Entstellung des Wortes 'na-iteru', „die Flüsse", entstanden ist, mit dem die Ägypter die verschiedenen Nilarme des Deltas bezeichneten.
Der Fluß selbst wurde nie als Gott verehrt, sondern nur seine Auswirkungen auf das Land. Die Ägypter

24 *In der thebanischen Grabmalerei der 18. und 19. Dynastie wird oft der 'shaduf' dargestellt, wie er auch heute noch in Gebrauch ist. Dieses Bild stammt aus dem Grab von Ipuy in Deir el-Medina und geht auf die Epoche von Ramses II. zurück.*

24-25 *Ein junger Bauer transportiert Zuckerrohr auf einem Esel. Esel sind für kurze Strecken auch heute noch das gebräuchlichste Transportmittel der ägyptischen* 'fellahs' *(arabisches Wort für Bauer). Auf Grund seines außergewöhnlichen Durchhaltevermögens und seiner Anspruchslosigkeit wurde dieses Tier zur Zeit der Pharaonen von den Karawanen auch zur Wüstendurchquerung benutzt.*

25 unten *Die* 'saqya', *ein vom Tier angetriebenes Schöpfrad, und der* 'shaduf', *eine Art Schwinghebel, der von Menschenhand bedient wird, werden traditionellerweise dazu verwendet, das Wasser des Nils oder seiner zahlreichen Kanäle auf die Felder und Gemüsegärten zu pumpen. Die Verbreitung der mechanischen Motorpumpen verdrängt die alte Bewässerungsmethode allerdings immer mehr.*

26-27 *Die im Oktober stattfindende Dattelernte ist ein wichtiges Ereignis im Leben der Oasenbewohner der Libyschen Wüste und der Palmenhaine Oberägyptens. Die Datteln werden zum Trocknen in der Sonne ausgebreitet – sie bilden einen farbenprächtigen Teppich.*

28-29 *Der Nil, der mit 6671 Kilometern der zweitlängste Fluß der Erde ist, galt schon immer als Hauptkommunikationsweg für ganz Ägypten.*
An seinen Ufern bauten die Ägypter Tempel und Nekropolen sowie Städte und Dörfer. Herodot, der griechische Historiker, der Ägypten um 450 v. Chr. bereiste, erkannte schon damals die existentielle Bedeutung des Flusses für dieses Land und nannte Ägypten ein „Geschenk des Nil". Der Fluß spielte für die Landwirtschaft bis in die 70er Jahre eine wichtige Rolle, da seine jährlichen Überschwemmungen das Land mit einer dicken Humusschicht bedeckten.

setzten deshalb Hapi, einen Gott des Überflusses, mit dem Überschwemmungsphänomen gleich.
Die Energie der Gewässer, die das Land belebten und befruchteten, wurde in Zusammenhang mit dem Auferstehungsmythos des Osiris gebracht: Man stellte somit – wahrscheinlich schon in Vorgeschichtlicher Zeit – eine Wechselbeziehung zwischen dem Totenkult, der göttlichen Auferstehungsidee und der Fruchtbarkeit des Landes her.

30 oben *Der Tempel in Serabit el-Khadem, der auf einem Felsvorsprung des Sinaigebirges in der Mitte der Halbinsel steht, ist der Göttin Hathor, der „Dame des Türkis", geweiht. Schon im Alten Reich wurden dieser Halbedelstein sowie Kupfermineralien in dem Gebiet gewonnen.*

30 unten *Auf dem Gipfel des Dschebel Mûsa oder Mosesberg, dem biblischen Berg Sinai, steht in 2285 Metern Höhe eine Kapelle, die 1934 mit Steinresten errichtet wurde, die von einer primitiven Kirche aus der Zeit der Königin Helena (4. Jahrhundert) stammten.*

30-31 *Das Kloster der heiligen Katharina wurde im 6. Jahrhundert vom Imperator Justinian am Fuße des Mosesberges errichtet. Es ist von einer großen Mauer, die noch aus dieser Zeit erhalten ist, umgeben. In den folgenden Epochen wurde das Kloster mehrmals erweitert. Es besteht heute aus einer großen Kirche, einer Moschee aus dem 10. Jahrhundert, einer großen Bibliothek mit mehr als 3500 Handschriften und der „Kapelle des brennenden Busches", die an der Stelle erbaut wurde, an der Moses, nach der Überlieferung, den brennenden Dornbusch sah.*

32-33 *Die Beduinen des Sinai haben alte Sitten und Bräuche beibehalten, aber der ständig wachsende Tourismus verändert die Lebensweise der Bewohner der Halbinsel immer mehr.*

33 oben Diese Abbildung zeigt das faszinierende Panorama der Hochebene des Sinai. Das Aussehen der vom Wind erodierten und vom Sand geformten Felsformationen verändert sich je nach Lichteinfall.

33 unten Das Kamel ist auch heute noch das weitverbreitetste Transportmittel der Beduinen aus den südlichen Sinaibergen. Es wird aber zunehmend durch mechanische Mittel ersetzt.

34 oben
Ras Mohammed ist der südlichste Punkt der Halbinsel Sinai. 1983 wurde das Gebiet zum Nationalpark erklärt, was dazu beitragen soll, den schönsten und unberührtesten Ort am Roten Meer zu schützen.

34-35 Die Meerenge von Tiran, wo sich die Küste des Sinai und die arabische Halbinsel nur wenige Meilen voneinander entfernt gegenüberliegen, schließt im Süden den Golf von Akaba ein. Von großer Bedeutung in dieser Meerenge sind die beiden arabischen Inseln Tiran (Foto) und Sanafir, die von Ägypten verwaltet werden. Das ganze Sinai-Gebiet untersteht der Kontrolle multinationaler Truppen (MFO). Die Insel Tiran ist von besonders schönen Korallenbänken umgeben und ein beliebtes Ziel für Taucher. Tiran und Sanafir sind außerdem Rastplätze für viele Vogelarten auf ihren Wanderungen, und ihre Strände dienen als Brutplätze für Meeresschildkröten. 1983 wurden beide Inseln Bestandteil des Nationalparks Ras Mohammed.

5000 Jahre
Ägyptische Geschichte

36-37 *Auf einer der Wände des* 'pronaos' *im Tempel von Abu Simbel ist Ramses II. dargestellt, das Haupt geschmückt mit dem Kepresch, dem blauen Zeremonienhut. Das Gemälde zeigt, wie er symbolisch äthiopische und nubische Gefangene an zwei Mitglieder der Triade aus Theben – Amun-Rê und seine Gattin – anbietet. Zwischen den beiden Göttern befindet sich Ramses selbst, vergöttlicht und gleichgestellt mit dem Sonnengott. (aus* Monuments de l' Egypte et de la Nubie).

Kargha Oase
Dakhla Oase
Hibis-Tempel
Tempel von Ramses II.
Osireion
Tempel von Sethos I.
Dendera
Tentyris
Abydos
Theben
Akhmim
Panopolis
Qift
Koptos, Gebtu
Wadi Hammamat
Porphyrgrube
Gebel Dukhan
Mons Porphyrites
Goldmine von el-Fawakhir
Granitgrube
Mons Claudianus
Myos Hormos
Philoteras
El-Quseir
Leukos-Limen

39 Ein ausführlicher Text in senkrechten Säulen beschreibt die Schlacht von Kadesch im Sinai, nach einem Gedicht des Pentaur. Diesen Text ließ Ramses II. in die Tempel meißeln. Weiter unten sind die Bediensteten des Pharaos und Soldaten dargestellt, welche die Kriegsausrüstung des Pharaos bereit halten: seine Waffen und einen von zwei Pferden gezogenen Wagen.
(*aus* Monuments de l' Egypte et de la Nubie)

Abu Simbel
Wadi es-Sebua
Qasr Ibrim
Maharraqa
Ed-Dakka
Dendur
Kalabscha
Debod
Elephantine
Philae
Unvollendeter Obelisk
Assuan
Syene

KARTE DES ALTEN ÄGYPTEN

5000 Jahre Ägyptische Geschichte im Überblick

Vorgeschichtliche Zeit
5. und 4. Jahrtausend v. Chr.

Die Bevölkerung des Niltals siedelte sich in zwei Hauptzentren an: im Norden (Unterägypten) im Gebiet des Deltas und im Süden (Oberägypten) in Hierakonpolis. Die Notwendigkeit einer sozialen Ordnung in den ersten stadtähnlichen Siedlungen verstärkte die Herausbildung einer zentralen Autorität, die sich allmählich in der Figur eines Königs konkretisierte. In Hierakonpolis sind Könige wie Skorpion und Narmer nachgewiesen.

Frühgeschichtliche Zeit
um 2900-2628 v. Chr.

Narmer eroberte Unterägypten und einte das Land. Er gründete eine zweite Hauptstadt in Memphis, um das Land besser kontrollieren zu können. Die Könige der ersten beiden Dynastien stammten aus This oder Thinis, einem Ort, der noch nicht identifiziert wurde, der sich aber in der Region von Abydos in Oberägypten befunden haben muß. Die Gräber der Könige liegen auf dem königlichen Friedhof in Abydos.

1. Dynastie
(um 2900-2760 v. Chr.)
Wichtigste Herrscher:
Narmer
Aha
Djer
Wadji
Ka-a

2. Dynastie
(um 2760-2628 v. Chr.)
Wichtigste Herrscher:
Hetep-sechemui
Peribsen
Chasechemui

Altes Reich
um 2628-2134 v. Chr.

Djoser verlegte die Hauptstadt nach Memphis und baute in Sakkâra die erste Pyramide. Sie wurde von dem Architekten Imhotep entworfen, der später als Gott verehrt wurde. Unter Snofru, Gründer der 4. Dynastie, wurde der Schritt von der Stufenpyramide zur vollkommenen Pyramide vollzogen. Userkaf war der erste Herrscher der 5. Dynastie, unter welcher der Kult des Sonnengottes aufkam. Die Pyramiden von Abusir und die Sonnentempel wurden während dieser Zeit gebaut. Unas errichtete seine Pyramide in Sakkâra, in der erstmals die berühmten Pyramidentexte eingemeißelt wurden.

3. Dynastie
(um 2628-2575 v. Chr.)
Wichtigste Herrscher:
Nebka
Djoser
Sechem-chet

4. Dynastie
(um 2575-2465 v. Chr.)
Wichtigste Herrscher:
Snofru
Cheops
Chephren
Mykerinos

5. Dynastie
(um 2465-2325 v. Chr.)
Wichtigste Herrscher:
Userkaf
Sahurê
Neferirkarê
Niuserrê
Unas

6.-8. Dynastie
(um 2325-2134 v. Chr.)
Wichtigste Herrscher:
Teti
Pepi I.+II.
Merenrê

Erste Zwischenzeit
um 2134-2040 v. Chr.

Diese Zeit, in der die zentrale Staatsgewalt an Macht verlor, umfaßt die 9. und 10. Dynastie. Die Herrscher dieser Dynastien regierten in Herakleopolis.

Mittleres Reich
um 2040-1650 v. Chr.

Mit der 11. Dynastie begann eine Blütezeit. Die Macht wurde von einer Dynastie thebanischer Fürsten wiederhergestellt. Der Pharao Mentuhotep ließ in Deir el Bahari sein großes Grabmal errichten. Amenemhet I. baute die Pyramide in Lischt. Amenemhet II. errichtete eine Pyramide in Dahschûr, Sesostris II. in el-Lahun und Sesostris III. ebenfalls in Dahschûr. Amenemhet III. ließ seine Pyramide mit einem großen Totentempel, der auch unter dem Namen „Labyrinth" bekannt ist, in Hawara errichten.

11. Dynastie
(um 2040-1991 v. Chr.)
Wichtigste Herrscher:
Mentuhotep I.
Mentuhotep II.
Mentuhotep III.

12. Dynastie
(um 1991-1785 v. Chr.)
Wichtigste Herrscher:
Amenemhet I.
Sesostris I.
Amenemhet III.

13. Dynastie
(1785-1650 v. Chr.)

14. Dynastie
(1715-1650 v. Chr.)

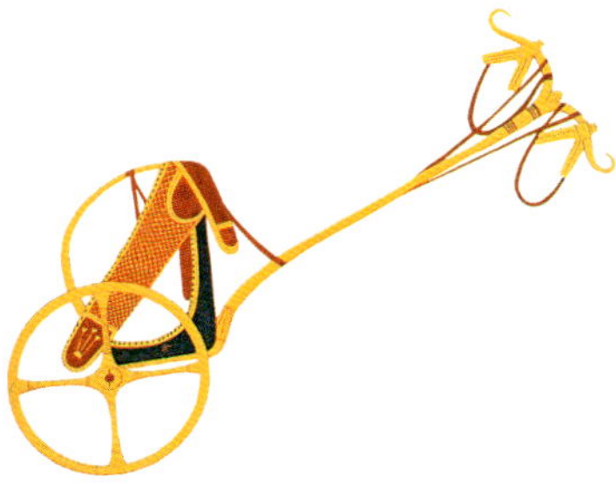

Zweite Zwischenzeit um 1650-1540 v. Chr.

Die Macht des Königs wurde auf Grund interner Streitigkeiten geschwächt. Nubien wurde ein unabhängiger Staat. Die neue Dynastie (keine Erben der thebanischen Herrscher) verlegte ihre Hauptstadt in das westliche Delta. Die Hyksos fielen in Ägypten ein, nahmen jedoch einen Großteil der ägyptischen Kultur an. Sie legten ihre Hauptstadt nach Auaris im Delta. Um 1550 v. Chr. wurden die Eindringlinge von Ahmose, einem thebanischen Pharao, vertrieben.

15. Dynastie
(um 1652-1544 v. Chr.)
Wichtigste Herrscher:
Hyksos

16. Dynastie
(um 1650-1540 v. Chr.)

17. Dynastie
(um 1650-1551 v. Chr.)

Neues Reich um 1551-1070 v. Chr.

Thutmosis I. eroberte Nord-Nubien. Als erster Pharao ließ er sein Grab im Tal der Könige errichten. Seine Schwester Hatschepsut ließ den großen Terrassentempel in Deir el-Bahari bauen. Thutmosis IV. legte die Sphinx in Gîza, die unter Sand begraben war, frei. Amenophis IV. ersetzte die bisherige Religion durch die Anbetung des Gottes Aton („die Sonnenscheibe") und nannte sich ab diesem Zeitpunkt Echnaton. Er verlegte die Hauptstadt von Theben nach Tell el-Amarna (Achetaton). Sethos I. kämpfte gegen die Libyer, Syrer und Hethiter; Ramses II. führte den Krieg gegen die Hethiter weiter, schloß jedoch nach der berühmten Schlacht von Kadesch einen Friedensvertrag.

18. Dynastie
(um 1551-1306 v. Chr.)
Wichtigste Herrscher:
Ahmose
Thutmosis I.-IV.
Hatschepsut
Amenophis I.-III.
Amenophis IV./Echnaton
Tut-anch-Amun
Eje
Harembab

19. Dynastie
(um 1306-1186 v. Chr.)
Wichtigste Herrscher:
Ramses I.+II.
Sethos I.
Merenptah

20. Dynastie
(um 1186-1070 v. Chr.)
Wichtigste Herrscher:
Ramses III.
Ramses IV.
Ramses IX.
Ramses X.
Ramses XI.

Dritte Zwischenzeit um 1070-711 v. Chr.

In Tanis, der Hauptstadt des Deltas, bildete sich eine neue Dynastie, welche die Macht der Hohenpriester in Theben anfechtete. Nubien wurde wieder selbständig und Ägypten verlor außerdem die Kontrolle über Palästina. Einige Könige libyscher Herkunft ließen sich im Osten des Deltas nieder. Ihr Einfluß wuchs rasch, Bubastis wurde Hauptstadt und die Bedeutung Thebens nahm weiter ab. Ägypten zerfiel in mehrere kleine Staaten. Die äthiopischen Könige der Napata-Dynastie erlangten die Kontrolle über Oberägypten und eroberten Memphis. Während der 24. Dynastie wurde ganz Ägypten von den Äthiopiern regiert.

21. Dynastie
(um 1070-945 v. Chr.)
Wichtigste Herrscher:
Smendes
Psusennes I.
Psusennes II.

22. Dynastie
(um 945-715 v. Chr.)
Wichtigste Herrscher:
Scheschonk I.
Osorkon I.
Scheschonk II.

23. Dynastie
(um 808-715 v. Chr.)
Verschiedene Erbfolger von gleichzeitig anerkannten Königen in Theben, Hermopolis, Herakleopolis, Leontopolis und Tanis; es beseht Uneinigkeit bezüglich der rechtmäßigen Machtverteilung.

24. Dynastie
(um 724-711 v. Chr.)
Wichtigste Herrscher:
Tefnacht
Bocchoris

Spätzeit um 720-332 v. Chr.

Trotz der anhaltenden Kriege war dies eine wirtschaftliche und kulturelle Glanzzeit. 525 v. Chr. bestieg Perserkönig Kambyses den Thron, woraufhin Ägypten eine Provinz des achämenidischen Reiches wurde. Die 30. Dynastie bildete das letzte nationale Herrscherhaus. Nektanebos I. baute große Tempel auf Philae und Medinet Habu und den prächtigen Pylos im Tempel zu Karnak.

25. Dynastie
(um 720-656 v. Chr.)
Wichtigste Herrscher:
Kaschta, Pianchi
Schabako, Schebitku
Taharka

26. Dynastie
(um 664-525 v. Chr.)
Wichtigste Herrscher:
Necho I.+II.
Psammetich I.+II.
Apries
Amasis

27. Dynastie
(um 525-404 v. Chr.)
Wichtigste Herrscher:
Kambyses, Dareios I.
Xerxes I., Artaxerxes I.
Dareios II.

28. Dynastie
(um 404-399 v. Chr.)

29. Dynastie
(um 399-380 v. Chr.)

30. Dynastie
(um 380-343 v. Chr.)
Wichtigste Herrscher:
Nektanebos I.+II.

Zweite Persische Periode
(um 343-332 v. Chr.)
Wichtigste Herrscher:
Artaxerxes III.
Dareios III.

Hellenistisch-römische Periode 332 v. Chr.-395 n. Chr.

332 v. Chr. unterwarf Alexander der Große ganz Ägypten und gründete die Stadt Alexandria, die bald darauf ein Zentrum für Handel und griechische Kultur wurde. Nach dem Tod von Alexander ernannte sich der makedonische Feldherr Ptolemaios, Ptolemaios I. Soter, zum Pharao. Ab 163 v. Chr. gewann Rom Einfluß auf Ägypten. 48 v. Chr. lief Caesar in Ägypten ein, um Kleopatra VII. zu verteidigen, die von ihrem Bruder Ptolemaios XIII. Philopator Philadelphos abgesetzt worden war. 31 v. Chr. gelangte Oktavian nach Ägypten, um gegen Antonius zu kämpfen, da dieser vom Senat zum Staatsfeind erklärt worden war. Oktavian besiegte Antonius in der Schlacht von Actium und eroberte Alexandria. Ägypten wurde römische Provinz und im Jahre 395 Teil des Oströmischen Reiches.

Makedonische Dynastie
(332-305 v. Chr.)
Wichtigste Herrscher:
Alexander der Große
Philippos Arridaios
Alexander IV.

Ptolemäer-Dynastie
(305-30 v. Chr.)
Wichtigste Herrscher:
Ptolemaios I. Soter
Ptolemaios II. Philopator

Siwa Oase
Medinet Madi
Narmouthis
Qasr Qarun
Dionysias
Medinet el Fayûm
Arisnoe, Krokodilopolis
Dime
Soknopaiou Nesos
Qarun See
Gîza
Hawara
Karanis
Kom Ahushim
El-Lahun
Meidum
Maidum
Sakkâra
Dahschûr
Memphis
Kalkgrube von Tura
Heliopolis
Tanis
ROTES MEER
Qantir
Pi-Ramses
Türkis- und Kupfermine
Pelusium

Abusir
Busiris
Alexandria
Al-Niqrash
Naukratis
Sais
Behbêt el-Hagar
Samannud
Sebennytos
MITTELMEER
N
RL94

46 *Am Vorabend der Schlacht von Kadesch (1285 v. Chr.) diskutiert Ramses II. mit seinen Offizieren den Angriffsplan gegen die Hethiter. Unten sind neben ägyptischen auch fremdländische Soldaten abgebildet, die an ihrem Rundschild zu erkennen sind. (aus* Monuments de l' Egypte et de la Nubie)

Farafra Oase
Umm el-Breygat
Tebtynis
Tuna el-Gebel
Ashmunein
Hermopolis Magna
NIL
Antinoe
El-Sheikh Ibada
Antinopolis
Qaw el-Kebir
Antaeopolis
Alabastergrube von Hatnub
Gebel Zeit
Mons Petroelus
Serabit el-Khadem Tempel
SINAI

Ägypten in Vorgeschichtlicher Zeit

Wann die Menschen das Niltal erstmals besiedelten, ist schwer zu sagen, aber die frühesten steinernen Werkzeugfunde stammen aus dem Paläolithikum vor etwa 200 000 Jahren. Später, während der Jungsteinzeit vor ungefähr 10 000 Jahren, gab es Bevölkerungsgruppen, die sich in der Libyschen Wüste, im Delta, im Fayûm und in Oberägypten niederließen und bereits ein proto-landwirtschaftliches Hirtendasein führten. Da das Klima immer trockener wurde, waren die Menschen gezwungen, in der Nähe des Nils Zuflucht zu suchen, wo dann die ersten stadtähnlichen Siedlungen entstanden. Damit begann in Ägypten die sogenannte Vorgeschichtliche Zeit, in der sich die Siedlungen um zwei Zentren gruppierten: im Norden im Gebiet des Deltas und im Süden in Hierakonpolis, wo Könige mit Namen Skorpion und Narmer nachgewiesen sind.
Narmer, der letzte König der Vorgeschichtlichen Zeit, eroberte Unterägypten und einte das Land nach einer Reihe von Kriegen. Sein Nachfolger, Aha war einer der bedeutendsten Herrscher der 1. Dynastie.
Dynastie leitet sich vom griechischen Wort für „Stärke", 'dunamis', ab. Die ersten beiden Dynastien werden auch Thinitenzeit genannt, weil nach Manetho, einem griechischen Historiker, dem wir die Einteilung der ägyptischen Könige in dreißig Dynastien verdanken, die Könige jener Zeit aus der Stadt This stammten. This wurde nie gefunden, muß aber in der Nähe von Abydos gelegen haben.
Unter Narmer wurde eine zweite Hauptstadt im Norden des Landes gegründet, um dieses Gebiet besser kontrollieren zu können – was vom sechshundert Kilometer entfernten Hierakonpolis aus unmöglich gewesen wäre. Aus dieser „Stadt der Weißen Mauer" (der Name ist vermutlich ein Hinweis auf einen Damm zum Schutz vor den Nilüberschwemmungen), entstand später Memphis, die erste große Hauptstadt des Alten Reiches. Um die Zusammengehörigkeit des zweigeteilten Landes zu unterstreichen, fanden die Krönungsfeierlichkeiten in Memphis statt.
Mit Aha begann die Frühgeschichtliche Zeit, die zwei Jahrhunderte dauerte. Die wenigen Informationen über das Reich des Aha lassen vermuten, daß er gegen die Völker an den Grenzen Ägyptens, die Nubier und die Libyer, Kriege geführt hat und daß außerdem Handelsbeziehungen zu den nächstliegenden Gebieten des Mittleren Osten bestanden. Aha wurde in Abydos bestattet, wie später alle Könige der 1. sowie zwei Könige der 2. Dynastie. Auf Aha folgten Djer, Wadji und drei weitere Könige. Ka-a war der letzte König der 1. Dynastie. An seine Regentschaft schloß sich wahrscheinlich eine dunkle Periode mit großen Wirren an, die bis zur Thronbesteigung von Hetep-sechemui dauerte. Dieser war der erste Herrscher der 2. Dynastie, deren Vertreter sehr wahrscheinlich aus dem Delta stammten. Im Unterschied zu den Königen der 1. Dynastie gelang es denen der 2. Dynastie nicht mehr, die Einheit des Landes zu bewahren. Deshalb kehrte man in dieser Zeit zu einer geteilten Monarchie zurück: Ein König regierte im Norden, ein anderer im Süden. Die Situation änderte sich, als Chasechemui in Hierakonpolis den Thron bestieg. Ihm gelang es, das Land wieder zu vereinigen. Mit diesem König endete die 2. Dynastie. Die Historiker glauben, daß die Gemahlin von Chasechemui die Mutter von Djoser war, dem zweiten König der 3. Dynastie. Mit Djoser, der die Hauptstadt wieder nach Memphis verlegte begann die Epoche, die „Altes Reich" genannt wird: die Zeit der großen Pyramiden.

48 oben *Dieses steinerne Gerät aus dem späten Paläolitikum stammt aus der Region um Theben. Die ersten in Ägypten gefundenen Steinbrüche sind über 200 000 Jahre alt (frühes Paläolithikum). Die ersten weiter entwickelten Werkzeuge findet man im späten Paläolithikum (vor ca. 30 000 Jahren).*

48 unten *Kopf eines Menschen (es handelt sich wahrscheinlich um ein Idol) aus bemaltem Ton. Er datiert aus dem Ende des 5. Jahrtausends v. Chr. und ist eine der ersten Skulpturen Ägyptens. Der Kopf wurde in der jungsteinzeitlichen Siedlung von Merimda Beni Salama gefunden, an den Ufern des westlichen Deltas. Dort befanden sich die ersten Siedlungen von Bauern und Jägern. (Ägyptisches Museum, Kairo)*

49 *Die berühmte Narmerpalette wurde Ende des 19. Jahrhunderts in Hierakonpolis gefunden. Dieses Fundstück datiert aus dem Jahre 3000 v. Chr. und zeigt König Narmer, der Ober- und Unterägypten vereint haben soll. Auf dem Relief ist der Pharao mit der weißen Krone Oberägyptens bei der Unterwerfung eines Feindes aus Unterägypten dargestellt. (Ägyptisches Museum, Kairo)*

Das Alte Reich, Das Zeitalter der Pyramiden (um 2628-2134 v. Chr.)

__50__ Die beeindruckende Dioritstatue des Chephren wurde 1860 von Auguste Mariette, einem französischen Archäologen im Taltempel der Chephrenpyramide in Gîza gefunden. Der Pharao, Sohn und Nachfolger von Cheops (4. Dynastie) ist auf dem Thron sitzend mit dem typischen Faltenrock dargestellt, der 'scendyt' *genannt wird; seinen Kopf bedeckt eine sogenannte* 'nemès', *deren Stoffenden in Falten auf die Brust fallen. Ein Falke mit ausgebreiteten Flügeln umgibt schützend das Haupt des Chephren. Es handelt sich hier um den himmlischen Falkengott Horus, der seine einzige irdische Verkörperung, den Pharao, beschützt. (Ägyptisches Museum, Kairo)*

__51__ Diese Elfenbeinstatuette (sie ist etwa sieben Zentimeter groß), die in Abydos gefunden wurde, ist das einzige uns überlieferte Bild des Pharaos, der die größte Pyramide Ägyptens bauen ließ: Khufu, bekannter unter dem Namen Cheops. (Ägyptisches Museum, Kairo)

Djoser verlegte die Hauptstadt nach Memphis und ließ in Sakkâra das erste pyramidenähnliche Bauwerk Ägyptens errichten, das eine Treppe darstellen sollte, über die der Pharao zum Himmel aufsteigen konnte.
Zu Beginn der 4. Dynastie ließ der Pharao Snofru die ersten Pyramiden erbauen, indem er zuerst die von seinem Vorgänger Huni in Medûm errichtete Stufenpyramide erneuerte und dann zwei weitere in Dahschûr, ungefähr zehn Kilometer südlich von Sakkâra, bauen ließ.
Um 2500 v. Chr. ließen die Pharaonen Cheops, Chephren und Mykerinos die drei großen Pyramiden in Gîza erstellen.
Um 2465 v. Chr. gründete Userkaf die 5. Dynastie. In dieser Periode gewann der Kult um den Sonnengott, dessen Sohn auf Erden der Pharao wird, immer mehr an Bedeutung. Während dieser Zeit bauten die Pharaonen Sahurê, Neferirkarê und Niuserrê ihre Pyramiden in Abu Sir, einem Ort zwischen Gîza und Sakkâra.
Unas, der letzte Pharao der 5. Dynastie, ließ seine Pyramide in Sakkâra errichten. Dort wurden zum ersten Mal Texte in die Wände im Inneren der Grabkammer gemeißelt. Es handelt sich um die sogenannten Pyramidentexte, die späteren „Sargtexte", die im Neuen Reich im „Totenbuch" ihren Höhepunkt finden.
Während der 4.-8. Dynastie (um 2575-2134 v. Chr.) nahm die Macht der Pharaonen ab, und es machten sich Unabhängigkeitsbestrebungen bemerkbar. In dieser Epoche wurden die Pyramiden von Sakkâra durch die Könige Teti, Pepi I., Merenrê und Pepi II. errichtet.
Nach der Regierungszeit von Pepi II. begann die Erste Zwischenzeit (um 2134-2040 v. Chr.), in der die zentrale Staatsgewalt an Einfluß verlor. Die Könige der 9. und 10. Dynastie ließen sich in Herakleopolis nieder.

Das Mittlere Reich
(um 2040-1650 v. Chr.)

Die thebanischen Fürsten stellten die Zentralgewalt wieder her und einten das Land erneut. Mit der von Mentuhotep I. begründeten 11. Dynastie begann eine Blütezeit. Die Pharaonen der 12. Dynastie (unter ihnen Amenemhêt I., Sesostris I., Amenemhêt II., Sesostris II., Sesostris III. und Amenemhêt III.) setzten die unter Mentuhotep begonnene Eroberung Nubiens fort. In dieser Epoche entstanden zwei Pyramiden in Dahschûr, eine im südlichen Lischt und zwei weitere im Fayûm (el-Lahun und Hawara). Die Herrscher der 12. Dynastie verlegten ihre Residenz nach Lischt. Um 1750 v. Chr. nahm die zentrale Königsgewalt auf Grund separatistischer Bewegungen erneut ab. Nubien wurde wieder ein selbständiger Staat, und eine andere Dynastie, deren Regenten keine Nachfolger der thebanischen Herrscher waren, verlegte ihre Hauptstadt in das westliche Delta. Damit begann die Zweite Zwischenzeit (um 1650-1540 v. Chr.), während der die Hyksos in Ägypten einfielen. Der Begriff Hyksos stammt aus dem Griechischen, leitet sich aber von der ägyptischen Bezeichnung für diese Völker 'hequa-khasut', „Häuptlinge fremder Länder", ab. Diese nahmen nach der Eroberung einen großen Teil der ägyptischen Kultur an, führten aber auch einige technische Neuheiten ein, wie z. B. den Einsatz von Pferd und Kampfwagen bei kriegerischen Auseinandersetzungen. Die Invasoren gründeten ihre Hauptstadt Auaris (heute Tell el-Dabo) im Nildelta und verbreiteten sich von dort aus über das ganze Land. Um 1550 v. Chr. wurden die Eindringlinge von Pharao Ahmose, der die Königin Ahmose-Nofretiri heiratete, endgültig aus dem Land vertrieben und die nubischen Gebiete zurückerobert. Dies war der Beginn des Neuen Reiches.

***52** Diese nubischen Bogenschützen wurden im Grab des Mesehti, einem Prinzen aus der Region von Assiût (Mittleres Reich, 11. Dynastie, um 2000 v. Chr.) gefunden. Auf einer großen Holztafel sind vierzig Soldaten in Viererreihen aufgestellt. Ihre dunkle Hautfarbe weist eindeutig auf nubische Abstammung hin. Es handelt sich vermutlich um ausländische Truppen, die zur Stärkung der lokalen Kontingente angeworben worden waren: Das Heer war von großer Bedeutung zu jener Zeit politischer Schwierigkeiten, da es an einer starken Zentralgewalt mangelte, weshalb sich in vielen Regionen autonome Herrscher herausgebildet hatten. (Ägyptisches Museum, Kairo)*

__53__ Die Lanzenreiter von Assiût. Die hellere Hautfarbe verrät uns, daß es sich um lokale Truppen handelt. Dieses Fundstück wurde zusammen mit den nubischen Soldaten im Grabmal des Mesehti entdeckt und beweist, daß es schon zu Beginn des Mittleren Reiches Sitte war, Adligen bemalte Holzmodelle ins Grab zu legen, die Szenen aus dem alltäglichen Leben zeigten. (Ägyptisches Museum, Kairo)

Das Neue Reich, die Epoche von Theben (um 1551-1070 v. Chr.)

Mit der von Ahmose begründeten 18. Dynastie (um 1551-1306 v. Chr.) wurde die Stadt Waset – bekannter unter dem griechischen Namen Theben – zum Zentrum Ägyptens. In dieser Epoche enstanden die Tempel von Luxor und Karnak sowie die Nekropolen im Tal der Könige und im Tal der Königinnen. Unter der Herrschaft von Thutmosis I. erreichte Ägypten seine größte flächenmäßige Ausdehnung: im Süden bis zum 4. Katarakt und im Norden bis zum Euphrat. Thutmosis III., einer der bedeutendsten Pharaonen, kämpfte in Syrien gegen das Königreich Mitanni, war aber letzten Endes gezwungen, Gebiete am Euphrat abzutreten; außerdem unternahm er Expeditionen nach Nubien, wo er die Provinzhauptstadt Napata gründete.
Amenophis II. führte den Krieg gegen Mitanni fort, der erst unter Thutmosis IV. endete – er war der Pharao, der die von Sand verschüttete Sphinx von Gîza freilegen ließ.
Amenophis III. gelang es, diplomatische Verbindungen zu den Königen von Babylon, Syrien und dem Mitanni-Reich aufzunehmen; unter seiner Herrschaft blühten Kunst und Architektur. Von dem großen Totentempel Amenophis' III. am westlichen Rand von Theben blieben lediglich die zwei gigantischen Statuen, die Memnonkolosse, erhalten.
Amenophis IV. (der später den Namen Echnaton annahm), ersetzte die alte Religion durch die Verehrung eines einzigen Gottes namens Aton, „die Sonnenscheibe". Er verlegte die Hauptstadt von Theben nach Tell el-Amarna (Achetaton), in die von ihm neu gegründete Stadt in Mittelägypten, und er heiratete die Königin Nofretete.
Unter der Herrschaft von Tut-anch-Amun, dem jungen Pharao – Sohn der Nofretete und Echnatons –, der mit sieben Jahren den Thron bestieg und bereits im Alter von 18 Jahren starb, wurde der alte Glaube wieder eingeführt und die Hauptstadt in die nördliche Stadt Memphis zurückverlegt, die sich in der Zwischenzeit zur wichtigsten Stadt im Lande entwickelt hatte.

54 *Amenophis III., der „Sonnenpharao", regierte während der Blütezeit der 18. Dynastie (um 1391-1353), die von einer bemerkenswerten Bautätigkeit gekennzeichnet war. In der Bildhauerei machten sich orientalische Einflüsse bemerkbar, was sich in größerer Formenfreiheit und Plastizität ausdrückte.*

55 *Diese wundervolle Dioritstatue stellt Thutmosis III. (18. Dynastie) dar. Sie gilt als eines der Meisterwerke der Bildhauerkunst des Neuen Reiches. Gefunden wurde sie 1904 im „Versteck" des vor dem 7. Pylon liegenden Hofes im Karnaktempel, das 779 Steinstatuen und über 17000 kleine Bronzestatuen enthielt. Thutmosis III. war ein großer Feldherr: Er führte siegreiche Kriege in Syrien und stärkte darüber hinaus die Macht des ägyptischen Staates in Nubien, wo er eine Hauptstadt in Napata gründete, nicht weit vom 4. Katarakt entfernt. (Museum in Luxor)*

Während dieser Zeit hielt der Priester Eje die Macht inne, der sich nach dem Tod von Tut-anch-Amun sogar des Thrones bemächtigte und vier Jahre lang regierte. Ihm folgte Armeebefehlshaber Haremhab, mit dem die 18. Dynastie endete. Ramses I. war der erste Pharao der 19. Dynastie, die von etwa 1306-1186 v. Chr. dauerte. Sein Sohn Sethos I. kämpfte gegen die Libyer, Syrer und Hethiter; gegen Ende seiner Herrschaft regierte er zusammen mit seinem Sohn Ramses, dem späteren Ramses II.

Nachdem dieser den Thron bestiegen hatte, ging der Krieg gegen die Hethiter weiter. Doch nach der Schlacht von Kadesch (1285 v. Chr.) am Ufer des Flusses Orontes in Syrien, schloß Ramses II. einen Friedensvertrag, dessen Text sowohl in ägyptischer Sprache als auch in akkadischer Keilschrift erhalten ist. Während seiner langen Regierungszeit von 1290-1224 v. Chr. entwickelte sich eine ungeheuere Bautätigkeit. Es wurden Hunderte von Statuen und zahlreiche Tempel errichtet (Abu Simbel, Memphis, Bubastis, Abydos, Ost-Theben); andere Anlagen wurden vergrößert und ausgeschmückt (Abydos, Karnak, Luxor). Ferner gründete Ramses II. im Delta, an der Stelle wo sich früher Auaris, die Hauptstadt der Hyksos, befunden hatte, eine neue Hauptstadt und nannte sie Ramses-Stadt. Ramses II. hatte mehrere Gattinnen, von denen zwei besonders herausragten: Nofretiri, die wegen ihrer Grabstätte im Tal der Königinnen und des ihr geweihten Tempels in Abu Simbel berühmt wurde, und Isis-Nofret, deren Grabstätte leider unbekannt blieb. Sie war es, die Ramses II. einen Thronfolger schenkte: Merenptah. Nachfolger von Merenptah war Sethos II. Nach ihm regierte zwei Jahre lang Tewosre, die Witwe Sethos' II.

Die kurze Regierungszeit des Pharao Sethnacht leitete die 20. Dynastie ein (um 1186-1070 v. Chr.), die von der Gestalt Ramses III. dominiert wurde. Auf ihn folgte eine lange Reihe von Ramessiden bis hin zu Ramses XI., mit dem die Dynastie zu Ende ging. Ramses III. ließ große Tempelanlagen bauen, wie z. B. die in Medinet Habu; außerdem kämpfte er erfolgreich gegen die Libyer und die „Seevölker". Am Ende der Dynastie verlor die zentrale Königsgewalt an Bedeutung, und der Hohepriester des Gottes Amun zu Karnak wurde einer der mächtigsten Männer des Landes. Der Hohepriester Herihor bestieg sogar für kurze Zeit den Thron: die Machtaufteilung war in Ägypten längst wirksam geworden.

56 *Sethos I., Vater von Ramses II., führte nach der kurzen Amarna-Periode die von Haremhab begonnene Wiederherstellung des Amunkultes fort. Er ging siegreich aus den Schlachten gegen die Hethiter und Syrer hervor. Ihm verdanken wir zahlreiche Kultgebäude und einen Teil des großen Hypostylsaales des Karnaktempels. (Ägyptisches Museum, Kairo)*

57 *Diese Abbildung zeigt das eindrucksvolle Portrait eines der vier Kolosse vor der Fassade des großen Tempels zu Abu Simbel, die Ramses II. darstellen. Der Herrscher trägt hier den Zeremonienbart und den 'nemès', die traditionelle Kopfbedeckung. An seiner Stirn befindet sich eine heilige Uräusschlange, ein Schutzsymbol des Königtums.*

Die dritte Zwischenzeit (um 1070-711 v. Chr.)

Nach dem Ende der 20. Dynastie begann mit der Dritten Zwischenzeit eine schwierige Zeit, in der oft mehrere Dynastien gleichzeitig das Land regierten. In Tanis, einer von der ramessidischen Hauptstadt nicht weit entfernten Stadt im Nildelta, entstand eine neue Dynastie – die 21. tanitische Dynastie, welche die Macht der Hohenpriester in Theben nicht anerkannte. Ägypten spaltete sich in zwei Reiche auf. Es verlor die Kontrolle über Palästina, und auch Nubien wurde unabhängig.

Die Macht einiger Könige libyschen Ursprungs (22. Dynastie), die sich östlich des Deltas niederließen, wuchs: Bubastis (heute Tel Basta) wurde ihre Hauptstadt, während die Vormachtstellung Thebens immer weiter abnahm. Die Folge war, daß Ägypten in viele kleine Staaten zerfiel. Nun konnte sich jeder lokale Fürst als König ausrufen und von der Bevölkerung anerkennen lassen: Bis zur 25. Dynastie regierten in verschiedenen Teilen des Landes mehrere Herrscher gleichzeitig.

Tanis wurde während der 23. Dynastie (um 808-715 v. Chr.) Hauptstadt, und es gelang, von dort aus eine gewisse Kontrolle über die Hohenpriester in Theben auszuüben. Von 724-711 v. Chr. regierten in Sais (heute Sa' el-Hagar) im westlichen Delta die lokalen Fürsten Tefnacht und Bocchoris (24. Dynastie von Sais).

Das Schattendasein der Pharaonen: Ägyptische Spätzeit (um 720-332 v. Chr.)

Trotz andauernder Kriege erlebte Ägypten eine Blütezeit und einem kulturellen Aufschwung. Die neuen nubischen Könige sahen sich als legitime Nachfolger der ersten Pharaonen und versuchten, deren kulturelles Erbe zu erhalten. Ägypten verlor jedoch einige hundert Jahre lang seine Eigenständigkeit.

Unter der nubischen Regierung wurde Ägypten nochmals zu einer bedeutenden Macht, deren einzige Rivalen die assyrischen Könige waren, die – mit Unterstützung der Herrscher von Sais – das Land eine Zeitlang besetzten. Psammetich I. (26. Dynastie) besiegte sie um 653 v. Chr. Er unterwarf die kleinen unabhängigen Staaten und brachte dem Land erneut die Einheit. Während der 26. Dynastie (um 664-525 v. Chr.) erfuhr das Land eine neue Periode des Wohlstands; vor allem der Handel mit Griechenland blühte. Pharao Necho begann mit dem Bau eines Kanals vom Nil bis zum Roten Meer, aber schon bald wurde das ehrgeizige Projekt wieder aufgegeben. Um 525 v. Chr. besiegte Kambyses Psammetich III. und Ägypten wurde eine persische Provinz, die von folgenden Königen regiert wurde: Kambyses, Dareios I., Xerxes I., Artaxerxes und Dareios II. Erst um 380 v. Chr. erlangte Ägypten unter Nektanobes I., einem General aus Sebennytos im Delta und Gründer der 30. und letzten nationalen Dynastie Ägyptens (um 380-343 v. Chr.) seine Unabhängigkeit zurück. In der Zeit von 343-332 v. Chr. (Zweite Persische Periode) eroberten die Perser unter Führung von Artaxerxes III. Ägypten zurück und beherrschten es zehn Jahre lang.

58 *Diese Schlange aus purem Gold mit eingelegten Schmucksteinen befindet sich an der Stirn der Goldmaske des Pharaos Psusennes I. Pierre Montet fand diese Maske 1939 in Tanis.*

60 *Im innersten Teil des Horustempels in Edfu befand sich in einer Granitnische eine Statue des Falkengottes in seiner irdischen Gestalt.*

Ägypten und das Abendland: die hellenistisch-römische Periode (um 332 v. Chr.-395 n. Chr.)

332 v. Chr. besetzte Alexander der Große Ägypten. Damit begann die makedonische Dynastie, die bis zum Jahre 304 v. Chr. andauerte. Im selben Jahr nahm der makedonische Feldherr Ptolemaios, Satrap von Ägypten, den Pharaonentitel Ptolemaios I. Soter an und begründete dadurch die Dynastie der Ptolemäer. Diese endete schließlich mit dem Anschluß Ägyptens an das Römische Reich im Jahre 30 v. Chr. Die wichtigste Stadt – und bedeutendes Handelszentrum sowie Mittelpunkt der griechischen Kultur – wurde Alexandria am Mittelmeer. Unter Ptolemaios XII. Neos Dyonisos, auch unter dem Namen Ptolemaios Auletes bekannt, wurde der Tempelbau von Edfu abgeschlossen, und der von Dendera begann. Im Jahre 48 v. Chr. landete Caesar in Ägypten, um Kleopatra VII. zu verteidigen, die von ihrem Bruder Ptolemaios XIII. Philopator abgesetzt worden war.
31 v. Chr. kämpfte Oktavian in Ägypten gegen Antonius, den Liebhaber Kleopatras, den der Senat zum Staatsfeind erklärt hatte. Oktavian schlug Antonius in der Schlacht von Actium und eroberte Alexandria. Ägypten wurde römische Provinz. Die römischen Kaiser traten die Nachfolge der Pharaonen an. Die ägyptische Religion blieb vorerst unangetastet; sie dehnte sich über den Mittelmeerraum – und sogar bis nach Rom aus. Allerdings verbreitete sich das Christentum ab dem Jahre 200 immer mehr und wurde 379 Staatsreligion des Römischen Reiches. Das Ende des Alten Reiches wurde im Jahre 395 besiegelt, als Ägypten Teil des Oströmischen Reiches wurde.

Die byzantinische Periode (395-638)

Das Oströmische Reich war zu schwach, um alle seine Provinzen kontrollieren zu können. Ägypten blieb sich selbst überlassen und war nicht vor Eindringlingen geschützt: Nubier aus dem Süden und Nordafrikaner aus dem Westen bedrängten das Land, bis schließlich mit den Arabern im Jahre 640 unter Kalif Omar ein neuer Geschichtsabschnitt begann.

Die islamische Periode (640-1517)

Unter den Arabern folgte ein Kalifentum auf das andere (Omayaden 658-750, Abbasiden 750-868, Tuluniden 868-905, Ichschididen 905-969, Fatimiden 969-1171). Im Jahre 1171 setzte der kurdische Feldherr Salah Ad Din (Saladin) den letzten Fatimidenkalifen ab und gründete, die Ayubiden-Dynastie (1171-1249). Diese Zeit markiert den bedeutendsten Abschnitt der mittelalterlichen Geschichte Ägyptens.
Nachdem Kairo zum größten Teil durch die Kreuzritter zerstört worden war, ließ Saladin die Stadt durch den Bau einer Zitadelle und einer Stadtmauer befestigen. Zur Verteidigung heuerte er ein Heer von türkischen Soldaten, die Mamluken, an, die schließlich 1249 selbst an die Macht kamen und sie zweihundert Jahre lang behielten.

Die osmanische Periode (1517-1798)

1517 wurde Ägypten an das Osmanische Reich angeschlossen und die Regierung des Landes einem vom Sultan ernannten Pascha anvertraut. Die Autorität der Osmanen schwand rasch, während das politische Gewicht der Mamluken erneut an Bedeutung gewann. Die Paschas waren in Regierungsfragen auf ihre Zustimmung angewiesen. Das Fehlen einer zentralen Staatsgewalt schwächte das Land sowohl politisch als auch wirtschaftlich.

61 *Der berühmte Tierkreis aus dem Tempel zu Dendera. Er wurde 1837 vom Reisenden Girolamo Segato im* Atlante Monumentale dell' Alto e del Basso Egitto *veröffentlicht. Der Tierkreis, der sich an der Decke in einer der östlichen Kapellen auf dem Tempeldach befand, wurde während der napoleonischen Expedition nach Ägypten abgelöst und nach Paris in den Louvre gebracht, wo er sich auch heute noch befindet.*

Das moderne Ägypten

1798 landete Napoleon Bonaparte in Ägypten, um dort die englische Vorherrschaft im Mittelmeerraum zu schwächen.
Seine Flotte wurde jedoch bald darauf in der berühmten Seeschlacht von Abukir vom englischen Admiral Nelson vernichtend geschlagen und im Jahre 1801 verlassen die Franzosen Ägypten wieder.
Diese Zeit der Wirren und Kriege nutzte ein Offizier albanischer Herkunft namens Mehmed Ali, um die Macht an sich zu reißen. Er ließ sich vom osmanischen Sultan als Pascha anerkennen (1805), eliminierte den Einfluß der Mamluken im Land, eroberte den Sudan, Palästina und Syrien und begann Ägypten zu modernisieren. Nachfolger wurde 1848 sein Neffe Abbas, dem dann seine beiden Söhne folgten: Said (1854-1863) und Ismail (1863-1879). Letzterer nahm im Jahre 1867 den Titel Khedive, Vizekönig, an. Während seiner Regierungszeit wurde im Jahre 1869 der Suezkanal eröffnet. Aber die von Mehmed Ali begonnene Modernisierung hatte eine hohe Staatsverschuldung zur Folge, die eine schwere Wirtschaftskrise einleitete: Ägypten mußte nun zulassen, daß sich die europäischen Großmächte – vor allem Großbritannien – in seine inneren Angelegenheiten einmischten.

62-63 *Das Gemälde von Louis François le Jeune, das im Nationalmuseum von Versailles aufbewahrt wird, zeigt die Schlacht von Abukir. Im Jahre 1798 wurde die Flotte Napoleons in der Seeschlacht von Abukir vernichtend geschlagen.*

Die Britische Vorherrschaft (1882-1922)

Im Jahre 1882 landeten britische Truppen in Ägypten und besiegten die ägyptische Armee. Das Land wurde besetzt und von britischen Residenten regiert.
Gegen Ende des Ersten Weltkrieges wuchs mit der nationalen Opposition Ägyptens der Wunsch nach Unabhängigkeit und Selbstbestimmung. Die Weigerung Großbritanniens, dieser Forderung nachzugeben, löste einen Volksaufstand aus. 1922 waren die britischen Machthaber dann aber gezwungen, die ägyptischen Ansprüche zu akzeptieren und ihr Protektorat aufzugeben.

Das Ägyptische Reich (1922-1952)

Der Sultan Ahmed Fuad, der unter dem Namen Fuad I. zum König ernannt wurde, setzte eine Verfassung in Kraft, die aus Ägypten eine unabhängige parlamentarische Monarchie machte. Während der Regierungszeit seines Sohnes Faruk trat Ägypten den Vereinten Nationen bei (1937). Nach dem Zweiten Weltkrieg verarmte das Land auf Grund von Inflation, Arbeitslosigkeit und schwerwiegenden inneren Problemen. In diesem Klima wuchs der Einfluß von Nagib, einem ägyptischen Offizier, der Faruk 1952 zur Abdankung zwang.

64 oben *Die Minarette der Moschee von Mehmed Ali in Kairo erheben sich über die Zitadelle, die imposante Burg, die die ganze Stadt beherrscht. Der Bau der Moschee wurde 1824 begonnen und 33 Jahre später – unter der Regierung von Mehmed Alis Sohn Said – fertiggestellt. Sie ist in ottomanischem Stil erbaut und erinnert daher an die großen Moscheen in Istanbul.*

64 unten *Mehmed Ali gilt als Gründer des modernen Ägypten. Als Offizier albanischer Herkunft wurde er vom Sultan in Konstantinopel zur Zeit der napoleonischen Expedition nach Ägypten geschickt. Dort ließ er sich später zum Pascha machen. Nachdem er die letzten Mamlukenherrscher unter dem Vorwand eines friedlichen Abendessens in die Zitadelle locken und dann umbringen hatte lassen, war er uneingeschränkter Herrscher über Ägypten. Während seiner Regierung kurbelte er die Wirtschaft an, indem er ein Entwicklungsprogramm für die Baumwollplantagen ins Leben rief. Gleichzeitig nahmen auch militärische Stärke und internationales politisches Gewicht des Landes kontinuierlich zu.*

Die Arabische Republik Ägypten

Am 18. Juni 1953 wurde die Republik ausgerufen. Nasser wurde 1954 zum Ministerpräsidenten und 1956 zum Staatspräsidenten ernannt. In außenpolitischer Hinsicht entfernte er sich von den Westmächten und näherte sich sowohl der Sowjetunion als auch der Volksrepublik China an. 1956 verstaatlichte er den Suezkanal, um den Bau des riesigen Assuanstaudamms zu finanzieren.

65 *Diese Ansicht des modernen Kairo zeigt eine der zahlreichen Brücken, die den östlichen und westlichen Teil der Stadt miteinander verbinden. Sie wurde am Fuße der Zitadelle und der Mukattam-Hügel erbaut. Mit seinen vierzehn Millionen Einwohnern ist Kairo eine der größten Städte der Welt.*

1958 schloß er sich mit Syrien und dem Jemen zur VAR (Vereinigte Arabische Republik) zusammen, die allerdings 1961 wieder zerfiel.
1967 mußte Ägypten die Sinai-Halbinsel nach dem Krieg gegen Israel abtreten. Durch die Einführung von Supertankern, die den Suezkanal nicht mehr passieren konnten, ging mit dem entsprechenden Ausfall von Passagegebühren eine wichtige Einnahmequelle verloren. Deshalb erkannte Nasser Israel nur unter der Bedingung an, daß die besetzten Gebiete geräumt wurden. Im September 1970 starb Nasser, und Vizepräsident Anwar el-Sadat trat seine Nachfolge an. Nach einem Blitzangriff auf die Israelis im Jahre 1973 betrieb Sadat eine liberale Innenpolitik und öffnete sich durch eine Annäherung an die USA außenpolitisch dem Westen. Während seiner Präsidentschaft wurde im März 1979 ein israelisch-ägyptischer Friedensvertrag geschlossen, der einerseits zwar der „israelischen Frage“ ein Ende bereitete, andererseits aber zum Abbruch der Beziehungen zu den anderen arabischen Staaten führte. Nachfolger von Sadat, der am 6. Oktober 1981 ermordet wurde, war General M. H. Mubarak.

Reiseberichte und erste grosse Entdeckungen

Um 450 v. Chr. besuchte der griechische Geschichtsschreiber Herodot Ägypten und verfaßte einen Bericht über dieses Land, in dem er mit großer Genauigkeit Sitten und Bräuche sowie die Religion beschrieb.
Einige Jahrhunderte später, im Jahre 80 v. Chr., reiste der Geschichtsschreiber Diodorus Siculus ebenfalls nach Ägypten und erstellte einen historischen Abriß dieses Landes. Im Jahre 30 v. Chr. fuhr der griechische Geograph Strabon den Nil bis zum 1. Katarakt aufwärts. Er widmete Band XVII seiner *Geographia* ausführlich diesem Land.

Im 1. Jahrhundert n. Chr. bereiste Plutarch, ein Apollo-Priester aus Delphi, Ägypten, um die Religion seiner Bewohner zu erforschen, die er später in seinem Werk *De Iside et Osiride* beschrieb. Dann geriet Ägypten und mit ihm seine großartigen Bauwerke in Vergessenheit. Die Reisenden und die Händler – meist Venezianer –, die nach Ägypten kamen, wagten sich nur bis nach Kairo. Erst im Jahre 1589 fuhr Anonimo Veneziano, ein unbekannter Händler den Nil bis Theben stromaufwärts und verfaßte die erste Reisebeschreibung über Oberägypten, die uns erhalten ist.
1638 besuchte der englische Astronom John Greaves die Pyramiden in Gîza und berechnete die genauen Gebäudemaße, die er später in seiner *Pyramidographia* veröffentlichte. Im Jahre 1652 beschrieb der Dominikaner J. B. Vansleb die Ruinen von Antinoe, der Stadt, die Hadrian in Erinnerung an seinen im Nil ertrunkenen Freund Antinous hatte erbauen lassen.
Zwischen 1714 und 1726 unternahm der französische Jesuit Claude Sicard fünf Reisen nach Oberägypten und zeichnete die erste wissenschaftliche Landkarte Ägyptens, auf der er die bedeutendsten Denkmäler und die Lage (wirkliche oder angenommene) der antiken Städte einzeichnete. Ein anderer Franzose namens Benoît de Maillet veröffentlichte im Jahre 1735 eine ausführliche Beschreibung Ägyptens und zeichnete relativ genau den ersten Querschnitt von der Cheopspyramide. Drei Jahre später wurde der dänische Marinekapitän Frederik Ludwig Norden von König Christian VI. mit dem Auftrag nach Ägypten gesandt, einen ausführlichen Bericht über das Land zu verfassen.
1760 reiste der Botaniker Vitaliano Donati aus Padua auf den Spuren des Anonimo Veneziano über Assuan bis

66 *Auf der berühmten Weltkarte des Fra' Mauro Camaldolese aus dem Jahre 1459 befinden sich wegen der falschen Orientierung der Norden und das Mittelmeer im Süden. (Biblioteca Marciana, Venedig)*

67 *Der Schiffsatlas aus dem Jahre 1554 von Battista Agnese zeigt den Nillauf und das Rote Meer. Der Nil ist nach einem klassischen Entwurf des Geographen Claudius Ptolemäus aus Alexandria mit den beiden südlichen Quellbecken dargestellt. Entlang des Flusses sind die Städte Meroe, Napata und Syene, sowie im Norden Kairo und Alexandria eingezeichnet. (Biblioteca Marciana, Venedig)*

damascus
hierusalem
alexandria
babilon mũc
cairo
AEGYPTUS
alto: porto d'lsoldan
ARA
mecha
siene
napata regia
REGINA CĀDACES
AETHYOPIA SUB AEGYPTO
meroe regia
REGINA AUSTRIA
meroe regio et saba hodie dicitur in qua diuum mat heu euangeliu predicasse ferunt haec iosepho teste est illa saba unde ad salamone profecta est regina
PRETE IANE
coloa ciuitas

zum 1. Katarakt. 1766 veröffentlichte der Kartograph Jean Baptiste Bourguignon d'Anville eine berühmte Karte von Ägypten, die von den meisten Forschern benutzt wird.
Der englische Reisende James Bruce besuchte 1768 Luxor und Karnak und entdeckte im Tal der Könige das Grab von Ramses III. (auch „Bruce-Grab" oder „Harfenspielergrab" genannt).
Aber die erste genaue Studie mit Zeichnungen und einer Monumentenkarte Ägyptens lieferte erst die große Expedition Napoleons. 1798 reisten Dominique Vivant Denon und andere Gelehrte, die der französische Imperator in seinem Gefolge hatte, durch das Land und registrierten und katalogisierten jedes Monument; die Aufzeichnungen wurden 1809 in der *Déscription de l'Egypte* veröffentlicht, einem Werk, das aus neun Textbänden, elf Foliotafeln und über 3000 Zeichnungen besteht.
Obwohl die Monumente des Alten Ägypten mit Schriftzeichen bedeckt

sind, blieben sie vor den Augen der europäischen Reisenden stumm: Trotz verschiedener Versuche gelang es niemandem, die Pharaonenschrift zu entziffern. Aber gegen Ende des napoleonischen Abenteuers entdeckte Hauptmann Bouchard 1799 zufällig einen Stein, mit verschiedenen Schriftzeichen, in der Nähe von Rosette im Delta. Einige Jahre später bildete dieser Stein die Grundlage für die Entzifferung der Hieroglyphen. In der Zwischenzeit wurden weitere bedeutende Entdeckungen gemacht: Der Schweizer Johann Ludwig Burckhardt entdeckte 1813 den Tempel von Abu Simbel. 1815 erreichte Giovanni Battista Belzoni aus Padua das Land und unternahm zwischen 1816 und 1818 eine Reihe von außergewöhnlichen Ausgrabungen, von denen hier nur einige genannt werden sollen: die Öffnung des Tempels von Abu Simbel, die Entdeckung der Grabkammer Sethos' I. und des Eingangs zur Chephrenpyramide.
Zwei Jahre später besuchte ein anderer Italiener namens Girolamo Segato Ägypten und entdeckte den Eingang zur Stufenpyramide des Djoser in Sakkâra. Er fertigte eine Karte der ausgedehnten Gebiete Oberägyptens und Nubiens an und erreichte sogar die weit entfernte Oase Siwa.
Der französische Wissenschaftler Jean François Champollion untersuchte die dreisprachige Inschrift, welche die napoleonischen Truppen 1799 auf dem Stein in Rosette gefunden hatten. 1822 gelang es ihm, die Hieroglyphenschrift zu entziffern. 1828 organisierte Champollion mit seinem Lieblingsschüler Ippolito Rosellini die franko-toskanische Expedition nach Ägypten, um seine Resultate vor Ort zu überprüfen und sich an weiteren epigraphischen Inschriften zu versuchen: Die moderne Ägyptologie war geboren.
Im Jahre 1838 fuhr der schottische Maler David Roberts den Nil flußaufwärts und zeichnete alle archäologischen Stätten Oberägyptens auf, wodurch diese auch in Europa bekannt wurden. Der Preuße Richard Lepsius führte Champollions Forschungsarbeit fort. Nach einer wissenschaftlichen Nilexpedition flußaufwärts bis Meoroe im Jahre 1842, veröffentlichte er sein grundlegendes Werk *Denkmäler aus Ägypten und Äthiopien*.
1858 rief der Franzose Auguste Mariette die Ägyptische Altertümerverwaltung ins Leben, gründete das Ägyptische Museum in Kairo und machte zahlreiche Entdeckungen in Sakkâra, wo er die Grabanlage der heiligen Apisstiere fand, die später Serapeum genannt wurde. In Gîza entdeckte Mariette den prächtigen Taltempel der Chephrenpyramide mit zahlreichen Statuen. Darunter befand sich auch die berühmte Dioritstatue, die den König in Lebensgröße auf seinem Thron sitzend darstellt. Dieses Sitzbild gilt als eines der Meisterwerke der Bildhauerkunst des Alten Reiches.
Mariettes Nachfolger, Gaston Maspero, führte sein Werk fort. Maspero wurde aufmerksam, als auf dem Antiquitätenmarkt Gegenstände angeboten wurden, die offensichtlich aus königlichen Grabeinrichtungen stammten. Daraufhin verfolgte er die Spur einer Grabräuberbande, die im Gebiet um Luxor tätig war, und entdeckte dabei das berühmte „Versteck" in Deir el-Bahari: ein verstecktes Grab in einer Felsspalte der thebanischen Hügel, nicht weit vom Tempel von Deir el-Bahari entfernt. Besorgte Priester hatten die Mumien der bedeutendsten Pharaone (u. a. Amenophis I., Ramses I., Ramses II. und Sethos I.) wegen der immer häufiger werdenden Grabplünderungen zur Zeit der 21. Dynastie dort verborgen.
1880 kam der Schotte William Flinders Petrie nach Ägypten, wo er mit systematischen wissenschaftlichen Ausgrabungen begann. Dabei schenkte er Oberägypten besondere Aufmerksamkeit, wo er dann auch die große Nekropole zu Negade und die Königsgräber von Abydos fand, in der die Herrscher der 1. Dynastie bestattet waren.
1904 gründete ein Schüler Masperos, Ernesto Schiaparelli aus Biella, die *Missione Archeologica Italiana* und endeckte im Laufe von etwa zwanzig Jahren zahlreiche Gräber, unter denen sich das berühmte Grab der Nofretete im Tal der Königinnen in West-Theben befand. Aber die größte archäologische Entdeckung aller Zeiten machte der Engländer Howard Carter, der 1922 das intakte Grabmal eines unbekannten Pharaos fand: Das Grab Tut-anch-Amuns.

68 oben *Während der großen Expedition Napoleons nach Ägypten, wurde ein Stein mit verschiedenen Schriftzeichen gefunden. Dieser Stein bildete später die Grundlage für die Entschlüsselung der Hieroglyphen.*

69 *Die Forscher der napoleonischen Expedition, die hier bei der Vermessung der großen Sphinx in Gîza dargestellt sind, beschrieben und analysierten die wichtigsten Denkmäler des Alten Ägypten zum ersten Mal wissenschaftlich.*

1939 machte ein Franzose eine Entdeckung, die der Tut-anch-Amuns gleichwertig ist. Der Ägyptologe Pierre Montet, der Ausgrabungen im östlichen Delta in San el-Hagar leitete, wo früher die alte Stadt Tanis lag, fand die ungeöffneten Gräber der Pharaonen der 21. und der 22. Dynastie, die ihre Hauptstadt hierher gelegt hatten. Die prunkvolle Totenausstattung des Grabes von Pharao Psusennes I., die aus Schmuck, Gold- und Silbervasen sowie Goldmasken bestand, ist von außergewöhnlicher künstlerischer Qualität. Neben dem Grab des Herrschers fand Montet vier weitere: das des Osorkon II., des Königs Amenemope, Nachfolger von Psusennes I., des Feldherrn Undebaunded und des Königs Hedjcheperrê Scheschonk, genannt Scheschonk III.

GIOVANNI BATTISTA BELZONI

Belzoni wurde am 5. November 1778 in Padua geboren. 1803 verließ er Italien und ging nach England, wo er neun Jahre lang lebte und sogar die englische Staatsbürgerschaft annahm. Er verdiente sich seinen Lebensunterhalt, indem er selbsterfundene Wasserspiele auf Jahrmärkten vorführte. Außerdem schlug er Profit aus seiner muskulösen Statur und seiner herkulischen Kraft – er trat im Zirkus oder im Theater auf, wo er in einer seiner Nummern gleichzeitig fünf Männer auf der Bühne herumtrug. 1815 kam er nach einer Theatertournee durch Spanien, Portugal und Sizilien nach Malta, wo er einen Kapitän des ägyptischen Paschas, Ishmael Gibraltar, kennenlernte, der dort gerade Experten für ein Landwirtschafts- und Bewässerungsprogramm suchte.

__70 oben__ Obwohl der griechische Historiker Herodot geschrieben hatte, daß sich in der zweiten Pyramide in Gîza, in der Chephrenpyramide, keine inneren Kammern befänden, gab der Reisende Giovanni Battista Belzoni aus Padua die Suche nach ihrem Eingang nicht auf. Am 2. März 1818 fand er schließlich einen Durchgang, der in einen Korridor und letztlich in die Grabkammer führte. Belzonis Enttäuschung war jedoch groß, als er entdecken mußte, daß das Grab geplündert worden war: Der einzige noch vorhandene Gegenstand war ein Steinsarkophag ohne Verzierungen und Inschriften.

__70 unten__ Das erste große Unternehmen Belzonis im Jahre 1816 bestand im Transport des Kolossalkopfes Ramses' II., der sich im Ramesseum, dem Gedächtnistempel des Pharaos, in West-Theben befand. Versuche der Truppen der napoleonischen Expedition, die Statue fortzubewegen, waren erfolglos geblieben. Belzoni dagegen gelang es, die Statue innerhalb weniger Tage zum Nil zu befördern. Hier wurde sie eingeschifft und in das Britische Museum in London gebracht, wo sie sich auch heute noch befindet.

Belzoni bot ihm seine Dienste als Experte für Hydraulik an, und so lief er bald darauf nach Ägypten aus und präsentierte dem Pascha eine von ihm erfundene hydraulische Maschine, welche die Bewässerung der Felder enorm erleichtern sollte.
Unglücklicherweise passierte während der Vorführung des Gerätes ein Unfall, und der Pascha Mehmed Ali ließ sich von seinen Beamten davon überzeugen, daß es besser wäre, auf die neue Maschine zu verzichten. Damit war Belzoni arbeitslos.
Zu diesem Zeitpunkt lernte er Henry Salt kennen, den neuen Generalkonsul Englands, der wie alle Diplomaten damals damit beschäftigt war, Altertümer für seinen Staat zu sammeln. Belzoni bot ihm seine Dienste an, um den Kopf einer Kolossalstatue aus Granit, die über sieben Tonnen wog, vom Memnonium (so hieß der Grabtempel von Ramses II., der heute jedoch eher unter dem Namen Ramesseum bekannt ist) nahe Theben nach England zu transportieren. Dabei handelte es sich jedoch um ein Unternehmen, das nicht einmal den Truppen der napoleonischen Expedition geglückt war.
Am 30. Juni 1816 schiffte sich Belzoni in Bulak, dem Hafen Kairos, ein und fuhr nach Theben. Dort angekommen erwies es sich zunächst als äußerst schwierig, etwa achtzig Männer für solch ein Unternehmen anzuheuern. Aber bereits am 27. Juli 1816 konnte Belzoni damit beginnen, den Stein mit Hilfe von Balken, Rollen und Palmfasertauen zum Fluß zu transportieren.
Am 12. August 1816 war es dann endlich soweit: Der „junge Memnon", wie Belzoni die Statue nannte, die in Wirklichkeit Ramses II. darstellte, erreichte das Nilufer.
Die Statue wurde über Kairo und Alexandria per Schiff nach London transportiert, wo sie noch heute im Britischen Museum zu bewundern ist. Als Belzoni ein Jahr später nach Kairo zurückkehrte, unternahm er eine zweite Reise nach Oberägypten, mit dem Ziel, den großen Tempel in Abu Simbel, der vier Jahre zuvor von dem Schweizer Johann Ludwig Burckhardt entdeckt worden war, vom Sand zu befreien und in sein Inneres vorzudringen. Auch diesesmal waren Belzonis Anstrengungen von Erfolg gekrönt, denn am 1. August 1817 gelang es ihm, das Innere des Tempels zu betreten.
Nach seiner Rückkehr nach Theben, entschied sich Belzoni dafür, im Tal der Könige zu forschen. Dort entdeckte er am 18. Oktober 1817 ein intaktes Grabmal, das sich als das schönste und größte, das jemals in Ägypten gefunden wurde, herausstellen sollte: das Grab von Sethos I.,

71 *Giovanni Battista Belzoni wurde 1778 in Padua geboren. Er arbeitete von 1815 bis 1819 in Ägypten. Während dieser Zeit drang er sowohl in den großen Tempel von Abu Simbel als auch in die Chephrenpyramide ein. Außerdem entdeckte er das Grab des Pharaos Sethos I. im Tal der Könige. Die von ihm im Auftrag des englischen Konsuls Henry Salt gesammelten Fundstücke bilden einen beträchtlichen Teil der ägyptischen Altertumssammlung des Britischen Museums in London.*

das auch heute noch unter dem Namen „Belzoni-Grab“ bekannt ist.
Da Belzoni die Hieroglyphenschrift nicht lesen konnte, glaubte er, daß es sich um das Grab eines Pharaos namens Psammuti handelte. Das Grab war mit wundervollen polychromen Malereien und Flachreliefs verziert. In der Grabkammer selbst befand sich ein Alabastersarkophag, der später nach England gebracht wurde.
Belzoni kehrte nach Kairo zurück. Sein Interesse galt nun eine Zeitlang den Pyramiden in Gîza, insbesondere der Chephrenpyramide, die – laut Herodot – keine inneren Kammern aufwies. Doch nach vergleichenden Beobachtungen an der Cheopspyramide fand Belzoni am 2. März 1818 den Eingang zur Chephrenpyramide – und eines der Weltwunder offenbarte sein Geheimnis.
Im gleichen Jahr unternahm Belzoni eine Reise durch die Arabische Wüste und an das Rote Meer, wo er die Ruinen von Berenice, der von Ptolemaios II. Philadelphos erbauten Hafenstadt fand. 1819 bereiste Belzoni die Libysche Wüste auf der Suche nach der Oase des Zeus Ammon, wo sogar Alexander der Große einst das Orakel befragt hatte. Er war damit der erste Europäer, der seinen Fuß auf die Oase Siwa setzte.
Im Anschluß an diese Reise schiffte sich Belzoni nach Europa ein – er sollte nie wieder nach Ägypten zurückkehren. Belzoni hatte viele

72 Diese Zeichnung zeigt ein bemaltes Relief aus dem Grab von Sethos I., auf dem der Pharao von Angesicht zu Angesicht mit der Göttin Hathor dargestellt wird. Die Zeichnung wurde während der Ausgrabungsarbeiten von dem Arzt Alessandro Ricci aus Siena angefertigt, der ein hervorragender Künstler war.
Auch Belzoni machte vom Grab Sethos' I. Abgüsse und fertigte Zeichnungen an, die er der Öffentlichkeit später in einer großen Austellung in London vorführte. Er versuchte jedoch nie, eine Wandmalerei abzulösen.
Das hier abgebildete Relief wurde zusammen mit einem ganz ähnlichen erst von Champollion und Rosellini 1828 auf der franko-toskanischen Expedition aus dem Grabmal entfernt.

Widersacher in seinem Leben und sogar über den Tod hinaus: Oft wurden seine rücksichtslosen und rauhen Methoden kritisiert, wobei man jedoch vergaß, daß es zu dieser Zeit in Ägypten nicht nur Archäologen gab, sondern auch Hunderte von „Antiquitätensammlern", deren Interesse nicht darin bestand, die ägyptische Zivilisation zu erforschen, sondern die Altertümer in die Heimat zu schicken. Das objektivste Urteil liest man vielleicht im berühmten *Who is Who in Egyptology*, herausgegeben von der *Egypt Exploration Society* in London: „Er kann nicht mit denselben Maßstäben gemessen werden wie die späteren Ausgräber Petrie oder sogar Mariette, sondern er muß im Zusammenhang mit den Vertretern der Generation vor der Entzifferung (der Hieroglypen) betrachtet werden; am Anfang seiner Karriere war er nicht besser und nicht schlechter als alle anderen, doch dann wurden seine Techniken immer professioneller, und seine erworbenen Kenntnisse hoben ihn über das allgemeine Niveau hinaus."

72-73 *Belzoni verdanken wir die Entdeckung des größten und schönsten Grabes im Tal der Könige: das Grab des Pharaos Sethos I., Vater von Ramses II. Der Abenteurer aus Padua fand 1817 den Eingang und drang in das Innere des Grabes vor. Es war 120 Meter lang und mit großartigen mehrfarbigen Wandbildern und wunderbaren Reliefs ausgeschmückt.*

Girolamo Segato

Girolamo Segato, 1792 in Vedana bei Belluno geboren, kam durch einen Zufall nach Ägypten.
Auf der Suche nach Arbeit fuhr er nach Venedig, wo er Annibale de Rossetti vorgestellt wurde, der ihm eine Stelle in einer großen Handelsfirma der Familie de Rossetti in Kairo anbot. Segato fuhr daraufhin per Schiff nach Ägypten, wo er fünf Jahre lang bleiben sollte.
Segato war sofort von der geheimnisvollen Pharaonenwelt fasziniert, aber mehr noch als der Suche nach Altertümern widmete er seine Zeit – zumindest anfangs – der Topographie. Im Auftrag von Ibrahim, dem Sohn von Mehmed Ali, zeichnete er geographische und topographische Karten von Kairo.
Im Jahre 1820 nahm Segato an einer großen militärischen Expedition teil, die von Ismail Pasha, einem anderen Sohn Mehmed Alis in der Region des Sennar im östlichen Sudan geleitet wurde.
Segato verließ Kairo schon am 6. Mai, weil er der Expedition vorausfahren wollte. Am 17. Mai erreichte er Assuan, und einen Monat später befand er sich schon am 2. Katarakt in Wadi Halfa. Von dort aus setzte er sich in Richtung Arabische Wüste in Bewegung, denn aus bisher ungeklärten Gründen – wahrscheinlich fiel er einer Intrige zum Opfer – war Segato von der Sennar-Expedition ausgeschlossen worden. Er fuhr immer weiter nach Süden bis über den 5. Katarakt hinaus nach Suakin. Erst am 29. November kehrte er nach Kairo zurück. Flußabwärts besuchte Segato alle Stätten von besonderem archäologischen Wert.
Als Segato schließlich vollkommen erschöpft in Kairo ankam, hatte er unzählige Zeichnungen im Gepäck. Ein Jahr später unternahm er in Begleitung des preußischen Barons von Minutoli eine andere große Entdeckungsreise in die Libysche Wüste westlich des Nils. Sie erreichten die weit entfernte Oase Siwa, auch unter dem Namen Oase des Zeus Ammon bekannt, in der Alexander der Große das berühmte Orakel befragt hatte.
In dieser Oase befand sich der bekannte „Sonnenteich", der eine Besonderheit aufweist: Er ist tagsüber kalt und nachts warm.
Nach seiner Rückkehr nach Kairo widmete sich Segato der Erforschung der archäologischen Gebiete in Sakkâra, insbesondere der Stufenpyramide.
Die Stufenpyramide zu Sakkâra war in der Epoche des Djoser errichtet worden, und Segato war entschlossen, ihren Eingang zu finden. Er entdeckte den Brunnen, der zum fünfzehn Meter tiefer liegenden Haupteingang der Pyramide führte. Nachdem er den Zugang freigelegt hatte, drang er in die Pyramide ein, mußte dort aber zu seinem Bedauern feststellen, daß das Grab schon vor langer Zeit von Grabräubern geöffnet worden war. Nach dieser Entdeckung nahm Segato seine zeichnerischen Aktivitäten wieder auf. 1822 fertigte er sorgfältige Zeichnungen von zwei Ellenmaßen (die Maßeinheit der Alten Ägypter) an, die Nizzoli und der französische Konsul Drovetti in Sakkâra gefunden hatten. Aus dieser Zeit stammen die letzten Nachrichten von archäologischen Forschungen Segatos in Ägypten. Man nimmt an, daß er sich während der letzten Zeit seines Aufenthalts anderen Studien widmete – vielleicht der Botanik, der Chemie oder des Mumifikations- und Versteinerungsprozesses. Diese Dinge sollten sein Leben, nach seiner Rückkehr nach Italien im Jahre 1823 bestimmen.
Verbittert und enttäuscht über den Verlust seiner Antiquitätensammlung, die auf dem Weg nach Berlin Schiffbruch erlitten hatte und im Meer versunken war, ließ sich Segato in Florenz nieder, wo

74-75 *Der Kartograph und Abenteurer Girolamo Segato wurde 1792 in Italien, in der Nähe von Belluno, geboren. Er war von 1818 bis 1823 in Ägypten tätig, wo er zahlreiche Zeichnungen anfertigte und Vermessungen durchführte. In der Gefolgschaft von Ismail Pasha nahm er an abenteuerlichen Expeditionen im Sennar (Sudan) sowie zur Oase Siwa in der Libyschen Wüste teil. Er entdeckte den Eingang zur Stufenpyramide in Sakkâra, an der er die ersten wissenschaftlichen Abmessungen vornahm. (Museo Civico in Belluno, Italien)*

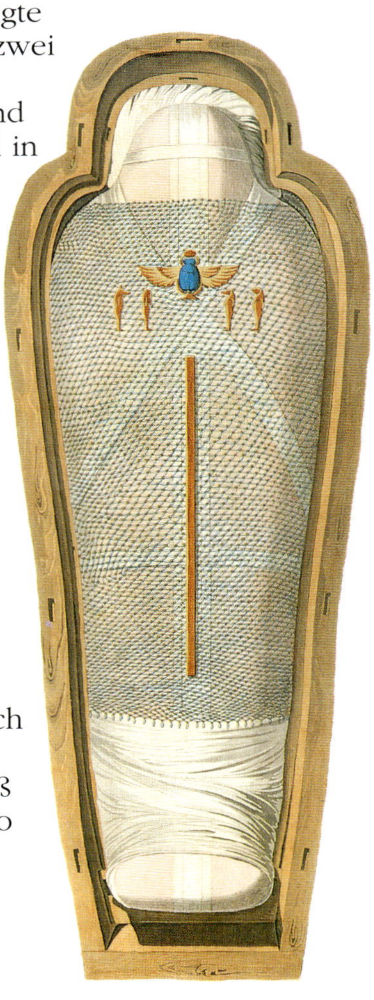

74 links *Die Abbildung zeigt, wie Amulette, denen man eine magische Schutzwirkung zuschrieb, verwendet wurden. Der geflügelte Skarabäus, Symbol der Sonnengottheit, und die vier Söhne des Horus sollen die Eingeweide der Mumie schützen. (Aus dem* Atlante Monumentale dell'Alto e del Basso Egitto)

er 1827 sein Werk *Saggi, pittorici, geografici, statistici e catastali sull'Egitto* veröffentlichte, von dem allerdings nur der erste Band erschien. 1833 begann er mit der Arbeit an einem zweiten Werk, dem *Atlante Monumentale dell'Alto e del Basso Egitto*, das jedoch erst 1837, ein Jahr nach seinem Tod, veröffentlicht wurde.

75 unten *Mansura in Unterägypten. Diese Zeichnung von Girolamo Segato stammt aus seinem Werk* Saggi, pittorici, geografici, statistici e catastali sull'Egitto. *(Museo Civico in Belluno, Italien)*

Jean François Champollion

76 *Dieses Portrait von Jean François Champollion wurde 1831 von Léon Cogniet angefertigt. Champollion wurde 1790 in Figeac geboren; er starb 1832. Schon mit achtzehn Jahren widmete er sich dem Studium der Texte auf dem Stein von Rosette, und nach vierzehn Forschungsjahren gelang es ihm im Jahre 1822 endlich, das Geheimnis der Hieroglyphenschrift zu lüften.*

Im Jahre 1808 begann der Franzose Jean François Champollion an dem sogenannten Stein von Rosette zu arbeiten, auf dem ein Text sowohl mit Hieroglyphen als auch in demotischer und griechischer Sprache aufgezeichnet war. 1799 war dieser Stein von der napoleonischen Truppe bei der kleinen Stadt Rosette im Delta gefunden worden.
Champollion, 1790 in Figeac geboren, widmete sich schon früh dem Studium der Linguistik und Orientalistik am Gymnasium in Grenoble und später in Paris am *Collège de France* und an der *Ecole Practique des Langues Orientales.* Champollion beherrschte mehrere Sprachen, darunter auch das Koptische, was ihm bei seinem Studium der Hieroglyphen, die schon seit über einem Jahrhundert die Wissenschaftler beschäftigt hatten, eine große Hilfe war. Champollion war erst neunzehn Jahre alt, als er von der Universität in Grenoble zum Professor berufen wurde. Vierzehn Jahre lang widmete er sich der Erforschung der Hieroglyphen. Seine Methode, diese zu entziffern, gründete sich auf folgende Annahmen: erstens, daß das Koptische, eine bereits gut erforschte Sprache, die letzte Phase in der ägyptischen Sprachentwicklung darstellte; zweitens, daß die Hieroglyphen sowohl Symbolwert als auch Lautwert besaßen; und drittens, daß sie auf den Schriftrollen phonetisch die Namen von Pharonen beschrieben.
Champollion glaubte, daß jedes Symbol einem Buchstaben des Alphabets entspräche, und da er von der griechischen Stele her wußte, daß der Text von Ptolemaios handelte, gelang es ihm, die Symbole zu entziffern, die den Namen PTOLMYS beschrieben.
1821 analysierte Champollion einen zweisprachigen Text (griechisch und Hieroglyphen) auf einem Obelisken, den Belzoni von der Insel Philae nach England transportiert hatte, und konnte den Namen KLEOPATRA entschlüsseln: Nun hatte er schon zwölf Hieroglyphenzeichen ins Alphabet umgesetzt. Diese Methode wendete er auch bei anderen Texten an, so daß er immer mehr Zeichen enträtseln konnte. 1822 präsentierte Champollion der Wissenschaft seine Entdeckungen in seinem berühmten *Lettre à M. Dacier*, dem Sekretär der *Academie des Inscriptions et Belles Lettres.* 1824 folgte ein Buch mit dem Titel *Précis du système hiéroglyphique des Anciens Egyptiens,* in dem er die Prinzipien der Hieroglyphenschrift darlegte.
Nachdem Champollion die Inschriften zahlreicher Ausstellungsstücke in europäischen Sammlungen und Museen studiert hatte, organisierte er mit der Hilfe von Karl X., König von Frankreich, sowie mit Leopold II., dem Großherzog der Toskana, und

unter Teilnahme seines besten Schülers, Ippolito Rosellini aus Pisa, die franko-toskanische Expedition, die im Juli 1828 von Toulon aus nach Ägypten startete. Als Champollion endlich das Land der Pharaonen erreichte, fand er seine Entdeckungen bestätigt. So hatte er die Monumente des Alten Ägypten wieder zum Leben erweckt und eine neue Wissenschaft begründet: die Ägyptologie.

77 *Dieses Bildnis von Giuseppe Angelelli stellt die Mitglieder der franko-toskanischen Expedition unter der Führung von Champollion in den Tempelruinen zu Karnak dar. In der Mitte des Bildes sitzt der bärtige Champollion in orientalischer Kleidung; neben ihm steht sein Lieblingsschüler und Mitarbeiter Rosellini. Champollion und Rosellini liefen im Juli 1828 von Toulon nach Ägypten aus, wo Champollion, der die Hieroglyphenschrift entziffert hatte, endlich die Gültigkeit seiner Thesen vor Ort bestätigt fand. Er rief damit eine neue Wissenschaft ins Leben: die Ägyptologie. (Museo Archeologico, Florenz)*

78 oben links *Diese Zeichnung wurde von Bertin während der Expedition mit Champollion im Grab Ramses III. im Tal der Könige angefertigt. Alle Zeichnungen und Vermessungen während dieser einzigen Ägyptenreise Champollions wurden unter dem Titel* Monuments de l'Egypte et de la Nubie *zwischen 1835 und 1845 veröffentlicht. (Bibliothèque Nationale, Paris)*

78 oben rechts *Dieses Bild zeigt eine zweisprachige Inschrift (Hieroglyphenschrift und griechisch) mit dem Namen KLEOPATRA. Sie war auf einem Obelisken dargestellt, den Belzoni in Philae fand und nach England transportieren ließ. Dort wurde die Schriftrolle von Champollion eingehend studiert.*

78 unten *Der berühmte Stein von Rosette mit dreisprachiger Inschrift (hieratisch, demotisch und griechisch) wurde 1799 von einem Offizier der napoleonischen Expedition in der Nähe von Rosette, dem heutigen Raschid, nicht weit von Alexandria, entdeckt. Nach dem Abzug des napoleonischen Heeres aus Ägypten im Jahre 1801 fiel das wertvolle Fundstück in die Hände der Engländer und wurde ins Britische Museum nach London gebracht. Champollion beschäftigte sich lange Zeit mit einem Abguß dieses Fundstückes und konnte schließlich die Hieroglyphenschrift entschlüsseln. (British Museum, London)*

79 *Die* Dictionnaire egyptienne *von Champollion, aus der hier eine Seite abgebildet ist, wurde zwischen 1836 und 1841 veröffentlicht. Diesem fundamentalen Werk gingen zwei andere voraus: der berühmte* Lettre à M. Dacier *von 1822, und* Précis du système hiéroglyphique des Anciens Egyptiens *von 1824. (Bibliothèque Nationale, Paris)*

7

Dans le premier Système applicable *seulement* aux caractères sculptés en Grand on cherchait, par des teintes plattes, à rappeler à peu près, la couleur naturelle des objets représentés : Ainsi les caractères figurants le Ciel. (1) étaient peints en bleu, la terre (2) en Rouge ; la Lune (3) en Jaune, le Soleil (4) en Rouge, l'Eau (5) en bleu ou en Verd (6.)

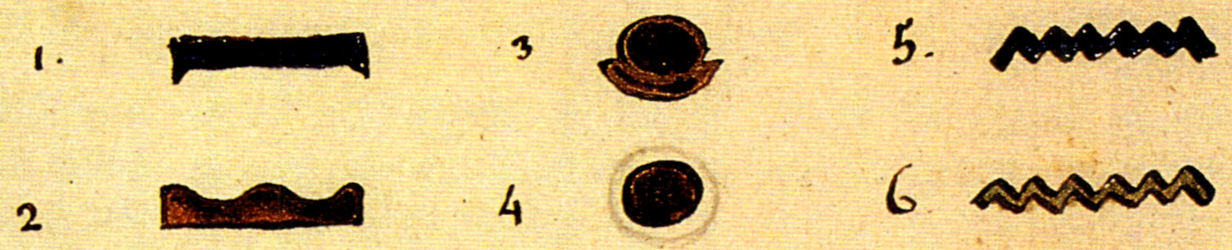

Les figures d'Hommes en pied, sont peintes, sur les grands monuments d'après des règles assez constantes : Les chairs sont en Rouge plus ou moins foncé, les coeffures *généralement* en bleu et la tunique blanche, les plis des draperies étant indiqués par des traits rouges

On donnait ordinairement des chairs jaunes aux figures de Femmes et leurs vêtements variaient en blanc, en verd ou en Rouge.

Les mêmes règles sont suivies dans le coloriage des hieroglyphes dessinés en petit sur les Stèles et les Sarcophages : mais les vêtements sont tous de couleur verte.

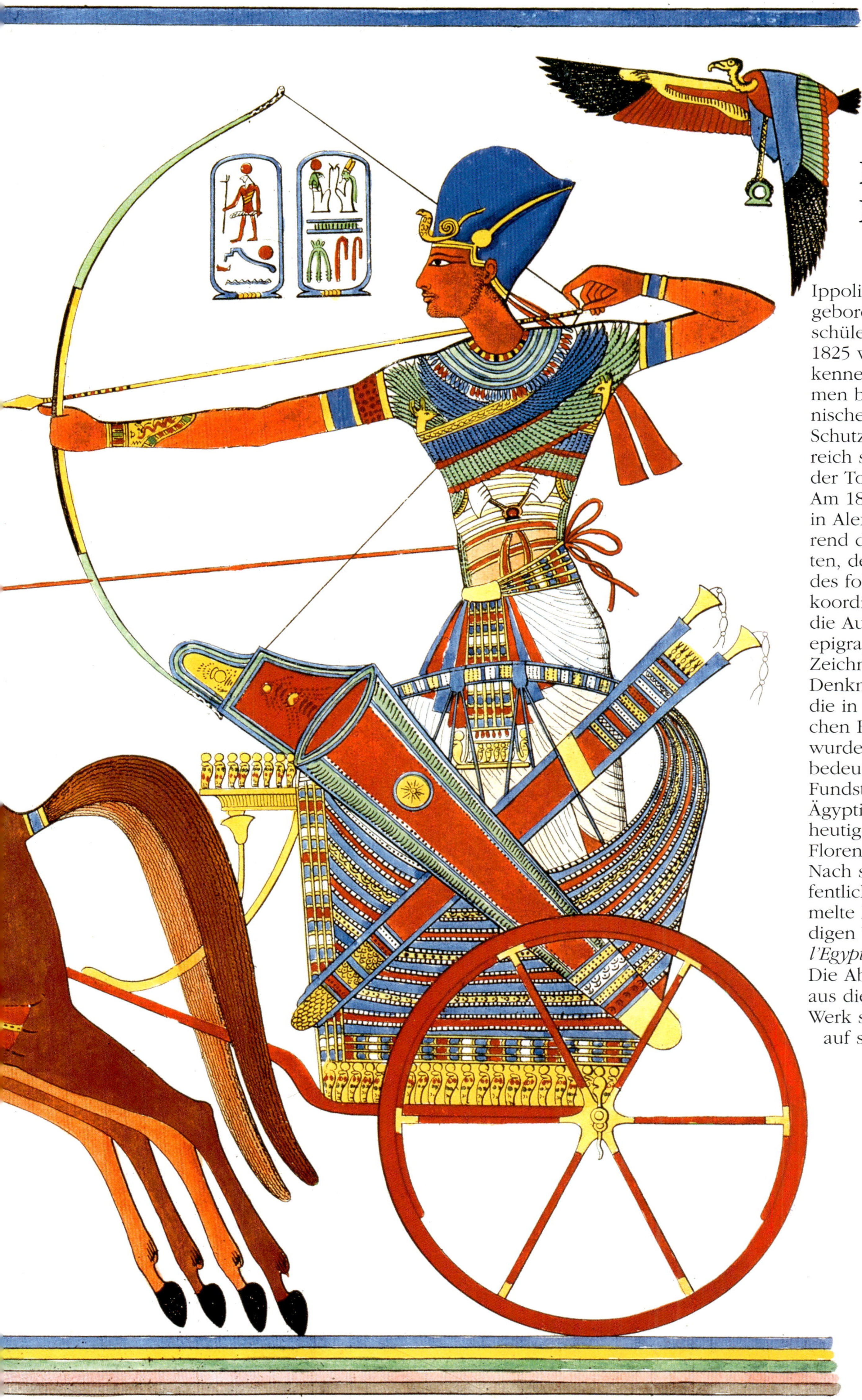

Ippolito Rosellini

Ippolito Rosellini, 1800 in Pisa geboren, war der Lieblingsschüler Champollions, den er 1825 während einer Italienreise kennengelernt hatte. Sie nahmen beide an der franko-toskanischen Expedition unter dem Schutz des Königs von Frankreich sowie des Großherzogs der Toskana teil.
Am 18. August 1828 gingen sie in Alexandria an Land. Während des Aufenthalts in Ägypten, der sich bis zum Oktober des folgenden Jahres hinzog, koordinierte Rosellini nicht nur die Ausführung zahlreicher epigraphischer Abschriften und Zeichnungen der wichtigsten Denkmäler des Alten Ägypten, die in vierzehn handschriftlichen Bänden gesammelt wurden, sondern erwarb auch bedeutende archäologische Fundstücke, die den Kern der Ägyptischen Sammlung des heutigen *Museo Archeologico* in Florenz bilden.
Nach seiner Rückkehr veröffentlichte Rosellini das gesammelte Material in dem neunbändigen Werk *Monuments de l'Egypte et de la Nubie.*
Die Abbildung links, welche aus diesem monumentalen Werk stammt, zeigt Ramses I. auf seinem Kampfwagen.

David Roberts

Unter den Europäern, die in den ersten Jahrzehnten des 19. Jahrhunderts nach Ägypten reisten, um die Denkmäler des Pharaonenreiches zu dokumentieren, ist der schottische Zeichner David Roberts sicher einer der bedeutendsten. Er wurde 1796 in Stockbridge in der Nähe von Edinburgh geboren und arbeitete als Theaterdekorateur. Er machte die Bekanntschaft einiger berühmter Persönlichkeiten, wie Charles Dickens oder William Turner.
Turner überzeugte Roberts davon, seinen Beruf als Dekorateur an den Nagel zu hängen, um sich ganz der Malerei zu widmen und auf Auslandsreisen seine künstlerischen Fähigkeiten zu vertiefen. Zunächst fuhr Roberts nach Spanien; von dort aus ging seine Reise weiter nach Nordmarokko, wo er mit der orientalischen Welt in direkten Kontakt kam – bisher kannte er diese lediglich von Bilder von Reisenden wie Vivant Denon oder Giovanni Battista Belzoni.
Im September 1838 lief Roberts in Alexandria ein. Er mietete in Kairo für drei Monate ein Boot, das gleichzeitig als Haus, Atelier und Transportmittel fungierte, und fuhr den Nil flußaufwärts bis nach Abu Simbel. Er sagte einmal: „Allein wegen des Tempels lohnt sich die Reise nach Nubien.“ Roberts hielt auf seiner Fahrt immer wieder an, um die wichtigsten Stätten und Denkmäler des Alten Ägypten zu studieren, zu analysieren und zu zeichnen.
Er war von der Architektur der Pharaonenzeit tief beeindruckt, und der große Strom und die Landschaften faszinierte ihn. Vor allem der Nil mit seinem stetigen Wechsel von Licht und Farbe übte auf den schottischen Maler eine große Faszination aus, und er schrieb: „(Der Nil) nimmt nacheinander alle Farben des Prismas an und er wickelt sich ab wie ein langes Leichentuch, das mit silbernen Tränen übersät ist.“
Roberts verbrachte viele Tage mit Malen, machte lange Landexkursionen und arbeitete in der Nähe der archäologischen Stätten im Schatten seines Sonnenschirms.
Seine Aquarelle, die jedes Detail der ägyptischen Tempel, präzise wiedergeben, gelten als wichtige Dokumente für den Zustand dieser Denkmäler im letzten Jahrhundert und geben außerdem Aufschluß über die Farben der Reliefs, die heute leider fast verblaßt sind.
Mit seinen Zeichnungen, kehrte er in die Hauptstadt zurück, wo er mehr als einen Monat damit zubrachte, Straßen, Menschen und Szenen aus dem alltäglichen Leben zeichnerisch festzuhalten. Der unerschrockene Schotte schaffte es sogar, eine Sondergenehmigung zu erhalten, mit der er – als Araber verkleidet – das Innere der Moscheen malen durfte.
Im Februar 1839 ritt Roberts auf einem Kamel durch den Sinai in Richtung Heiliges Land. Auf dem Weg dorthin verweilte er im berühmten Kloster der Heiligen Katharina und besuchte die Ruinen von Petra, Jerusalem und die großartigen Tempel zu Baalbek im Libanon.

82 links *Der große Maler des Orients, David Roberts, wurde 1796 in der Nähe von Edinburgh geboren. Nachdem er in England als Dekorateur gearbeitet hatte, schiffte er sich 1838 von London nach Alexandria ein und begab sich von hier aus nach Kairo. Dort mietete er ein Boot, mit dem er stromaufwärts fuhr. Er besuchte alle bekannten Stätten Ägyptens und zeichnete sie in sein Reisetagebuch. Später unternahm er eine Reise ins Heilige Land, während der er Gelegenheit hatte, den Sinai, die Ruinen von Petra und Baalbek sowie Jerusalem zu besichtigen. Wieder nach London zurückgekehrt, begann er, seine vor Ort ausgeführten Zeichnungen und Skizzen zu überarbeiten: Es entstanden 247 wunderbare Aquarelle, die in sechs großen Bänden unter dem Titel* Views in the Holy Land, Syria, Idumea, Arabia, Egypt and Nubia *veröffentlicht wurden.*

83 *Dieses Aquarell zeigt die Dekoration der Hypostylhalle des Isis-Tempels auf Philae. Roberts nannte es „das große Tor“. Dieser Teil der Halle wurde zur Zeit Justinians (6. Jahrhundert) in eine Kirche umgewandelt.*

Von Beirut aus schiffte sich Roberts nach Alexandria ein; nach dieser Reise verließ er Ägypten und den Nahen Osten endgültig.
Nach London zurückgekehrt widmete sich der Künstler der Vollendung seiner Aquarelle, die er der Öffentlichkeit in einer Ausstellung präsentierte, die beachtlichen Erfolg hatte und ihm die Ernennung zum Mitglied der *Royal Academy* einbrachte.
Außerdem beauftragte Roberts einen der besten Lithographen Londons, Louis Haghe, Lithographien von seinen Aquarellen zu erstellen. Dieses wertvolle Material wurde zwischen 1842 und 1849 in einer Reihe von Bänden mit insgesamt 247 Lithographien unter dem Titel *Views in the Holy Land, Syria, Idumea, Arabia, Egypt and Nubia* veröffentlicht, die Roberts weltberühmt machten.
David Roberts unternahm noch viele Reisen, die ihn nach Italien, Frankreich, Belgien und Holland führten, aber er setzte nie wieder einen Fuß auf das Land, das er so meisterhaft skizziert hatte.
Roberts starb im Jahre 1864 in London. Ein Jahr später wurde ein Großteil seines Nachlasses bei Christie's versteigert, und sein wertvolles zweibändiges Reisetagebuch, das er in Ägypten und im Heiligen Land geschrieben hatte, ging an die *National Library of Scotland in Edinburgh.* Es ist bis heute unveröffentlicht geblieben.

84-85 *Dieser eindrucksvollen Arbeit, auf der die große Sphinx von Gîza und die Chephrenpyramide dargestellt sind, gab Roberts den Titel „Simoun in der Wüste". Ein* 'simoun' *ist ein orkanartiger Wind, der oft dichte Sandwolken aufwirbelt und damit die Sicht stark beeinträchtigt. Um einen noch dramatischeren Effekt zu erzielen, läßt Roberts die Sonne im Süden – nicht im Westen – hinter der Sphinx untergehen.*

86 *Der Obelisk und der erste Pylon des Tempels von Luxor, vor dem sich zwei halb von Sand bedeckte Kolosse befinden, die beide Ramses II. darstellen. Der andere Obelisk, der auf der Westseite des Pylons gestanden hatte, war zur Zeit von Roberts Reise (1838) von Pascha Mehmed Ali schon an Frankreich verschenkt worden, wo er seit 1836 auf der Place de la Concorde in Paris steht.*

86-87 *Vom Tempel in Esna, der während der ptolemäischen Epoche (2. Jahrhundert v. Chr.) erbaut wurde ist nur diese Hypostylhalle übriggeblieben, die aus der Zeit der Imperatoren Tiberius und Vespasian (1. Jahrhundert) stammt und zu Beginn des 19. Jahrhunderts zunächst als Baumwollager und später als Arsenal benutzt wurde.*

87 unten links
Auf dem Gemälde von Roberts ist der Säulengang des Horustempels in Edfu noch halb von Sand begraben. Dieser Tempel aus ptolemäischer Zeit wurde 1860 ausgegraben.

87 unten rechts
Der zweite Hof des Ramesseums, *der Gedächtnistempel von Ramses II. in West-Theben, wurde von Roberts* Memnonium *genannt. Ein gigantischer Koloß Ramses' II., „Sonne der Prinzen", liegt umgestoßen auf dem Boden.*

Temple at Esneh Nov. 25th. 1838
David Roberts R.A.

88 *Die vier in den Felsen gehauenen Kolosse, die Ramses II. darstellen und die Fassade des großen Tempels von Abu Simbel schmücken, waren zur Zeit Roberts' noch halb von Sand bedeckt. Der große Tempel von Abu Simbel, den Ramses II. gegen 1255 v. Chr. errichten hatte lassen, wurde 1813 von dem Schweizer Johann Ludwig Burckhardt entdeckt. Aber erst vier Jahre später war es möglich, in sein Inneres vorzudringen, als Giovanni Battista Belzoni die Fassade dieses beeindruckenden Denkmals vom Sand befreit hatte.*

***89** Im Inneren des großen Tempels von Abu Simbel befindet sich ein* 'pronaos', *in dem acht riesige, fast zehn Meter hohe Osiris-Kolosse stehen. Sie stellen den Pharao dar, der sich Osiris, dem Gott des Jenseits, angeglichen hat.*

Die grossartigen Entdeckungen von Mariette, Maspero und Schiaparelli

1858 gründete der Franzose Auguste Mariette den *Service des Antiquités de l'Egypte* (Ägyptischer Altertumsdienst) und das Ägyptische Museum in Kairo. Er unternahm zahlreiche Forschungsreisen nach Sakkâra, wo er das Serapeum entdeckte, welches vierzehnhundert Jahre lang zur Bestattung der Apis-Stiere gedient hatte. Außerdem entdeckte Mariette in der Nähe der großen Pyramiden von

Gîza den prächtigen Taltempel des Königs Chephren mit zahlreichen Statuen. Darunter befand sich auch die berühmte Dioritstatue, die den Pharao in Lebensgröße auf dem Thron sitzend darstellt. Sie ist eines der Meisterstücke des Alten Reiches. Gaston Maspero führte das Werk Mariettes mit Energie und Durchhaltevermögen fort.

Als wertvolle Gegenstände, die offensichtlich aus königlichen Gräbern stammten, auf dem Antiquitätenmarkt auftauchten, wurde Maspero mißtrauisch. 1881 kam er einer Grabräuberbande auf die Spur, die in der Gegend um Luxor aktiv war. Nach langen Nachforschungen entdeckte er das berühmte „Versteck" von Deir el-Bahari. Es handelte sich um ein Grab, das in einer Felsritze der thebanischen Hügel versteckt lag, nicht weit vom Tempel zu Deir el-Bahari entfernt. Besorgte Priester hatten wegen der ständigen Grabschändungen in der Epoche der 21. Dynastie die Mumien der bedeutendsten Pharaonen, wie beispielsweise die von Amenophis I., Ramses I., Ramses II. sowie seines Vaters Sethos I., versteckt.

Zwischen den Jahren 1903 und 1920 unternahm der Direktor des Ägyptischen Museums in Turin, Ernesto

90 *Der Beginn von Auguste Mariettes Tätigkeit in Ägypten datiert auf das Jahr 1850. Zu seinen zahlreichen Entdeckungen zählen das Serapeum in Sakkâra (rechts im Bild) und der Taltempel des Königs Chephren.*

Außerdem hat er den Service des Antiquités de l'Egypte *und das Ägyptische Museum in Kairo gegründet. Als Mariettes 1881 starb, fand er im Hof des Museums seine letzte Ruhestätte.*

91 links *Ernesto Schiaparelli, Direktor des Ägyptischen Museums in Turin, leitete als Initiator der* Missione Archeologica Italiana *zwischen 1903 und 1920 zahlreiche Ausgrabungen in ganz Ägypten. Ihm verdanken wir die Entdeckung des Nofretiri-Grabes und der Gräber der Söhne von Ramses III. im Tal der Königinnen, der Gräber des Kha und des Maja in Deir el-Medina sowie des Iti-Grabes in Gebelên.*

Schiaparelli aus Biella, eine Reihe von Ausgrabungsexpeditionen nach Ägypten, um die Sammlung des von ihm geleiteten Museums zu vervollständigen.
Außer im Tal der Königinnen und in Deir el-Medina, wo er seine ersten Funde machte, grub er in der Stadt Heliopolis (die Stadt, in der sich schon im Alten Reich ein Kult um den Sonnengott entwickelt hatte), die inzwischen Bestandteil des nördlichen Kairo geworden war, in Gîza, Qaw el-Kebir, Ashmunein und in der Nekropole von Assiût in Mittelägypten.
Seine größten Erfolge bestanden in der Entdeckung der Grabmäler der Nofretiri und der Prinzen Cha-emwêset und Amun-(her)-chopeschef, Söhne von Ramses III. Im Tal der Königinnen entdeckte Schiaparelli das Grab des Maja. In Deir el-Medina fand er das unversehrte Grab des Architekten Kha, und in Gebelên entdeckte er das Grab des Iti, eines Beamten der 12. Dynastie. Die reiche Grabmalausstattung des Kha und die Malereien im Grab des Maja und des Iti sind heute mit die bedeutendsten Ausstellungsstücke des Ägyptischen Museums in Turin.

91 unten *Blick in das Innere des noch unberührten Grabes des Architekten Kha und seiner Frau Merit, die während der 18. Dynastie zur Zeit Amenophis' II. und Amenophis' III. gelebt hatten.*

91 oben rechts *Ein Mitarbeiter Schiaparellis bei der Arbeit im Nofretiri-Grab, Gemahlin von Ramses II., im Tal der Königinnen. Es wurde von der* Missione Archeologica Italiana *1904 entdeckt. Da das Grab in früherer Zeit schon geplündert worden war, fand man es fast leer vor, aber die Dekorationen und Wandbilder gehörten zu den schönsten, die man je in einem königlichen Grab gefunden hatte.*

Howard Carter

92 oben *Das Grab Tut-anch-Amuns, das nur wenige Meter vom Grabmal Ramses' VI. (in der Mitte des Fotos sichtbar) entfernt liegt, nach den ersten Arbeiten von Carter und seinem Team. Am 4. November 1922 entdeckte man die Treppe, die in die königliche Gruft führte, aber Carter wartete mit der Besichtigung des Grabmals auf die Ankunft Lord Carnarvons aus England, der die Ausgrabungen finanziert hatte. Am 26. November desselben Jahres traten Carter, Lord Carnarvon, seine Tochter Lady Evelyn und der Architekt Arthur Callender als erste über die Türschwelle, die in eine Vorhalle führte.*

92 unten *Auf den Siegeln der zweiten Truhe ist eine Darstellung des Gottes Anubis in Schakalgestalt mit acht Gefangenen eingeritzt.*

Etwa vierzig Jahre nach der Entdeckung von Deir el-Bahari erregte ein anderer Fund die Aufmerksamkeit der Ägyptologen. Howard Carter entdeckte 1922 das unberührte Grab eines noch unbekannten Pharaos: das Grab von Tut-anch-Amun.
Carter, 1873 im englischen Kensington geboren, schlug ebenso wie sein Vater eine Künstlerlaufbahn ein. 1890 wurde er von dem Ägyptologen Newberry eingestellt, um eine Reihe von Zeichnungen zu vervollständigen, die dieser in Ägypten angefertigt hatte. Als Mitglied des *Egypt Exploration Fund*, einem Verein zur Unterstützung von Ausgrabungen in Ägypten, und als Assistent des berühmten Archäologen Flinders Petrie arbeitete Carter acht Jahre lang an den Vermessungen des Hatschepsuttempels in Deir el-Bahari und fertigte Textabschriften sowie zahlreiche Aquarellzeichnungen an.
Obwohl er weder einen normalen Studiengang absolviert hatte noch einen akademischen Titel führte, wurde Carters Arbeit von Gaston Maspero, dem Nachfolger des berühmten Mariette, sehr geschätzt. Maspero war damals Leiter des *Service des Antiquités de l'Egypte* und ernannte Carter – der zu diesem Zeitpunkt Inspektor der Altertümer im Bezirk von Theben war – zum

93 *Howard Carter und Arthur Callender öffnen die Türen der vier vergoldeten Holztruhen, die die Sarkophage Tut-anch-Amuns enthielten. Sie befanden sich auf der Ostseite der Grabkammer. Die Türen der ersten Truhe hatten keine Siegel. Vermutlich waren sie schon von Grabräubern, die das Grab zweimal in pharaonischer Zeit geplündert hatten, aufgebrochen worden. Die Siegel der zweiten Truhe waren jedoch intakt, und zum ersten Mal seit 3245 Jahren blickte ein Mensch hinter diese Schranken.*

Direktor der Ausgrabungsarbeiten in Nubien und Oberägypten.
1907 lernte Carter Lord Carnarvon kennen, einen reichen englischen Adeligen und leidenschaftlichen Archäologen. Gaston Maspero überzeugte Lord Carnarvon davon, Carter zu engagieren. Carter und Carnarvon führten zahlreiche Grabungen durch, die jedoch ohne großen Erfolg blieben, bis sie im Jahre 1914 vom *Service des Antiquités de l'Egypte* die Erlaubnis erhielten, im Tal der Könige zu graben. Dort hatte bisher der Amerikaner Theodore M. Davis gearbeitet, der diese Stätte jedoch ein Jahr zuvor als archäologisch „erschöpft" erklärt hatte.
Carter war aber davon überzeugt, daß sich im Tal der Könige das Grab des Pharaos Tut-anch-Amun befinden müsse, da Davis dort die Fragmente einer Goldplatte gefunden hatte, auf welcher der Name von Tut-anch-Amun erhalten war.

Der Ausbruch des Ersten Weltkrieges hinderte Carter daran, mit seinen Forschungen sofort zu beginnen. Erst im Jahre 1917 begann er schließlich, im Gebiet zwischen den Gräbern von Ramses II. und Ramses VI. mit den Ausgrabungsarbeiten. Carter fand die Überreste einer Arbeitersiedlung. Er wollte die Überreste dieser Siedlung aber nicht freilegen, sondern richtete sein Augenmerk auf die unmittelbar umliegende Zone. Diese Arbeit blieb allerdings ohne Erfolg. 1921 entschied Lord Carnarvon, der in der Zwischenzeit eine beträchtliche Summe zur Finanzierung des Unternehmens aufgebracht hatte, das Projekt nicht weiter zu unterstützen. Er ließ sich aber schließlich – im Herbst 1922 – von Carter zu einem letzten Versuch überreden: Ziel war es, das bereits entdeckte Arbeiterdorf freizulegen.

94 *An der Ostwand der Grabkammer befand sich der Eingang zu einem nur etwa 17 Quadratmeter großen Anbau, der „die Schatzkammer" genannt wurde: Das Zimmer enthielt eine Statue Anubis' auf einem Palankin, zahlreiche Schatullen und eine große vergoldete Holztruhe mit Kanopen.*

95 oben *An der Nordseite der Grabkammer, auf der Höhe der Türpfosten, fand Carter zwei Holzstatuen in Lebensgröße, die den Pharao während seines ewigen Schlafes beschützen sollten. Wahrscheinlich waren in diesen Statuen Papyrusrollen mit religiösen Texten versteckt, die jedoch zu einem früheren Zeitpunkt schon entwendet worden waren.*
In der Mitte verdecken ein Weidenkorb und Schilfrohr das kleine Loch, das Carter in die Wand gebohrt hatte, um den Inhalt der Grabkammer vor der offiziellen Öffnung zu begutachten.

95 Mitte *Eine wunderschöne Alabastervase mit duftenden Salben wurde hinter der Tür des ersten der vier vergoldeten Holzschreine gefunden, welche die Sarkophage enthielten.*

95 unten *Eine der Bahren aus der Vorkammer verbarg eine Vielzahl weiß bemalter Holzschachteln. Diese enthielten Nahrungsmittel (hauptsächlich tierischer Art) für den Pharao im Jenseits.*

96-97 *Nachdem man den zweiten vergoldeten Holzsarkophag mit Hilfe eines ausgetüftelten Flaschenzugsystems hochgezogen hatte, ließ ihn Carter auf ein Brett stellen, um ihn zu öffnen. Der Archäologe und sein Mitarbeiter entdeckten unter einem feinen Leinentuch den Deckel des dritten Sarkophages aus purem Gold, der die von der berühmten Maske geschützte Königsmumie enthielt. Auf dem Foto säubert Carter vorsichtig den dritten Sarkophag, der 110,4 kg schwer und 187,5 cm lang war, von den Verkrustungen, die durch die Benutzung von Harz, Salben und Pech entstanden waren. In seinem Bericht schreibt Carter in bezug auf die enormen Schwierigkeiten bei den Reinigungsarbeiten des Deckels des dritten Sarkophags: „Dieses Pech mußte, wie alle Materialien, die mit der Zeit verhärten, mit leichten Hammerschlägen, Lösungsmitteln und Wärme entfernt werden."*

Am 4. November stieß einer der Arbeiter auf eine Steinstufe – die erste Stufe einer Treppe, die in den Felsen hinunterführte. Erst am Nachmittag des 5. November gelang es den Arbeitern, die Treppe von Schutt und Sand zu befreien. In der Hoffnung, es könnte sich um den ersehnten Fund handeln, sandte Carter ein Telegramm an Lord Carnarvon, in dem er ihn bat, sofort zu kommen. Am 23. November traf Lord Carnarvon in Begleitung seiner Tochter Lady Evelyn am Ausgrabungsort ein. Carter und Lord Carnarvon durchbrachen die Tür, hinter welcher – wie sich kurz darauf herausstellen sollte – eine zweite Tür lag. Beide Türen trugen das Nekropolensiegel und den erhofften Namen: Tut-anch Amun. Am 26. November gelang es Carter, in Begleitung von Carnarvon, dessen Tochter Evelyn und dem Archäologen Callender ein Loch in die zweite Tür zu bohren, um einen Blick auf das Innere des Grabes und seiner Schätze zu werfen. In der Geschichte der Ägyptologie war es das erste und bis heute auch das einzige königliche Grab, das einigermaßen intakt aufgefunden wurde, obwohl es in früherer Zeit zweimal von Grabräubern aufgebrochen worden war, die glücklicherweise jedoch keinen allzu großen Schaden angerichtet hatten.
Die archäologischen Arbeiten im Grab von Tut-anch-Amun dauerten mehrere Jahre. Die Bergung von über 3500 Gegenständen bestätigte, daß es sich hier um die bedeutendste archäologische Entdeckung handelte, die je in Ägypten gemacht wurde.

98/103 *Auf diesen Fotografien der Vorkammer sieht man die vier zerlegten Kampfwagen des Pharaos sowie zwei der drei Bahren in Form von Tieren (eine Löwin, eine Kuh und ein hybrides Wesen mit einem Nilpferdkopf), die jeweils eine Gottheit symbolisieren. Auf diesen Bahren sollte sich die Seele des Pharaos ausruhen und erholen können.*

97 *Die Fundstücke aus dem Grabmal wurden von Carter und seinem Team für den Transport zum Laboratorium, das sich in der Nähe des Grabes Sethos' II. befand, sorgfältig verpackt. Dort wurden sie fotografiert und ersten Reinigungs- und Festigungsarbeiten unterzogen, bevor man sie nach Kairo brachte. Wegen der Vielzahl der gefundenen Gegenstände gingen die Arbeiten nur sehr langsam voran. Die Räumung der Vorkammer, die am 27. Dezember 1922 begonnen hatte, dauerte allein fünfzig Tage. Die vier großen vergoldeten Schreine, welche die Sarkophage enthielten, verließen im November 1930 als letzte das Grab.*

7 *Der große monolithische Quarzitsarkophag enthielt drei Schreine. An den Seiten waren die vier Schutzgöttinnen der Kanopen eingemeißelt: Isis, Nephthys, Selkis und Neith.*

8 *In der Schatzkammer sind über dreißig Schiffsmodelle gefunden worden, die sowohl als Zeremonienschiffe als auch als Schiffe für den normalen Schiffsverkehr auf dem Nil und in den Sümpfen benutzt wurden.*

9 *Der fast zwei Meter hohe, vergoldete Holzschrein enthielt die Kanopen mit den Eingeweiden des Pharaos. Er gehört zu den beeindruckendsten Gegenständen der Schatzkammer. An jeder Seite lehnte eine der vier Schutzgöttinnen der Kanopen mit ausgebreiteten Armen. Jede von ihnen ist nach einer Himmelsrichtung ausgerichtet: Neith nach Norden, Selkis nach Süden, Isis nach Westen und Nephthys nach Osten.*

Der Schatz des unbekannten Pharaos

Howard Carter unternahm im Herbst 1922 auf der Suche nach dem Grabmal Tut-anch-Amuns seine letzte Expedition.
Lord Carnarvon, der Sponsor des Unternehmens, wollte nach acht unfruchtbaren und kostenaufwendigen Ausgrabungsjahren einen Schlußpunkt setzen. Als die Arbeiter Carters am 4. November 1922 die erste Stufe einer Treppe fanden, die in den Felsen führte, dachte niemand daran, daß dies der Schlüssel zur größten und bedeutendsten Entdeckung in der Geschichte Äyptens sein könnte: dem Grab Tut-anch-Amuns. Obwohl schon zweimal Diebe ins Innere des Grabes eingedrungen waren, war dieses beinahe unversehrt. Als Carter am 26. November ein Loch in die Wand bohren ließ und als erster einen Blick in die Sargkammer warf, flüsterte er: „Ich sehe wunderbare Dinge."

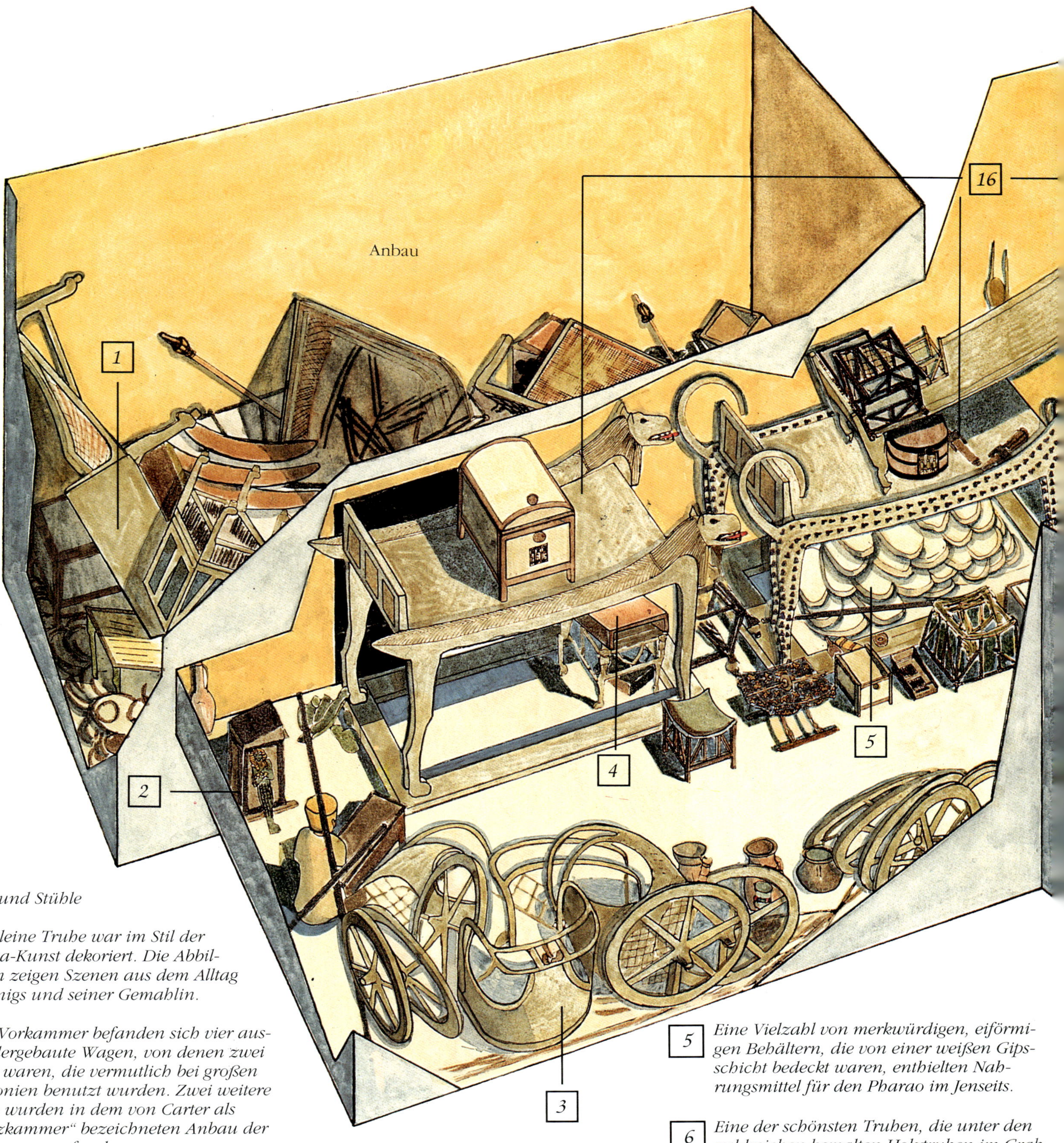

1 *Betten und Stühle*

2 *Diese kleine Truhe war im Stil der Amarna-Kunst dekoriert. Die Abbildungen zeigen Szenen aus dem Alltag des Königs und seiner Gemahlin.*

3 *In der Vorkammer befanden sich vier auseinandergebaute Wagen, von denen zwei bemalt waren, die vermutlich bei großen Zeremonien benutzt wurden. Zwei weitere Wagen wurden in dem von Carter als „Schatzkammer" bezeichneten Anbau der Grabkammer gefunden.*

4 *Der weltberühmte Thronsessel Tut-anch-Amuns stand unter der ersten Zeremonienbahre an der Westwand der Vorkammer.*

5 *Eine Vielzahl von merkwürdigen, eiförmigen Behältern, die von einer weißen Gipsschicht bedeckt waren, enthielten Nahrungsmittel für den Pharao im Jenseits.*

6 *Eine der schönsten Truhen, die unter den zahlreichen bemalten Holztruhen im Grab gefunden wurde, zeigt Tut-anch-Amun bei der Jagd in der Wüste sowie im Krieg gegen Feinde aus dem Norden und aus dem Süden: die Syrer und die Nubier.*

10 *Im Grab befanden sich über fünfzig Kästchen und Holztruhen mit Stoffen, Salben, Kosmetika, Weihrauch, Kupferwaren, kleinen Behältern und anderen Gegenständen aus dem täglichen Leben.*

11 *Die Statue des Einbalsamierers Anubis ist auf einer vergoldeten Holztruhe, welche die Form einer Kapelle hat, befestigt. Sie enthält Amulette und steht auf einem vierarmigen Palankin, um sie bei Leichenzügen leichter tragen zu können. Als die Statue gefunden wurde, war sie von einem Leinentuch bedeckt, das um den Hals geknotet war, um den auch eine Lotusblütengirlande lag.*

12 *Tut-anch-Amun im Angesicht von König Eje, der den „Ritus der Mundöffnung“ vollzieht.*

13 *Tut-anch-Amun mit seinem 'ka' im Angesicht Osiris'*

14 *Die Sonnenbarke mit den Gottheiten des Amduatbuches*

15 *Zwei lebensgroße Holzstatuen standen seitlich des Eingangs zur Grabkammer. Sie sollten den Pharao während seines ewigen Schlafes beschützen.*

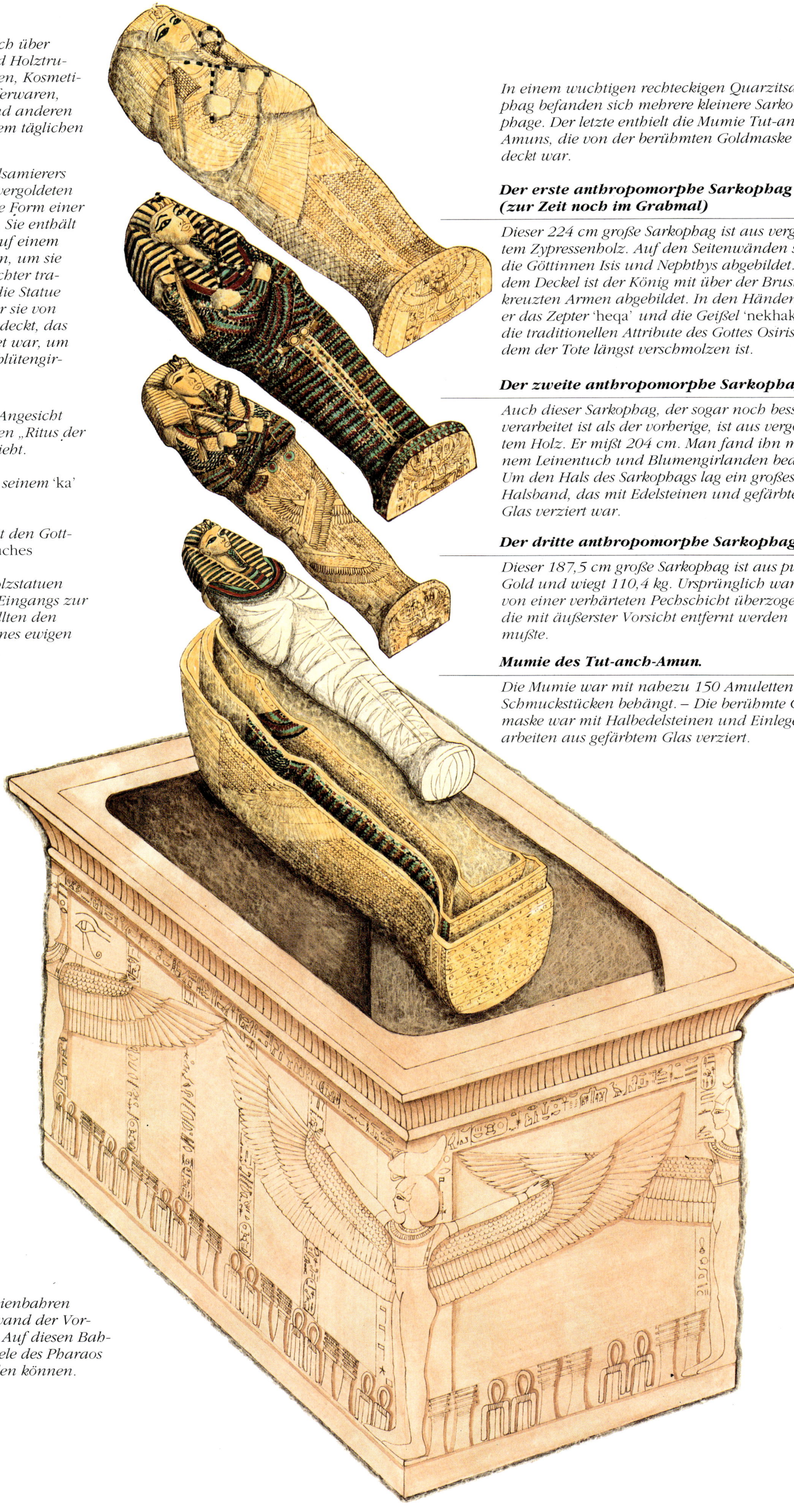

In einem wuchtigen rechteckigen Quarzitsarkophag befanden sich mehrere kleinere Sarkophage. Der letzte enthielt die Mumie Tut-anch-Amuns, die von der berühmten Goldmaske bedeckt war.

Der erste anthropomorphe Sarkophag (zur Zeit noch im Grabmal)

Dieser 224 cm große Sarkophag ist aus vergoldetem Zypressenholz. Auf den Seitenwänden sind die Göttinnen Isis und Nephthys abgebildet. Auf dem Deckel ist der König mit über der Brust gekreuzten Armen abgebildet. In den Händen hält er das Zepter 'heqa' und die Geißel 'nekhakha', die traditionellen Attribute des Gottes Osiris, mit dem der Tote längst verschmolzen ist.

Der zweite anthropomorphe Sarkophag

Auch dieser Sarkophag, der sogar noch besser verarbeitet ist als der vorherige, ist aus vergoldetem Holz. Er mißt 204 cm. Man fand ihn mit einem Leinentuch und Blumengirlanden bedeckt. Um den Hals des Sarkophags lag ein großes Halsband, das mit Edelsteinen und gefärbtem Glas verziert war.

Der dritte anthropomorphe Sarkophag

Dieser 187,5 cm große Sarkophag ist aus purem Gold und wiegt 110,4 kg. Ursprünglich war er von einer verhärteten Pechschicht überzogen, die mit äußerster Vorsicht entfernt werden mußte.

Mumie des Tut-anch-Amun.

Die Mumie war mit nahezu 150 Amuletten und Schmuckstücken behängt. – Die berühmte Goldmaske war mit Halbedelsteinen und Einlegearbeiten aus gefärbtem Glas verziert.

16 *Drei große Zeremonienbahren waren an der Westwand der Vorkammer aufgereiht. Auf diesen Bahren sollte sich die Seele des Pharaos ausruhen und erholen können.*

Die vier großen vergoldeten Holzschreine, die die Sarkophage des Königs enthielten, füllten beinahe den gesamten Raum aus.

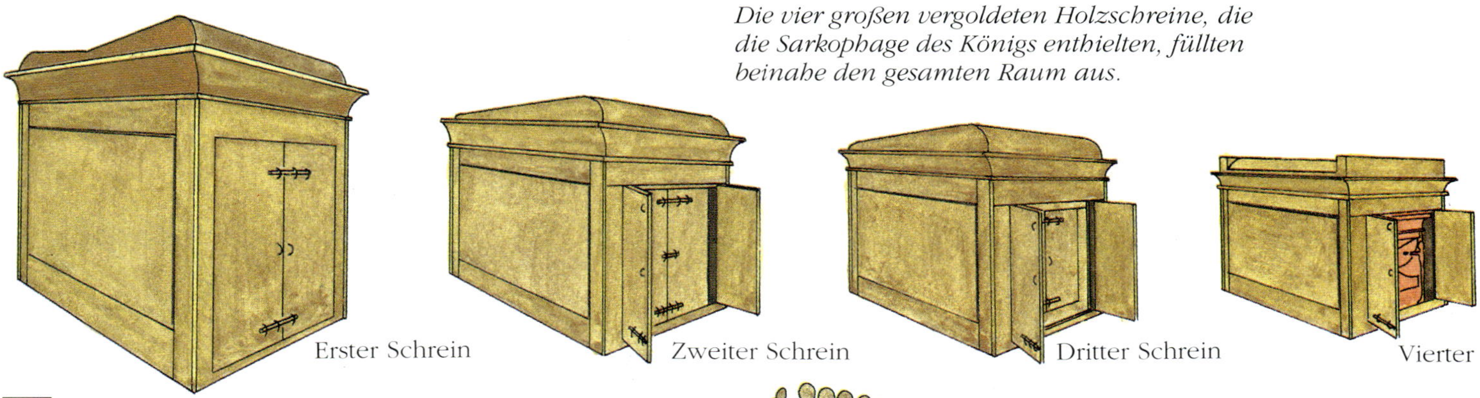

Im Inneren des ersten Schreins befand sich ein zweiter, der wiederum einen dritten aus Kalzit enthielt. Darin waren die vier Alabasterkanopen enthalten. In diesen befanden sich vier kleine Sarkophage, in denen die mumifizierten Eingeweiden des Königs beigesetzt worden waren.

Kanopenschrein mit goldenem Baldachin

Kanopenschrein

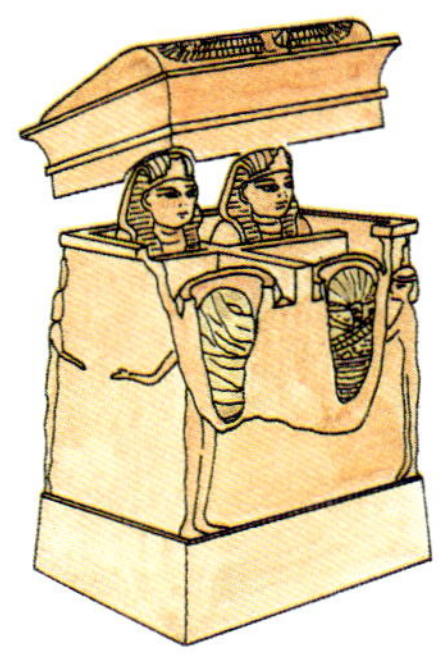

Kanopenschrein aus Kalzit

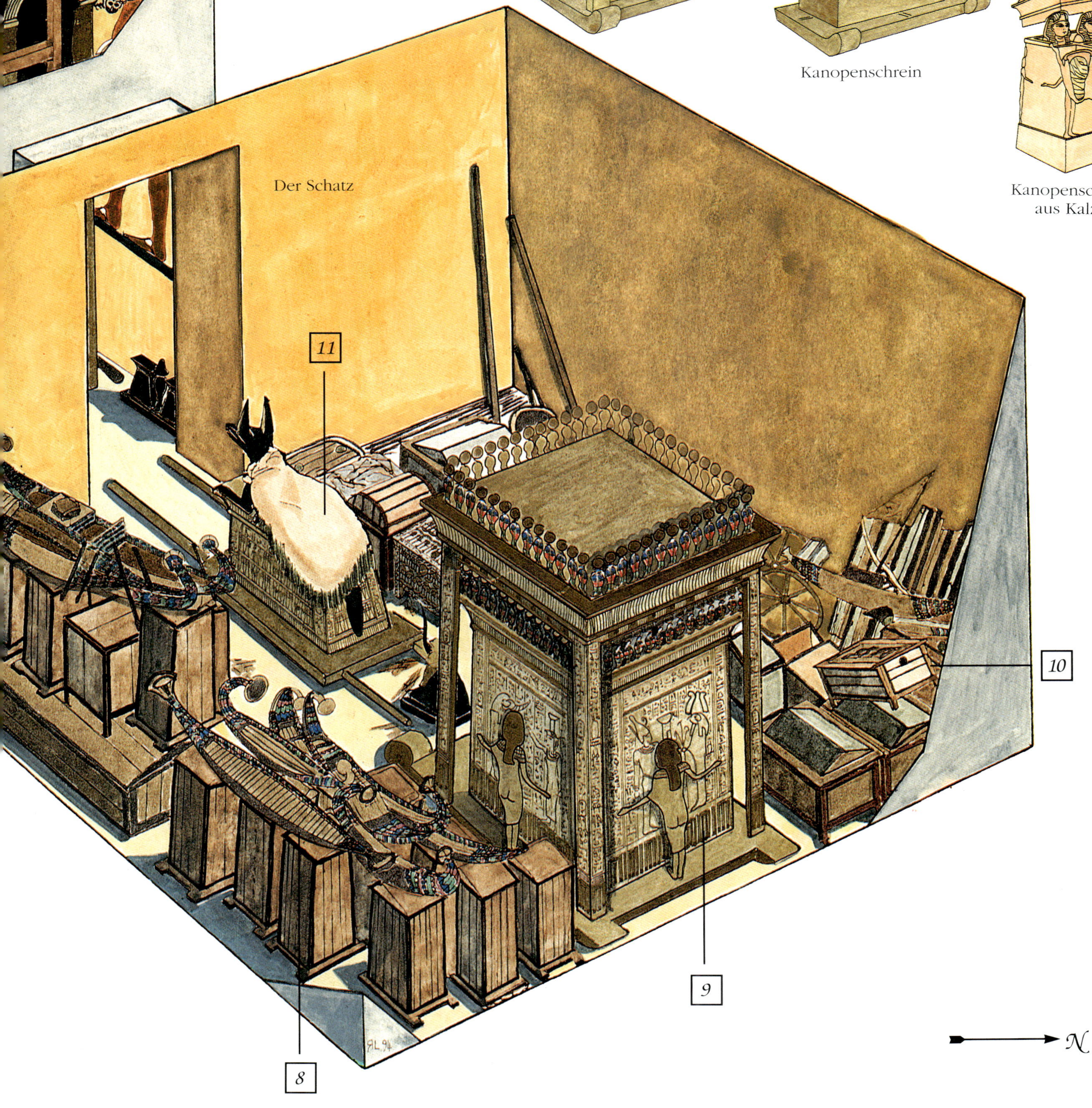

104-105 Das Team, bestehend aus ägyptischen sowie amerikanischen Wissenschaftlern und Technikern, beginnt mit den Vorbereitungen für eine Mikrobohrung durch die Kalkblöcke, die den mysteriösen Graben vor der Cheopspyramide bedecken. Dank einer hochentwickelten Technologie war es möglich, ein Loch zu bohren, ohne daß dabei Luft oder Schadstoffe in das Innere des Grabens drangen.

Die Schiffe des Rê

104 *Nachdem eine mit einer Mikrosonde verbundene Filmkamera eingeführt worden war, erschien auf den Bildschirmen der Wissenschaftler ein extrem klares Bild: Der Graben enthielt ein zweites Schiff in ausgezeichnetem Zustand, das dem ersten sehr ähnlich war.*

104-105 *Das Team, bestehend aus ägyptischen sowie amerikanischen Wissenschaftlern und Technikern, beginnt mit den Vorbereitungen für eine Mikrobohrung durch die Kalkblöcke, die den mysteriösen Graben vor der Cheopspyramide bedecken. Dank einer hochentwickelten Technologie war es möglich, ein Loch zu bohren, ohne daß dabei Luft oder Schadstoffe in das Innere des Grabens drangen.*

Nach einer durch den Krieg bedingten Pause, die sowohl Forschungen als auch Ausgrabungen in Ägypten stark beeinträchtigte, wurde die Welt der Ägyptologen Anfang der 50er Jahre durch eine sensationelle Entdeckung aufgerüttelt, die sogar die Aufmerksamkeit der Weltpresse auf sich zog. Im Mai 1954 waren die Arbeiter der *Egyptian Antiquities Organization* unter der Leitung des jungen Architekten Kamal el Mallakh gerade dabei, eine Oberflächensäuberung auf der Südseite der Cheopspyramide vorzunehmen, als sie auf zwei quadratische Flächen stießen, die von einer verhärteten Gipsschicht bedeckt waren. Kamal el Mallakh untersuchte diese Schicht, um deren Konsistenz und Dichte festzustellen und fand heraus, daß es sich um eine Verkleidung handelte, die über zwei Reihen gigantischer Kalksteinblöcke gezogen worden war.
Auf der Ostseite der Pyramide befanden sich drei große Gräben, die ehemals Schiffe enthalten haben mußten, die vermutlich bei Begräbnissen oder damit verbundenen Riten Verwendung gefunden hatten. Kamal el Mallakh vermutete deshalb, daß es sich hier um zwei weitere Gräben mit königlichen Schiffen handelte, die noch intakt sein müßten. Als Ende Januar 1955 einer der riesigen Kalksteinblöcke unter größten Vorsichtsmaßnahmen entfernt wurde, bestätigte sich diese These: Vor den Augen der überraschten Anwesenden erschien, so wie sie vor 4600 Jahren dort aufgestellt worden war, die Beplankung eines großen Schiffes, ordentlich auseinandergenommen und in dreizehn Schichten übereinandergestapelt. Wegen der außergewöhnlichen Entdeckung wurde umgehend eine Ausgrabungsgenehmigung erteilt.
Als jedoch alle Bestandteile des Schiffes aus dem Graben geholt und in einem Laboratorium ausgelegt worden waren, mußten die Archäologen erkennen, daß sie vor einer schwierigen Aufgabe standen: Es waren über eintausend Bruchstücke, und niemand wußte wie die Teile dieses gigantischen Puzzles hätten zusammengesetzt werden können, da man damals nur über unzureichende Kenntnisse – was den Schiffbau im Alten Ägypten anbelangte – verfügte. Die Rekonstruktion des Cheopsschiffes wurde Ahmed Yussuf, dem Chefrestaurateur der *Egyptian Antiquities Organization,* und seinem Gehilfen, dem chemischen Ingenieur Iskander, anvertraut. Erst nach sechzehn Jahren

gelang es ihnen nach unzähligen Versuchen, das Schiff im Juni 1970 komplett zusammenzusetzen und in einem eigens dafür errichteten Museum neben dem Graben, in dem man es gefunden hatte, auszustellen. Das königliche Cheopsschiff bestand aus Zedernholz aus dem Libanon, war über dreiundvierzig Meter lang und fast sechs Meter breit. Es hatte einen Rumpf von anderthalb Metern und wog fünfundvierzig Tonnen. Die Planken waren ausschließlich durch pflanzliche Fasern miteinander verbunden worden – ein wahres Meisterwerk der Schiffsarchitektur aus dem 3. Jahrtausend v. Chr.
Der zweite Graben, der vermutlich ein ähnliches Schiff enthielt, wurde dagegen nicht geöffnet: Erst im Jahre 1985 war es dank der Zusammenarbeit zwischen der *Egyptian Antiquities Organization* und dem *National Geographic Magazine* möglich – mit Hilfe fortschrittlicher Technologien – einen Blick in den geheimnisvollen Graben zu werfen, indem man eine Sonde mit einer Mikrokamera einführte. Zum ersten Mal untersuchte ein menschliches Auge, wenn auch unter Zuhilfenahme eines optischen Instrumentes, das Innere der Höhle, und die Bilder auf dem Monitor bestätigten den Wissenschaftlern endlich ihre Vermutung: Ein zweites Schiff, auch dieses in hervorragendem Zustand, lag dort begraben.

Die Statuen von Luxor und der Schatz von Dush

Da die herrlichen Säulen, die den großen Hof des Tempels von Luxor aus der Epoche Amenophis' III. säumen, schon seit längerer Zeit Stabilitätsprobleme aufwiesen, leitete die Direktion der *Egyptian Antiquities Organization* im Januar 1989 eine Untersuchung der Bodenfestigkeit ein. Die Arbeiter begannen, in der weichen Erde zu graben, die das Nilhochwasser vor langer Zeit auf der Ostseite des Hofes abgelagert hatte. Als sie am 22. Januar drei Meter tief vorgedrungen waren, stießen sie auf harten Untergrund. Das Objekt wurde von der Erde befreit, und es wurde zuerst ein Gesicht, dann eine ganze Statue sichtbar. Man informierte umgehend den Generaldirektor der Altertümerverwaltung Oberägyptens,

Mohammed el Saghir, sowie die Generaldirektion der *Egyptian Antiquities Organization* in Kairo. Die nun folgende Ausgrabung brachte über zwanzig Statuen zum Vorschein, die fast alle aus der Zeit Amenophis' III. stammten.
Sie stellten die Göttin Hathor, den Gott Atum und die große Uräusschlange, die heilige Kobra, Beschützerin des Königshauses, dar. Vor allem eine Statue zog die Aufmerksamkeit auf sich: Sie war etwa zwei Meter groß, aus einem roten Quarzblock gehauen und stellte den Pharao Amenophis III. gehend dar. Sein wunderschönes Gesicht mit den leicht orientalischen Gesichtszügen entsprach ganz dem Geschmack der Zeit: Der Blick des Königs schien die Grenzen der Zeit zu überschreiten. Diese Statue zählt zu den Meisterwerken der ägyptischen Bildhauerkunst des Neuen Reiches. Um die Fundstücke ausstellen zu können, entschied man sich für eine Erweiterung des modernen Museums in Luxor. 1992 wurde ein neuer Saal eingeweiht, in dem die mittlerweile berühmten „Statuen von Luxor" bewundert werden können.
Im selben Jahr der Entdeckung von Luxor wurde ein anderer ungewöhnlicher Fund in der Stadt Akhmim an der Grenze zwischen Ober- und Mittelägypten gemacht. Auch hier fand man auf dem heiligen Tempelgebiet der alten Stadt während einer Ausgrabung unter der Leitung der *Egyptian Antiquities Organization* eine riesige Statue: Sie war fast acht Meter lang. Aber da die Statue mit dem Gesicht nach unten lag, war es unmöglich, sie zu identifizieren. Als die Archäologen den Sand teilweise entfernt hatten, ließen sie einen Spiegel unter die Statue gleiten. Sie erblickten ein wunderschönes Frauenantlitz – das Gesicht der Prinzessin Meritamun, der Tochter von Ramses II. und Nofretiri. Daraufhin wurde ein riesiges Gerüst gebaut, um die Statue hochzuheben. Später konstruierte man noch eine Basis, an der die Statue befestigt werden konnte um ihr genügend Stabilität zu verleihen. Es wurden aber nicht nur Entdeckungen entlang des Nil gemacht, sondern auch in der

Wüste. Bei den Ausgrabungen eines römischen Lagers in der Oase von Dush entdeckte der Archäologe Michel Reddé vom *Institut Français d'Archéologie Orientale* in Kairo, im März 1989 einen Schatz. Dieser bestand aus verschiedenen Schmuckstücken und einer Krone aus purem Gold, die einst einem Hohenpriester des Gottes Sarapis gehört hatte.

106 *Diese Krone aus purem Gold wurde 1989 in der Oase von Dush entdeckt. Die Krone gehörte einem Hohenpriester und war dem Gott Sarapis geweiht. Der Fund datiert aus dem 2. Jahrhundert.*

106-107 *Auf dem Grunde des Schachtes, der 1989 auf der Westseite des Hofes im Tempel von Amenophis III. in Luxor gegraben wurde, um die Festigkeit des Bodens zu untersuchen, entdeckte man wundervolle Statuen. Vor allem die Statue, die den Pharao darstellt und die Statue, welche der Göttin Hathor geweiht ist, gelten als Meisterwerke der Bildhauerkunst des Neuen Reiches.*

107 unten *Ein 'gafir' (Wächter) bewacht die herrliche, acht Meter hohe Statue der Prinzessin Meritamun, Tochter von Ramses II. und Nofretiri. Sie wurde erst 1992 in Akhmim, dem früheren Panopolis, in Oberägypten entdeckt.*

Entdeckungen in Sakkâra, im Fayûm und im Delta

Noch immer werden in ganz Ägypten sowohl von nationalen als auch von internationalen Instituten Ausgrabungen und Forschungen vorgenommen. Frankreich, Deutschland, England, Italien und die Vereinigten Staaten sind die Länder, die nicht nur bei Forschungsarbeiten, sondern auch bei der Instandsetzung der Funde aktiv sind. Die Restaurierung stellt eines der Hauptprobleme bei der Erhaltung dieser Kostbarkeiten dar.
Unter den Entdeckungen, die in neuerer Zeit im Gebiet zwischen dem Fayûm und dem Delta gemacht wurden, sind die der Delegation der Universität von Pisa unter der Leitung von Edda Bresciani von besonderer Bedeutung. In Khelua im südlichen Fayûm hat sie ein bedeutendes Grab aus der Zeit des Mittleren Reiches gefunden, in dem ein hoher Beamter namens Wage bestattet wurde. Dieses Grab wird zur Zeit auf eine mögliche Restaurierung hin untersucht.
In Sakkâra arbeitet Jean Leclant, einer der bekanntesten Ägyptologen der Welt und Sekretär der *Académie des Inscriptions et Belles Lettres*, mit seinem Team an Hieroglypentexten im Inneren der Pyramide von Pepi I. Darüber hinaus entdeckten diese Wissenschaftler südlich der Pyramide von Pepi I. eine weitere Pyramide. Sie sind zur Zeit damit beschäftigt, die Grabkammer dieses neuen Denkmals zu restaurieren.
Ein anderer Franzose, Alain Zivie, vom *Centre National de la Recherche Scientifique*, hat in Sakkâra das geheimnisvolle Grab eines Wesirs namens Aper-el entdeckt.
Die englische Delegation der *Egypt Exploration Society* hat – unter der Leitung von Geoffrey Martin – das prachtvolle Grab von Haremhab entdeckt. Haremhab war ein mächtiger Feldherr und wurde später sogar Pharao. Außerdem entdeckte die Delegation das Grab von Maja, dem Schatzmeister Tut-anch-Amuns. Etwas weiter nördlich von Sakkâra fanden die Ägypter unter der Leitung von Ali Hassan das erste Grab einer bisher unbekannten Nekropole der 19. Dynastie. Auch in Gîza, wo die ägyptischen Archäologen fieberhaft arbeiten, wurde 1991/92 eine große Entdeckung gemacht. Man fand das Dorf der Bauarbeiter der großen Pyramiden sowie neue Gräber aus dem Alten Reich, von denen eines herrliche polychrome Statuen enthielt.
Der Österreicher Manfred Bietak hat im östlichen Delta, in Tell el-Dabo, die Reste eines einzigartigen minoischen Palastes ausfindig gemacht, der mit Fresken ausgestattet ist. Da man dergleichen in Ägypten noch nie zuvor entdeckt hat, wirft dieser Fund ein neues Licht auf die Beziehungen zwischen der ägyptischen und der minoischen Zivilisation im 2. Jahrtausend v. Chr.

108 oben *Alain Zivie vom* Centre National de la Recherche Scientifique *arbeitet seit Jahren in Sakkâra an dem rätselhaften Grab des Wesirs Aper-el. Im Laufe seiner Untersuchungen fand Zivie Hunderte von Katzenmumien im Grabmal, die jedoch erst tausend Jahre nach der Bestattung des Wesirs von den Priestern der Göttin Bastet dort niedergelegt wurden. Bastet wird meist in Katzengestalt, manchmal aber auch in menschlicher Gestalt mit einem Katzenkopf, dargestellt. Sie ist die Hüterin der häuslichen Feuerstelle und wird außerdem als Fruchtbarkeitsgöttin verehrt.*

108 unten *Diese Abbildung zeigt ein farbiges Relief im Grab von Haremhab, Oberbefehlshaber Tut-anch-Amuns, in Sakkâra. Das Grab wurde von Geoffrey Martin, Leiter der Expedition* Egypt Exploration Society, *erforscht und restauriert.*

109 *Die Archäologen der* French Archeological Mission *unter der Leitung von Jean Leclant bearbeiten die Hieroglyphentexte im Grabmal von Pepi I.*

Tempel und Gräber im Land der Pharaonen

110-111 *Dieses Relief aus dem Edfu-Tempel zeigt die Göttinnen Uto und Nechbet, die dem Pharao die doppelte Krone Unter- und Oberägyptens aufsetzen.*

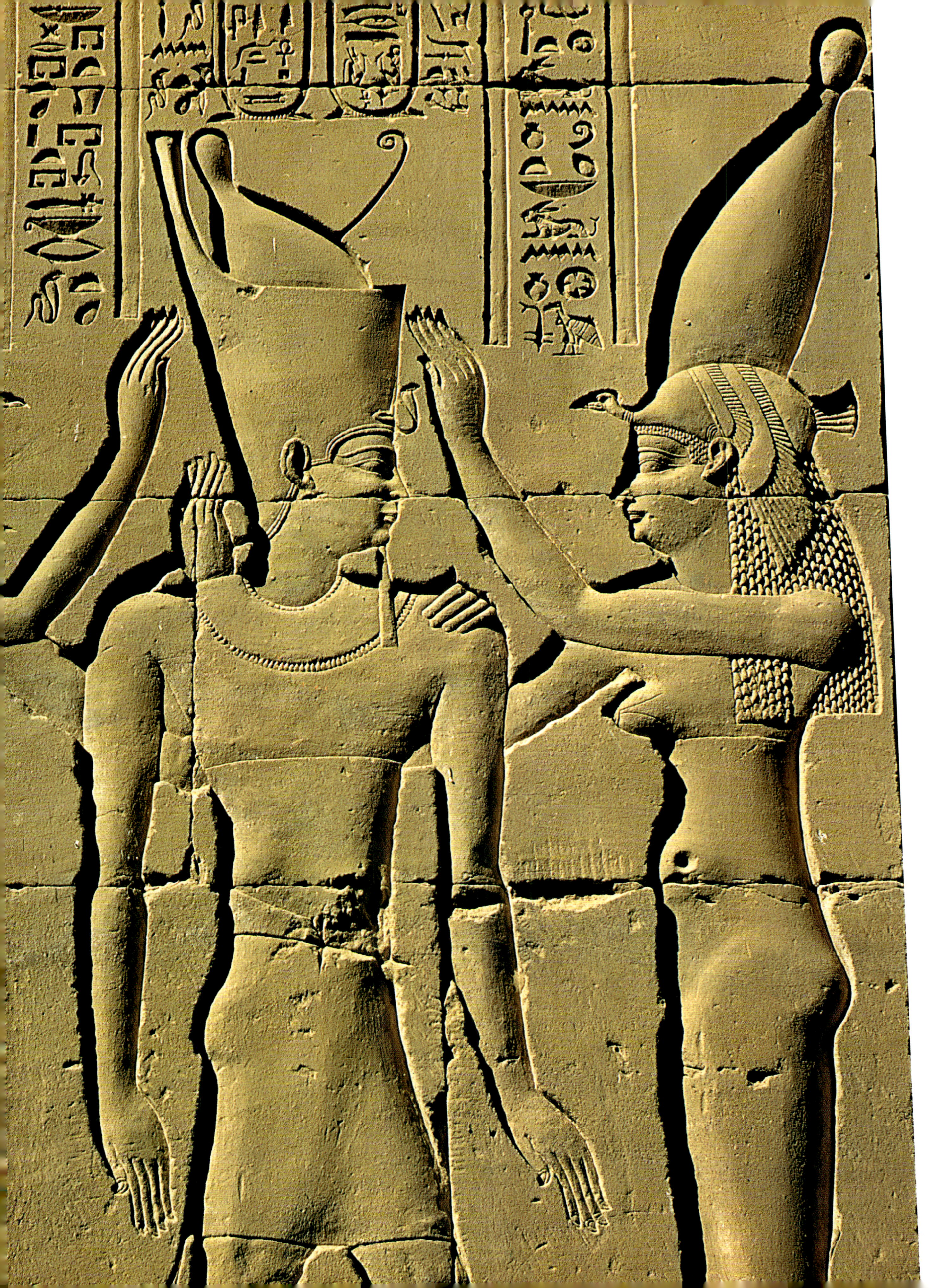

Tanis, die alte Hauptstadt

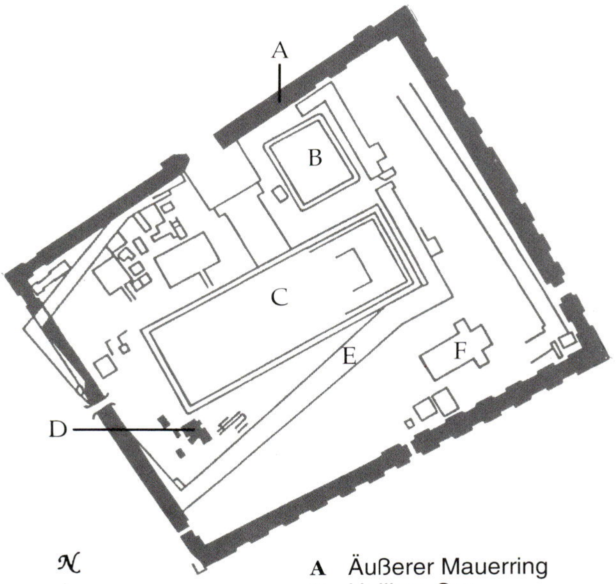

- **A** Äußerer Mauerring
- **B** Heiliger See
- **C** Großer Tempel des Amun
- **D** Königliche Nekropole
- **E** Innerer Mauerring
- **F** Horus-Tempel

Tanis, das von den Alten Ägyptern *Tsa'ani* genannt wurde, trägt heute den Namen San el-Hagar (el-Hagar bedeutet „die Steine"), der an ihre jahrhundertelange Nutzung als Steinbruch erinnert.
Tanis liegt etwa 130 km nordöstlich von Kairo und etwa 50 km vom Mittelmeer entfernt im Delta. Die Ruinen der Stadt bilden einen riesigen *tell* („Hügel") von 32 Metern Höhe, der sich auf einer Fläche von 177 Hektar ausbreitet. Hierher verlegten die Pharaonen der 21. Dynastie ihre politische und religiöse Hauptstadt; Tanis verdrängte damit Pi-Ramses, die von Ramses II. gegründete Hauptstadt in der Nähe des heutigen Qantir (etwa 25 km von San el-Hagar entfernt). Während die Macht des Pharaos zur Zeit von Ramses II. (1290-1224 v. Chr.) ihren Höhepunkt erreichte und Ägypten seine Grenzen bis nach Asien ausdehnte, verlor es ab der 20. Dynastie (um 1186-1070 v. Chr.) – zur Zeit der letzten Ramessiden – seine asiatischen Gebiete wieder. Darüber hinaus schwächten schwere innerpolitische Krisen das Land. Neue Kräfte begannen die Macht der Pharaonen einzuschränken: die libyschen Krieger, die sich im Niltal aufhielten, und die Hohenpriester des Amun-Rê, Gott von Theben, der im riesigen Tempel von Karnak verehrt wurde. Dieser Gott, der als Schöpfer angesehen wurde und alle anderen Götter überragte, sollte mittels seines Orakels über die Welt regieren.

112 *Diese Fotografie zeigt die Ausgrabungsstätten bei Tanis, (heute San el-Hagar) das etwa 130 Kilometer nordöstlich von Kairo liegt. Diese Stadt blickt auf eine lange Geschichte zurück. Sie gewann besonders in der Dritten Zwischenzeit, während der 21. Dynastie, an Bedeutung, als sie Hauptstadt des Landes wurde. Im Vordergrund befindet sich die königliche Nekropole, die Pierre Montet zwischen 1939 und 1940 entdeckte.*

112-113 *Zahlreiche Granitblöcke, Obeliskenfragmente und andere Gebäudeteile tragen den Namen von Ramses II. Die hier abgebildeten Fundstücke stammen von Bauwerken aus der Hauptstadt Pi-Ramses, die in Tanis wiederverwendet wurden.*

Die geheime Nekropole von Nord-Theben

Als der junge Archäologe Pierre Montet aus Lion 1939 damit begann, in Tanis – Hauptstadt im Delta während der 21. bis 23. Dynastie – zu graben, erwartete niemand, daß er großartige Entdeckungen machen würde. Montet hatte aber das Glück, auf eine beinahe ungeplünderte königliche Nekropole zu stoßen und einen Schatz zu finden, der nur mit dem Tut-anch-Amuns vergleichbar ist.

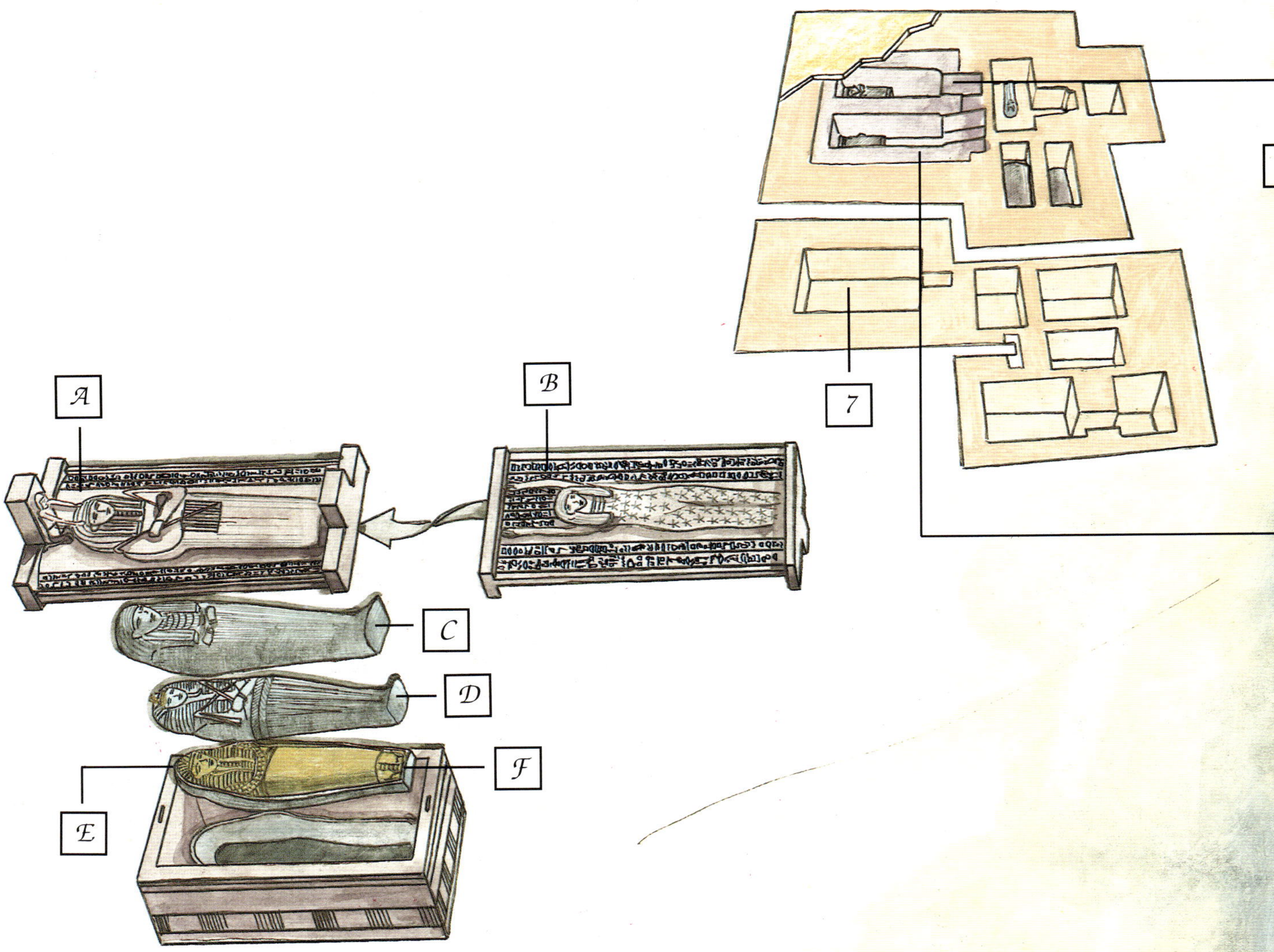

A *Auf dem äußeren Sarkophagdeckel aus rosa Granit ist der Pharao Psusennes I. mit überkreuzten Armen dargestellt. In den Händen hält er die königlichen und göttlichen Attribute.*

B *Auf der Sonnenfackel im Außensarkophag von Psusennes I. war das Bildnis der Göttin Nut, der „Herrin des Himmels", eingemeißelt. Sie spielte innerhalb des Totenkultes eine Beschützerrolle und galt als Energiespenderin.*

C *Als der Außensarkophag geöffnet wurde, kam ein antropomorpher Sarkophag aus schwarzem Granit zum Vorschein. Auch dieser war wiederverwendet worden. Leider konnten die Archäologen den ursprünglichen Besitzer nicht feststellen. Zwischen den Sarkophagen fand man Waffen und Zepter.*

D *Der Sarkophag aus schwarzem Granit enthielt einen zweiten antropomorphen in Silber, ähnlich dem von Scheschonk II.*

E *Die goldene Totenmaske von Psusennes I. ist ein Meisterwerk altägyptischer Kunst.*

F *Als es den Archäologen gelang, den Silbersarkophag zu öffnen, entdeckten sie die von einer Goldmaske bedeckte Mumie Psusennes' I.*

1 *Die Grabkammer mit dem Sarkophag des Feldherrn Undebaunded, Befehlshaber der Bogenschützen von Psusennes I., wurde am 13. Februar 1946 geöffnet.*

2 *Im Grab von Psusennes I. entdeckte man außerdem den geschändeten Sarkophag von General Anchefenmut, dem Sohn des Pharaos.*

3 *Im Vestibül des Grabmals von Psusennes I. entdeckte man außerdem einen Silbersarkophag, der mit einem Falkenkopf geschmückt war. Dieser gehörte einem bisher unbekannten Herrscher aus der 22. Dynastie: Heka-kheper-ré Sheshonq (Scheschonk II.), der um 890 v. Chr. regierte.*

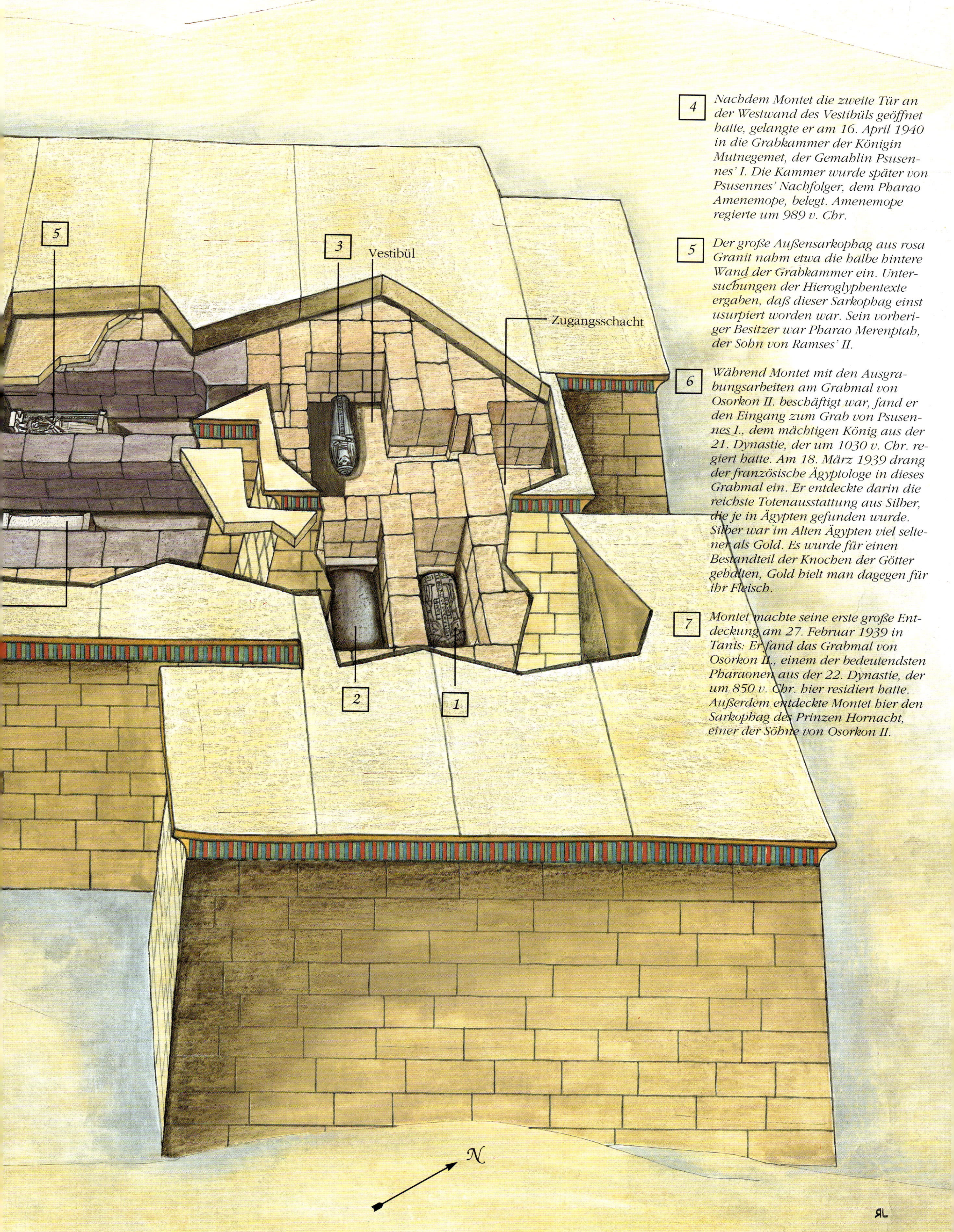

4 Nachdem Montet die zweite Tür an der Westwand des Vestibüls geöffnet hatte, gelangte er am 16. April 1940 in die Grabkammer der Königin Mutnegemet, der Gemahlin Psusennes' I. Die Kammer wurde später von Psusennes' Nachfolger, dem Pharao Amenemope, belegt. Amenemope regierte um 989 v. Chr.

5 Der große Außensarkophag aus rosa Granit nahm etwa die halbe hintere Wand der Grabkammer ein. Untersuchungen der Hieroglyphentexte ergaben, daß dieser Sarkophag einst usurpiert worden war. Sein vorheriger Besitzer war Pharao Merenptah, der Sohn von Ramses' II.

6 Während Montet mit den Ausgrabungsarbeiten am Grabmal von Osorkon II. beschäftigt war, fand er den Eingang zum Grab von Psusennes I., dem mächtigen König aus der 21. Dynastie, der um 1030 v. Chr. regiert hatte. Am 18. März 1939 drang der französische Ägyptologe in dieses Grabmal ein. Er entdeckte darin die reichste Totenausstattung aus Silber, die je in Ägypten gefunden wurde. Silber war im Alten Ägypten viel seltener als Gold. Es wurde für einen Bestandteil der Knochen der Götter gehalten, Gold hielt man dagegen für ihr Fleisch.

7 Montet machte seine erste große Entdeckung am 27. Februar 1939 in Tanis: Er fand das Grabmal von Osorkon II., einem der bedeutendsten Pharaonen aus der 22. Dynastie, der um 850 v. Chr. hier residiert hatte. Außerdem entdeckte Montet hier den Sarkophag des Prinzen Hornacht, einer der Söhne von Osorkon II.

116 Dieser Goldanhänger mit dem Bildnis der Göttin Bastet wurde im Grabmal von General Undebaunded (21. Dynastie) in Tanis gefunden. Dieses Schmuckstück gehörte zu einer Gruppe von sechs Gottheiten, die Teil einer Halskette waren und auf der Brust des Toten lagen. Die Göttin Bastet ist hier mit einem Löwenkopf dargestellt. Über ihr befindet sich die Sonnenscheibe und die heilige Uräusschlange, Beschützerin des Königtums und Symbol für die Macht des Sonnengestirns. Bastet, „die Himmelsdame und das Auge des Rê“, ist die Götting der Liebe und Freude. (Ägyptisches Museum, Kairo)

117 Die goldene Totenmaske des Pharaos Psusennes I., die mit Lapislazuli und Glassteinen besetzt ist, gehört zu den Meisterwerken der altägyptischen Kunst. Die Schönheit der Maske ist vergleichbar mit der des Tut-anch-Amun. Gold galt als Fleisch der Götter, und seine Verwendung sollte dem Toten ewiges Leben schenken. Pierre Montet entdeckte die Maske im Grab Psusennes' I. in Tanis. (Ägyptisches Museum, Kairo).

So endete das Neue Reich, und die Dritte Zwischenperiode (um 1070-711 v. Chr.) begann – eine bewegte und schwierige Zeit, in der sich die ägyptische Kultur radikal veränderte. Zu Beginn des 11. Jahrhunderts wurde Oberägypten ein theokratischer, nahezu unabhängiger Staat, der vom „ersten Propheten Amuns“ regiert wurde. Um 1069 v. Chr. ließ sich der Gesandte von Amun, Smendes, in Tanis in Unterägypten nieder und gründete die 21. Dynastie (um 1070-945 v. Chr.).

Unter dem thebanischen Pharao Psusennes I. wurde Tanis zu einem zweiten Theben und in der Folgzeit ließen sich alle Pharaonen hier im Tempel von Amun beisetzen. Die tanitischen Könige benutzten die Bauwerke in Pi-Ramses, um die Tempel von Amun, Mut und Chons zu erbauen und die neue Hauptstadt mit Obelisken, Säulen und Statuen zu verschönern. Um 945 v. Chr. übernahmen Herrscher libyscher Abstammung der 22. Dynastie (um 945-715 v. Chr.) die Macht; ihre Hauptstadt war Bubastis, ebenfalls in Unterägypten gelegen. Den Pharaonen Scheschonk I. und Osorkon I. gelang es, durch eine siegreiche Expedition nach Palästina, Ägypten ein wenig von seiner alten Macht zurückzugeben, aber das Land war in verschiedene Kleinstaaten zersplittert, die sich gegenseitig bekriegten und von zwei königlichen Dynastien gleichzeitig regiert wurden.

Im 7. Jahrhundert v. Chr. annektierten kuschitische Könige äthiopischer Abstammung aus dem Sudan Oberägypten. Auch ihnen gelang es nicht, die Kriegswirren zu beenden. Die Einheit wurde erst von Pharao Psammetich I. wiederhergestellt.

Die dominierende Rolle von Tanis, dem „Theben des Norden“, dauerte also bis zum 8. Jahrhundert v. Chr.; erst im 7. Jahrhundert v. Chr. konnten die Fürsten aus Sais die Stadt ihrem Machtbereich einverleiben.

Erst im Jahre 1825 begann der Bildhauer Rifaud aus Marseille mit den Ausgrabungen in Tanis, die dem Louvre zwei große Sphingen aus rosa Granit bescherten. Weitere Ausgrabungen wurden von Henry Salt, dem englischen Konsul in Ägypten, geleitet.

Auguste Mariette, der Gründer des Museums in Kairo, stellte zwischen 1860 und 1864 weitere Forschungen an. Er entdeckte den Kopf der Statue des Feldherrn Panemerit (ein Zeitgenosse von Ptolemaios Auletes und Vater der Kleopatra).

Auch Flinders Petrie erkundete für den *Egypt Exploration Fund* im Jahre 1884 das Gelände; später jedoch verlagerte sich das Interesse der Archäologen immer mehr auf die großen klassischen Stätten in Oberägypten.

In Tanis befinden sich drei Ruinengruppen: 1. der große Amuntempel, dessen längste Achse etwa vierhundert Meter mißt, mit dem Tempel des Chons und dem Heiligen See;
2. der Ost-Tempel aus Granit, der mit schönen monolithischen Palmensäulen ausgestattet ist und der nahe Horustempel aus der 30. Dynastie;
3. die Königsnekropole mit dem Grab von Osorkon II., wo auch der Sarkophag seines Nachfolgers Takelothis II. gefunden wurde, das Grab von Psusennes I., in dem auch König Amenemope, Nachfolger von Psusennes I., General Undebaunded und König Heka-kheper-ré Sheshonq, bekannter unter dem Namen Scheschonk II. bestattet waren; das unvollendete Grab von Amenemope und das Grab von Scheschonk III.

118-119 Der Silberschrein von Psusennes I. ist wegen des selten benutzten Materials ein einzigartiges Objekt. Silber kam im Alten Ägypten viel seltener vor als Gold und man hielt es für einen Bestandteil der Knochen der Götter. Der Sarkophagdeckel zeigt den König mit über der Brust gekreuzten Armen. In den Händen hält er die königlichen und göttlichen Attribute: das Zepter 'heqa' und die Geißel 'nekhakha'. Aus seinem Diadem windet sich eine Uräusschlange aus purem Gold. (Ägyptisches Museum, Kairo)

120 *Die Goldmaske des Generals Undebaunded weist ausgesprochen realistische Züge auf, die mit der sonst üblichen Idealisierung in Kontrast stehen. Ein leichtes, kaum wahrnehmbares Lächeln scheint das Gesicht zu beleben. (Ägyptisches Museum, Kairo)*

121 oben *Die goldenen Grabsandalen des Pharaos Scheschonk II. (22. Dynastie), die Montet im Grab des Herrschers fand. Sie hatten eine wichtige Funktion zu erfüllen: Sie erlaubten dem Toten zu gehen. (Ägyptisches Museum, Kairo)*

121 unten *Dieses Goldhalsband aus dem Grab von Psusennes I. trägt die königliche Kartusche. Darüber befindet sich ein geflügelter Skarabäus. Die fünf konzentrischen Kreise, aus denen dieses sechs Kilogramm schwere Schmuckstück besteht, werden von unzähligen Ringen gebildet, die auf eine Pflanzenfaser aufgefädelt sind. Vom zentralen Verschluß aus gehen vierzehn kleine Ketten ab, von denen sich jede zuerst in zwei und dann in vier noch dünnere Kettchen teilt. Diese enden in einer glockenförmigen Ausfransung. (Ägyptisches Museum, Kairo)*

122 Dieses Brustblatt aus Gold, Lapislazuli und Türkis gehörte General Undebaunded. Es stellt das große Eingangstor des Tempels dar, sowie den geflügelten Skarabäus, der den Namen des Toten in Richtung Sonnenscheibe und Himmel schiebt. Dies symbolisiert vermutlich das Bild des Sonnengottes im Moment seiner morgendlichen Wiedergeburt wie auch die Auferstehung des Toten. Die Göttinnen Isis und Nephthys sind bei diesem himmlischen Aufstieg behilflich. (Ägyptisches Museum, Kairo)

123 Diese Abbildung zeigt eines der Brustblätter aus Gold mit polychromen Inkrustierungen, die auf der Mumie von Psusennes I. gefunden wurden. Die Göttin Isis breitet zum Schutz ihre geflügelten Arme aus und haucht der Kartusche mit dem Namen des Pharaos Leben ein. In der Mitte des Brustblattes (hier nur teilweise sichtbar) ist ein Skarabäus, Bildnis von Chepre, dem Sonnengott, der allmorgendlich wiedergeboren wird, abgebildet. Auf dem Haupt trägt die Göttin einen Thron. (Ägyptisches Museum, Kairo)

124 oben *Diese Fotografie zeigt einen von vier Anhängern, die auf der Mumie von Psusennes I. gefunden wurden. Sie beschwören das Thema der ewigen Wiedergeburt des Sonnengestirns und des Pharaos selbst. Dessen Name steht auf der Kartusche, die sich über dem Skarabäus aus grünem Jaspis befindet. Der Skarabäus wird von zwei großen Flügeln umschlossen, die mit polychromen Halbedelsteinen (Karneol und Türkis) verziert sind. Der Skarabäus seinerseits stützt sich auf ein* 'shenu'-*Siegel, ein machtvolles Schutzamulett. Auf der Rückseite des Siegels stehen Ausschnitte aus dem 30. Kapitel des* Totenbuches, *in dem das Herz des Toten angerufen wird, damit es während des letzten Gerichts im Angesicht von Osiris nicht gegen den Toten aussagt. (Ägyptisches Museum, Kairo)*

124 unten *Dies ist einer der sechsunddreißig Ringe, die auf der Mumie von Psusennes I. gefunden wurden. Die Kartusche des Pharaos, die in einen Lapislazuli eingraviert ist, wird seitlich von je einer Reihe Halbedelsteine (Karneol und Lapislazuli) eingerahmt. Daran schließt sich ein buntes Muster aus Lapislazuli und Glassteinen an. (Ägyptisches Museum, Kairo)*

125 *Dieses ausgesprochen dekorative Motiv, bestehend aus einem* 'udjat', *einem magischen Auge, das auf ein* 'neb'-*Zeichen blickt, schmückt ein Armband aus Gold, Fayence, Karneol und Lapislazuli und wurde auf der Mumie des Pharaos Scheschonk II. (22. Dynastie, um 930 v. Chr.) gefunden. Das Armband lag mit sechs weiteren Schmuckstücken auf den Armen des Königs und sollte ihn schützen und ihm Unsterblichkeit verleihen. Das Auge* 'udjat' *war gemäß des* Totenbuches *ein machtvolles Amulett, während das* 'neb'-*Zeichen das Gold bezeichnete, das man für das Fleisch der Götter hielt. (Ägyptisches Museum, Kairo)*

Die Pyramiden von Gîza

Etwa 15 km südwestlich vom Zentrum Kairos erheben sich am Rande der Wüste majestätisch die drei Pyramiden von Gîza, die die Pharaonen der 4. Dynastie hatten errichten lassen (Cheops, Chephren und Mykerinos). Die Pyramiden von Gîza sind das einzige der *Sieben Weltwunder*, das bis heute erhalten geblieben ist. Wie so viele bedeutende Werke der Vergangenheit, sind auch die Pyramiden von mysteriösem Zauber und falschen Vorstellungen umgeben. Man verbindet den Bau der Pyramiden mit dem Bild von Tausenden von Sklaven die – von grausamen Aufsehern bewacht – den Traum von ewiger Größe eines ehrgeizigen Pharaos hatten verwirklichen müssen. Das wird zum Beispiel von Herodot behauptet, der auch an weiteren phantasievollen Details über die Perversionen der Pharaonen der 4. Dynastie nicht spart. Dem griechischen Historiker nach soll Cheops sogar so weit gegangen sein, seine eigene Tochter zu prostituieren, um den Bau der Pyramiden zu finanzieren.
Diese Geschichten entsprechen nicht der Realität, und heute wissen wir, daß die Pyramiden von Facharbeitern und Bauern erbaut wurden, die während der Nilüberschwemmungen (zwischen Juni und September) eine Art „Zwangsarbeit" leisten mußten, die allerdings vom Pharao regelmäßig bezahlt wurde. Man weiß nicht genau, welche Technik die ägyptischen Baumeister anwandten, da leider kein epigraphisches Dokument darüber gefunden wurde. Sowohl Ägyptologen als auch Architekten haben nach eingehenden Untersuchungen verschiedene Theorien über den Pyramidenbau aufgestellt. Man hält es für sehr wahrscheinlich, daß große Rampen übereinander aufgestellt wurden, die bei Bedarf verlängert und erhöht werden konnten. Mit Sicherheit kann man sagen, daß die enormen Kalksteinblöcke, aus denen die Pyramidenwände bestehen, aus den Steinbrüchen von Tura stammen und mit großen Ladeschiffen auf dem Nil transportiert wurden. Arbeitermannschaften zogen sie von dort aus auf großen Holzschlitten bis zum Fuße des Bauwerks. Die Kalksteinblöcke wurden mit Granitplatten (die heute nicht mehr vorhanden sind) verkleidet, die normalerweise aus den Steinbrüchen des siebenhundert Kilometer entfernten Assuan kamen.

126 *Die große Galerie der Cheopspyramide, die als Verlängerung des Ganges in Nord-Süd-Richtung zur Grabkammer des Königs führt, ist ein architektonisches Meisterwerk.*
Ihre Länge beträgt 47 Meter, und im Gegensatz zu allen anderen Gängen, die relativ niedrig sind, ist dieser über acht Meter hoch.
Die in sieben Stufen übereinanderliegenden Kalksteinblöcke begrenzen die Galerie. Sie wurden mit unglaublicher Perfektion aneinandergefügt.

126-127 *Die Cheopspyramide ist mit 137 Metern Höhe das größte Bauwerk Ägyptens. Für ihre Konstruktion wurden mindestens 6 Millionen Tonnen Steine benötigt, die in über 2,5 Millionen Blöcke geschnitten werden mußten, wobei der Zwischenraum zwischen den Blöcken nicht einmal einen Millimeter betragen durfte. Jede Seite der Pyramide ist 227,5 Meter lang. Die Basis bedeckt eine Fläche von über fünf Hektar. Ursprünglich war die Pyramide mit Granitplatten verkleidet.*

127 unten *Die Sonnenbarke Cheops ist über 42 Meter lang und mehr als fünf Meter breit. Sie wurde 1954 nicht weit von der Südseite der Pyramiden, in einem drei Meter tiefen Graben entdeckt. Die Schiffshaut war ohne einen einzigen Nagel zusammengefügt worden: Sie bestand ausschließlich aus Pflanzenfasern. Es ist nicht sicher, ob diese Barke jemals als Schiff eingesetzt wurde. Man geht jedoch davon aus, daß sie der Seele des Toten ermöglichen sollte, auf ewig den Fluß entlangzufahren. Auf der Ostseite der Pyramiden befinden sich drei weitere Gräben, in welchen vermutlich ebenfalls Schiffe enthalten waren. Vor kurzem wurde ein weiterer, noch unberührter Graben entdeckt, der ebenfalls eine Barke enthält.*

Die Cheopspyramide

Die größte Pyramide Ägyptens ließ Pharao Cheops um 2500 v. Chr. errichten. Die Pyramide weist eine komplexe innere Struktur auf, denn die damaligen Architekten änderten – aus noch unbekannten Gründen – den ursprünglichen Entwurf mehrmals grundlegend, indem sie die Position der Sargkammer verlegten. Die Cheopspyramide ist seit Jahrhunderten Objekt intensiver Forschungen, und es wurden viele Geschichten und Berichte über sie geschrieben, aber bis heute ist es nicht gelungen all ihre Geheimnisse zu lüften.

1 *Der rechteckige Granitsarkophag befand sich auf der Westseite der Grabkammer. Als der Sarkophag entdeckt wurde, mußte man feststellen, daß er leer war. Die Mumie des Pharaos ist bis heute nicht gefunden worden.*

2 *Im Herzen der Pyramide liegt die Grabkammer des Königs: 42 Meter über der Sohle der Pyramide. Die über 50 Quadratmeter große und fast sechs Meter hohe Grabkammer ist vollständig mit riesigen Granitplatten verkleidet.*

3 *Der ursprüngliche Entwurf wurde geändert, indem man die Grabkammer etwas höher legte, aber auch diese blieb unvollendet. Die Araber nannten sie „Kammer der Königin".*

4 *Die einfache Grabkammer, die sich unter der Pyramide befand, wurde nie vollendet.*

5 *Nach der Beisetzung des Königs und der Versiegelung der Grabkammer mit schweren Granitplatten wurde dieser Gang von den Arbeitern als Ausgang benutzt.*

6 *Über den nach unten führenden Gang erreichte man die erste Grabkammer.*

7 *Über den nach oben führenden Gang, der kaum höher als ein Meter war, gelangte man zur „Kammer der Königin".*

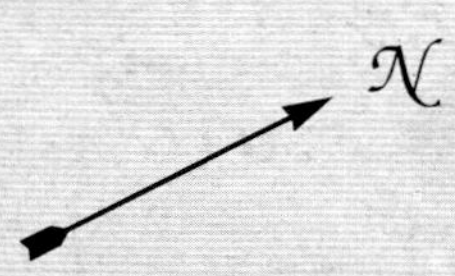

8 Der Eingang zur Pyramide befindet sich auf der Nordseite auf einer Höhe von etwa 15 Metern. Im Jahre 820 wurde sie zum ersten Mal vom Kalifen Al-Mamun, Sohn des berühmten Harun al-Raschid, geöffnet. Arabische Geschichtsschreiber, die über dieses Ereignis berichten, sind sich nicht einig, ob sich die Mumie des Pharaos zu diesem Zeitpunkt noch in der Pyramide befand. – Die Mumie wurde bis zum heutigen Tag nicht gefunden.

9 Die Große Halle, ein Meisterwerk altägyptischer Architektur. An ihrem Ende führt ein Gang waagrecht zur Grabkammer, in der der Schrein stand. Die Große Halle war etwa 47 Meter lang und über acht Meter hoch. Ihre Decke wurde von zwei Reihen aus sieben übereinanderliegenden Steinstufen getragen, von denen jede neun Zentimeter überstand.

10 Man weiß nicht genau, welche Funktion die beiden Luftschächte hatten, die sich auf der Nord- bzw. Südseite befinden. Der nördliche mißt etwa 71, der südliche etwa 53 Meter. Man vermutet aber, daß sie von religiöser und ritueller Bedeutung waren.

11 Die Grabkammer wurde durch riesige, vertikal gleitende Granitplatten versperrt.

12 Das komplexe Kammernsystem, das aus fünf übereinandergebauten Hohlräumen besteht, sollte den Druck der riesigen Felsblöcke vermindern, die bis in etwa hundert Metern Höhe über der Grabkammer lasteten. Der erste Hohlraum wurde 1765 vom englischen Reisenden Davison entdeckt; Perring und Oberst Howard Vyse entdeckten im Jahre 1837 die anderen vier. Auf einigen der Felsblöcke, die die Hohlräume voneinander abgrenzen, steht in roter Farbe der Name Cheops.

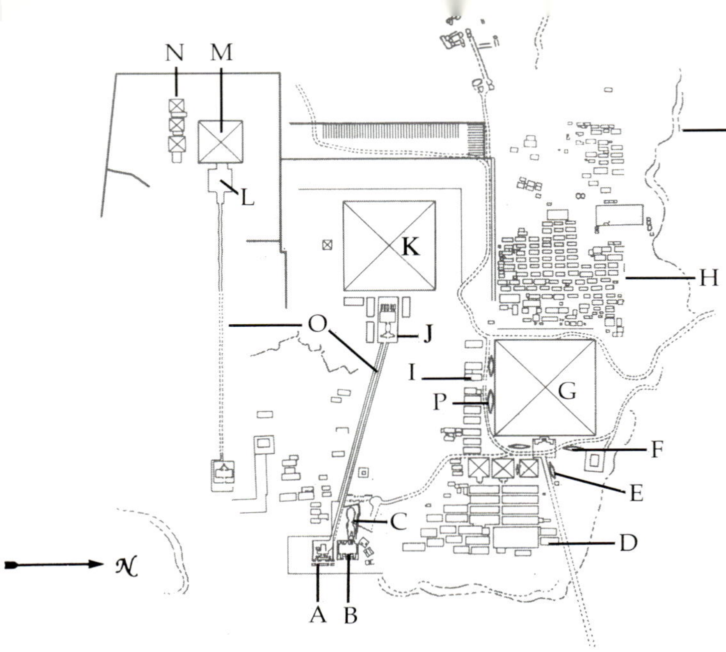

GÎZA

- **A** Taltempel
- **B** Sphinxtempel
- **C** Sphinx
- **D** Ostfriedhof
- **E** Nebenpyramiden
- **F** Graben der Sonnenbarke
- **G** Cheopspyramide
- **H** Westfriedhof
- **I** Zweite Sonnenbarke
- **J** Grabtempel
- **K** Chephrenpyramide
- **L** Grabtempel
- **M** Mykerinospyramide
- **N** Nebenpyramiden
- **O** Prozessionsstraße
- **P** Museum der Sonnenbarke

130 *Von den berühmten Sieben Weltwundern ist nur der monumentale Pyramidenkomplex in Gîza erhalten geblieben. Bereits der griechische Historiker Diodor schrieb, daß die Pyramiden wegen ihrer Schönheit alle Menschen in Erstaunen versetzen. Die Wissenschaftler der napoleonischen Ägyptenexpedition errechneten, daß man mit den für die Cheops-, die Chephren- und die Mykerinospyramide verwendeten Steine eine drei Meter hohe und dreißig Zentimeter breite Mauer um ganz Frankreich hätte bauen können.*

131 *Die großen Pyramiden, aus der Zeit der 4. Dynastie, waren Ausdruck der philosophischen und religiösen Kultur, die den Sonnen- mit dem Königskult verband. Dieser Kult sah in den Pyramiden die Materialisation der Sonnenstrahlen, auf denen die Seele des Pharaos zum Himmel aufsteigen konnte, um sich dort mit dem Sonnengott Rê zu vereinigen. Obwohl die Chephrenpyramide, die in der Mitte liegt, etwas kleiner als die Cheopspyramide ist, überragt sie die anderen Pyramiden, da sie auf einem etwas höher gelegenen Gelände erbaut wurde. Der griechische Historiker Herodot widmete den Pyramiden in seinen Annalen viele Seiten. Er behauptete unter anderem, daß die Chephrenpyramide, im Gegensatz zu der des Cheops, keine inneren Kammern aufweise.*

132 unten *Dieser sogenannte „Ersatzkopf", der in einer Mastaba auf dem Westfriedhof in Gîza gefunden wurde, gehörte einem Familienmitglied des Pharaos Chephren. Man kennt die Bedeutung dieser lebensgroßen Köpfe mit den realistischen Gesichtszügen, die sich in den Grabkammern oder ganz in ihrer Nähe befanden, nicht genau, aber man vermutet, daß sie zur Herstellung der Totenmaske dienten, die später auf die Mumie des Toten gelegt wurde. (Ägyptisches Museum, Kairo)*

132 oben *Die große Dioritstatue des Chephren, die 1860 von Mariette im Taltempel der Chephrenpyramide gefunden wurde, gilt als eines der Meisterwerke der Bildhauerkunst des Alten Reiches. Der König sitzt auf einem Thron, der von zwei Löwen getragen wird. Sein Haupt ist mit einem* 'nemès' *geschmückt. Hinter dem Kopf befindet sich der Horus-Falke (siehe Abbildung S. 50). Er beschützt den König mit seinen um Hals und Kopf gebreiteten Schwingen. Dadurch wird die enge Beziehung zwischen Gott und König, der diesen als lebender Horus auf der Erde vertritt, deutlich. (Ägyptisches Museum, Kairo)*

133 *Die berühmte Mykerinostriade – eine der fünf Statuengruppen – wurde im Taltempel der Mykerinospyramide gefunden. Sie zeigt den Pharao mit der weißen Krone Oberägyptens und mit dem 'shendit', dem typischen Faltenrock, bekleidet. An seiner Seite stehen zwei Gottheiten: links die Göttin Hathor, eine Gottheit für Fruchtbarkeit, und rechts die Schutzgöttin des 17. 'nomos' Oberägyptens, erkennbar an dem Attribut, das sie auf dem Kopf trägt. (Ägyptisches Museum, Kairo)*

Die Sphinx

134 Das Haupt der Sphinx mit dem charakteristischen königlichen und göttlichen Kopfschmuck, dem 'nemès', ist vier Meter breit. Ein Teil der Nase, die Uräusschlange (die heilige Kobra), die sich an der Stirn aufbäumte, und der Zeremonienbart, von dem ein Fragment im Britischen Museum zu sehen ist, sind leider verlorengegangen. Die Sphinx hatte, wie die Götter und der König, eine Beschützerrolle.

135 Diese Sphinx ist 60 Meter lang und 20 Meter hoch. Das Wort Sphinx ist ein griechischer Begriff, der sich vom ägyptischen 'shesep ankh' ableitet, was soviel heißt wie „lebendes Abbild". Sie wurde um 2500 v. Chr. in einen Kalksteinausläufer vor der Westseite der Chephrenpyramide gehauen. Die Sphinx verkörpert ein maskulines Wesen und sollte eine symbolische Darstellung des zum Gott gewordenen Königs sein. Erst zur Zeit der 18. Dynastie wurde die Sphinx dem Bild des „Horus am Horizont" – in der griechischen Umschreibung „Harmachis" – angeglichen und als solcher verehrt.

Die Sphingen – das griechische Wort leitet sich ab vom ägyptischen Ausdruck *shesep ankh*, was soviel wie „lebendes Abbild" bedeutet – sind Skulpturen, die entweder den Pharao oder einen Schutzgott darstellen. Sie haben einen Löwenkörper, und ihr Kopf ist entweder von menschlicher oder tierischer Gestalt.

Die Sphinx von Gîza wurde um 2500 v. Chr. während der Herrschaft von Chephren in einen Kalksteinausläufer gehauen, der vermutlich vom Wind bereits grob vorgeformt war. Sie ist etwa sechzig Meter lang und zwanzig Meter hoch und sollte das Abbild des Sonnengottes darstellen. Später wurde die Sphinx mit einer synkretistischen Gottheit identifiziert, die in sich die Dreigestaltigkeit des Sonnengottes während seines Tageslaufes vereinte: Chepre am Morgen, Rê am Mittag und Atum am Abend.

Im Laufe der Jahrhunderte wurde die Sphinx langsam vom Wüstensand begraben. Eine große Stele zwischen den Vorderpranken des Monuments erzählt die Geschichte, daß während der 18. Dynastie (1551-1306 v. Chr.) der junge Prinz Mencheperrê während einer Jagd in ihrem Schatten einschlief. Im Traum forderte die Sphinx ihn auf, sie vom Sand zu befreien, sobald er König geworden sei. Als der Prinz Mencheperrê – unter dem Namen Thutmosis IV. – den Thron bestiegen hatte, erinnerte er sich an seinen Traum und ließ die Sphinx freilegen; damit erfolgte wahrscheinlich die erste „Restaurierung" des Werkes. Zwei Jahrhunderte später führte Ramses II. weitere Ausbesserungsarbeiten an der Sphinx durch. Mit der Zeit bedeckte der Sand die Sphinx erneut. Das erklärt, warum Herodot nirgendwo ihre Existenz erwähnte.

Im Jahre 1816 machte dann schließlich der aus Genua stammende Marinekapitän Giovanni Caviglia interessante Entdeckungen an der Sphinx. Er fand beispielsweise das Fragment eines falschen Bartes, der das Kinn der Sphinx schmückte. Dieses Fragment befindet sich heute im Britischen Museum. Auch berühmte Ägyptologen des vorigen Jahrhunderts, wie zum Beispiel Auguste Mariette sowie sein Nachfolger Gaston Maspero interessierten sich für die Sphinx. Ihre heutige Erscheinung verdankt sie jedoch den zwischen 1925 und 1936 ausgeführten Arbeiten von Selim Hassan und Emile Baraize.

136-137 Die berühmte Sphinx, der riesige Wächter der Nekropole von Gîza, wurde um 2500 v. Chr. zur Zeit Chephrens, Nachfolger von Cheops (4. Dynastie), in einen Kalksteinausläufer gehauen. Sie verkörperte die drei Gestalten des Sonnengottes während seines Tageslaufes: Chepre am Morgen, Rê am Mittag und Atum am Abend.

Sakkâra

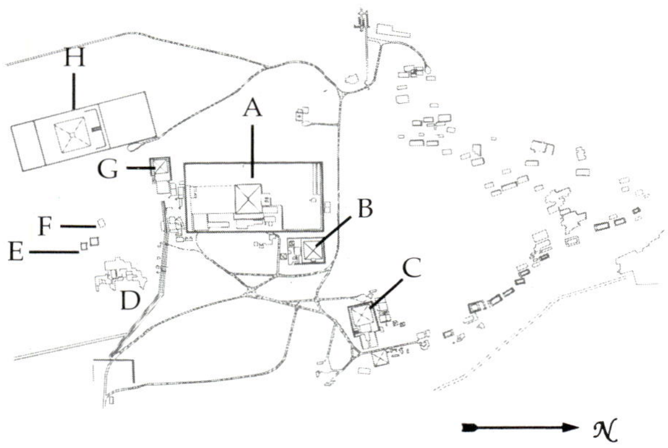

SAKKÂRA

A Grabkomplex von Djoser
B Userkaf-Pyramide
C Pyramide von Teti I.
D St. Jeremias-Kloster
E Haremhab-Grab
F Maja-Grab
G Unas-Pyramide
H Grabkomplex von Horus Sechemchet

138 *In der Pyramide des Unas, des letzten Königs der 5. Dynastie, sind die Wände der Innenräume zum ersten Mal mit Hieroglyphentexten versehen, die Beschwörungen und Zauberformeln enthalten. Es handelt sich um die sogenannten* Pyramidentexte, *die der Seele des toten Pharaos auf seiner Reise in die Unterwelt bei der Überwindung verschiedener Hindernisse und bei der Vernichtung böser Mächte behilflich sein sollten, damit sich die Seele mit dem Sonnengott Rê vereinen konnte. Diese Zaubertexte finden eine weitere Entwicklung in den* Sargtexten *und schließlich – im Neuen Reich – im* Totenbuch.

Südlich von Abusir befindet sich die riesige Nekropole von Sakkâra, der größte Friedhof der damaligen Hauptstadt Memphis. Er wird beherrscht von der großen Stufenpyramide des Djoser aus der 3. Dynastie welche die erste Pyramide Ägyptens ist. Die Djoserpyramide wurde von dem berühmten Architekten Imhotep entworfen, der später als Magier und Heiler vergöttert wurde. Imhotep ließ zuerst eine große Mastaba bauen, die er dann mehrmals erhöhte, bis sie das Aussehen einer sechsstufigen Pyramide hatte. Die Pyramide symbolisiert eine Treppe, über welche die Seele der Herrscher zum Himmel aufsteigen können sollte. Die Pyramide und andere Bauwerke, wie zum Beispiel der Grabtempel, der dem Pharaonenkult diente, waren von einer langen Mauer umgeben. Innerhalb dieser Umfassungsmauer befanden sich außerdem die Gebäude, in denen die Feierlichkeiten zum Fest *heb-sed* abgehalten wurden, womit das 30. Regierungsjahr eines Herrschers gefeiert wurde. Dieser Ritus, dessen Ursprung vermutlich in Vorgeschichtlicher Zeit liegt, sollte die Macht des Königs erneuern. Dazu mußte der Pharao während der Zeremonie einen Lauf über eine festgelegte Strecke innerhalb der Tempelanlage zurücklegen.
In der Nekropole von Sakkâra befinden sich insgesamt mehr als fünfzehn Pyramiden. Die wichtigsten sind die von Userkaf, Begründer der 5. Dynastie (dessen Sonnentempel sich in Abusir befindet), von Unas (5. Dynastie) und von Teti I. (6. Dynastie).

138-139 *Diese Abbildung zeigt die Djoserpyramide in Sakkâra. Ab der 3. Dynastie wird das Grab des Pharaos zum Symbol seiner Göttlichkeit, seiner himmlischen Macht, die den Tod überwindet. Der berühmte Bauherr des Königs Djoser, Imhotep, hat dies architektonisch dadurch ausgedrückt, daß er mehrere Mastabas (arabisches Wort für „Bank") übereinandersetzte: So entstand die Stufenpyramide von Sakkâra, die eine Treppe symbolisierte, über welche die Seele des Pharaos zum Himmel aufsteigen konnte.*

139 unten *Die Anlage von Abusir (5. Dynastie) liegt im Norden Sakkâras und umschließt neben Privatgräbern auch die Reste des Sonnentempels des Userkaf und die drei Pyramiden von Sahurê, Niuserrê und Neferirkarê. Die damalige Bautechnik und die Verwendung von Materialien minderer Qualität verursachten den starken Verfall dieser Bauwerke, die von dem Ägyptologen Borchardt zu Beginn dieses Jahrhunderts untersucht wurden.*

In der Pyramide des Unas sind die Kammern zum ersten Mal mit Hieroglyphen-Inschriften versehen, den sogenannten *Pyramidentexten* – einer Sammlung von Zauberformeln, die es dem Herrscher ermöglichen sollten, Feinde zu besiegen und glücklich die Welt des Jenseits zu erreichen.
Aber die Geschichte Sakkâras ist viel älter als die Pyramiden: Die ältesten Gräber stammen aus der Zeit des Königs Aha (1. Dynastie), dem Nachfolger von Narmer, der die Stadt Memphis gründete und Ägypten einte. Die großen Mastabas der 1. Dynastie, die nördlich der Djoserpyramide liegen, gehörten hohen Funktionären aus Memphis. Die Herrscher selbst ließen sich zu dieser Zeit allerdings in der königlichen Nekropole in Abydos bestatten. Erst in der 2. Dynastie wurden die ersten Pharaonen, wahrscheinlich Raneb und Ninetjer, in Sakkâra beigesetzt. Da die privaten Gräber im Alten Reich meistens in der Nähe der königlichen Gräber lagen, wurden in Sakkâra über 250 Gruften von hohen Beamten und deren Familien gefunden. Die meisten stammen aus der Zeit zwischen der 3. und 6. Dynastie (2628-2150 v. Chr.). Es handelt sich zum Teil um riesige Gräber, die mit herrlichen polychromen Reliefs ausgeschmückt sind und den Beigesetzten in seinem Alltagsleben darstellen.
Eine weitere Grabmalgruppe stammt aus dem Neuen Reich. Obwohl Theben in jener Epoche Hauptstadt war, blieb Memphis dennoch ein wichtiges Verwaltungszentrum Unterägyptens. Die bedeutendsten Gräber datieren aus der Epoche von Amenophis III. sowie aus der Zeit zwischen Tut-anch-Amun und Ramses II. Die Ausgrabungen der letzten Jahre führten zu spektakulären Entdeckungen: Dazu gehört das Grab des mysteriösen Aper-el, Wesir von Amenophis III., der von einigen für den biblischen Joseph gehalten wird; außerdem das Privatgrab des Haremhab (der später Pharao wurde und daher im Tal der Könige beigesetzt wurde) und das Grab des Maja, Schatzmeister von Tut-anch-Amun. Im April 1993 wurde ein weiteres Grab entdeckt: Es gehörte einem hohen Beamten aus der Epoche von Ramses II.
Die Benutzung der Nekropole von Sakkâra endete keineswegs mit dem Neuen Reich – auch in der 26., 27. und 30. Dynastie wurden dort die Toten bestattet. Während der 26. und 30. Dynastie entstanden die größten Stollen für das Serapeum, die Nekropole der heiligen Apis-Stiere. Der Name Serapeum leitet sich von *Usir-Apis*, „der begrabene Apis", ab und wurde später mit dem Gott Sarapis identifiziert. Der Kult um den Stier Apis aus Memphis geht auf Vorgeschichtliche Zeit zurück: Apis verkörperte die Fruchtbarkeit und wurde zu einer der wichtigsten Gestalten des memphitischen Schöpfergottes Ptah. Die Arbeiten an diesem riesigen unterirdischen Gewölbe begannen schon unter Ramses II. Es enthält 24 Sarkophage mit den heiligen Stieren, von denen der größte 70 Tonnen wiegt.

141 oben *Dieses Wandbild aus dem Privatgrab eines hohen Beamten namens Ti (5. Dynastie) zeigt eine rituelle Schlachtung.*

141 Mitte *Dieses Relief stellt eine Begräbnisprozession dar. Es wurde ebenfalls in dem Privatgrab von Ti (5. Dynastie) in Sakkâra gefunden. Der Ausschnitt zeigt drei Diener, die dem Toten Lebensmittel bringen.*

140 *Die beeindrukkende Statue König Djosers in Lebensgröße aus bemaltem Kalkstein wurde in einem* 'serdab'*, einer ungewöhnlichen Kapelle, nördlich der Stufenpyramide in Sakkâra gefunden. Das* 'serdab' *war ein geschlossener Raum, in den man von außen nur durch einige Schlitze hineinsehen konnte: Diese Vorrichtung ermöglichte es dem Pharao, der durch die Statue repräsentiert wurde, mit der Außenwelt in Kontakt zu bleiben und Opfergaben anzunehmen. (Ägyptisches Museum, Kairo)*

141 unten *Ein Relief in der Hauptkapelle der Mastaba des Ti beschreibt ausführlich die verschiedenen Bauphasen eines Holzschiffes. Es handelt sich hier um ein einzigartiges Dokument, das vor allem für die Erforschung der Schiffahrtstechnik im Alten Reich von großer Bedeutung ist.*

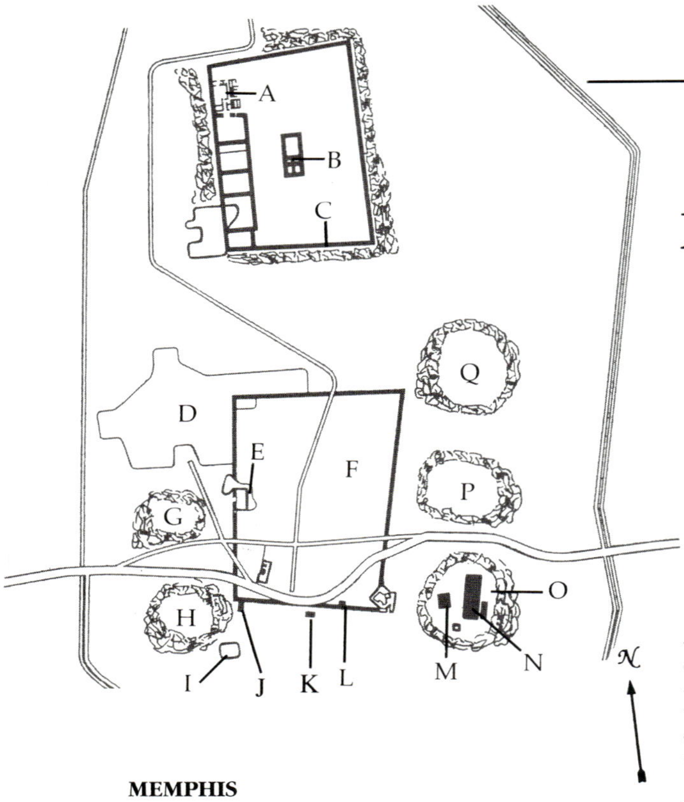

MEMPHIS

A	Apries-Palast	**J**	Kleiner Tempel von Ptah
B	Kleiner Tempel	**K**	Koloß
C	Nördlicher Wall	**L**	Alabastersphinx
D	Mit Rahina	**M**	Merenptah-Tempel
E	Teich	**N**	Merenptah-Palast
F	Tempel von Ptah	**O**	Kom el-Qalaarn
G	Kom el-Fakry	**P**	Kom el-Arbayn
H	Kom el-Arbayn	**Q**	Komen-Naby
I	Hathor-Tempel		

MEMPHIS

Memphis wurde von Narmer im Gebiet des *Mekhataui,* „Waage der Länder", gegründet, das damals an der Grenze zwischen Ober- und Unterägypten an der Spitze des Nildeltas lag. Sowohl in Vorgeschichtlicher Zeit als auch im Alten Reich war Memphis die große Hauptstadt Ägyptens.
Anfangs wurde sie, wie Herodot berichtet, in bezug auf einen Staudamm, der die Bewohner vor dem Nilwasser schützen sollte, *Ineb-hez,* „Weiße Mauer", genannt; später hieß sie *Ankh-taui,* „Leben der zwei Länder". Vermutlich war der Name eines dem *Het-ka-ptah* gewidmeten Tempels in Memphis Ursprung des Wortes *Aigyptos,* mit dem die Griechen das ganze Land bezeichneten: Ägypten.
Auch wenn Memphis enorme Ausmaße hatte, blieb von der antiken Stadt nicht viel übrig. Nur wenige Ruinen sind zwischen den Palmen des Ortes Mit Rahina, etwa zwei Kilometer von Sakkâra entfernt, zu sehen.

142 *Die aus einem weißen Kalksteinblock gehauene Kolossalstatue von Ramses II. ist fast zehn Meter hoch. Mehmed Ali wollte diese Statue, die 1820 vom Reisenden Caviglia aus Genua gefunden wurde, dem Britischen Museum schenken, was jedoch aufgrund von Transportschwierigkeiten abgelehnt wurde. Heute befindet sich die Statue in einem kleinen Museum im archäologischen Bezirk von Memphis.*

143 *Von Memphis, der ersten Hauptstadt Ägyptens in der Frühzeit des Alten Reiches, ist heute nicht mehr viel übrig. Obwohl die Hauptstadt später nach Theben verlegt wurde, spielte Memphis auch noch im Neuen Reich eine bedeutende Rolle als Wirtschafts- und Handelszentrum. Der größte Teil der einst riesigen Stadt liegt heute unter Feldern und Siedlungen in der Nähe des Dorfes Mit Rahina – einige Kilometer von Sakkâra entfernt – begraben. Zu sehen sind lediglich der Tempel des Ptah, des memphitischen Hauptgottes, und einige Statuen, darunter die Alabastersphinx aus der Epoche Ramses' II.*

Dahschûr und Meidum

Die archäologischen Stätten von Dahschûr und Meidum, einige Kilometer südlich von Sakkâra gelegen, sind von großer Bedeutung, denn hier entstanden während der 3. und zu Beginn der 4. Dynastie die ersten „echten" Pyramiden, die aus der Stufenpyramide des Djoser entwickelt worden waren.
Der Nachfolger von Djoser, Pharao Huni (letzter Pharao der 3. Dynastie), ließ in Meidum eine Stufenpyramide erbauen, die der in Sakkâra ähnlich war. Sie wurde später verkleidet, um ihr das Aussehen einer „echten" Pyramide zu verleihen. Diese Veränderung in der Bauweise war auch Ausdruck der architektonischen Entwicklung jener Zeit: hatte die Stufenpyramide bisher eine Treppe symbolisiert, auf der die Seele des Pharaos zum Himmel aufstieg, so konnte die „Himmelfahrt" jetzt über die steilen Seitenflächen der Pyramide erfolgen. Diese „reinere" Form des steinernen Bauwerks galt als Materialisation der schützenden Strahlen des Sonnengottes Rê, mit dem sich die Seele des Pharaos verbinden sollte.
Die erste systematische Untersuchung der Pyramide von Meidum erfolgte durch den englischen Ägyptologen Flinders Petrie, dessen Ausgrabungen zwischen 1888 und 1891 einige Bestandteile der Pyramiden aus der 4. Dynastie zutage förderten, wie beispielsweise die Prozessionsrampe und den Grabtempel.

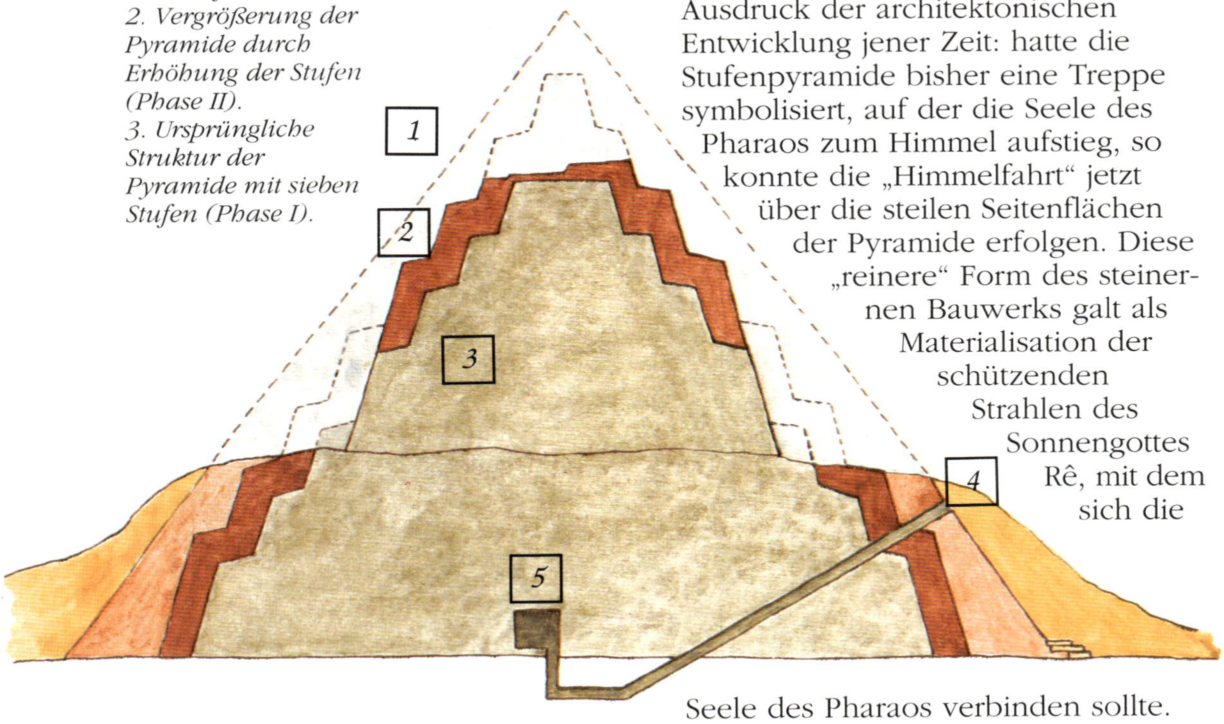

144 *Die Abbildung zeigt die Innenstruktur der Pyramide in Meidum entsprechend den Untersuchungen von Flinders Petrie und dem deutschen Ägyptologen Borchardt.*
1. Außenverkleidung (Phase III) zur Zeit Snofrus.
2. Vergrößerung der Pyramide durch Erhöhung der Stufen (Phase II).
3. Ursprüngliche Struktur der Pyramide mit sieben Stufen (Phase I).
4. Eingang auf der Nordseite der Pyramide.
5. Grabkammer, die sich zum ersten Mal innerhalb der Pyramide befindet. Gaston Maspero drang als erster ins Pyramideninnere, konnte aber den Sarkophag nicht finden.

144-145 *In Meidum, etwa fünfzig Kilometer südlich von Gîza, ließ sich Huni, der letzte Pharao der 3. Dynastie, eine imposante Stufenpyramide erbauen. Snofru, der erste Pharao der 4. Dynastie, verkleidete sie später mit Kalksteinplatten, um dem Bauwerk das Aussehen einer „richtigen" Pyramide zu verleihen. Dieses Vorhaben scheiterte jedoch: Die Außenverkleidung hatte zu wenig Halt und rutschte deshalb teilweise nach unten. Die abgestufte Mitte des Bauwerks blieb bis heute unbedeckt.*

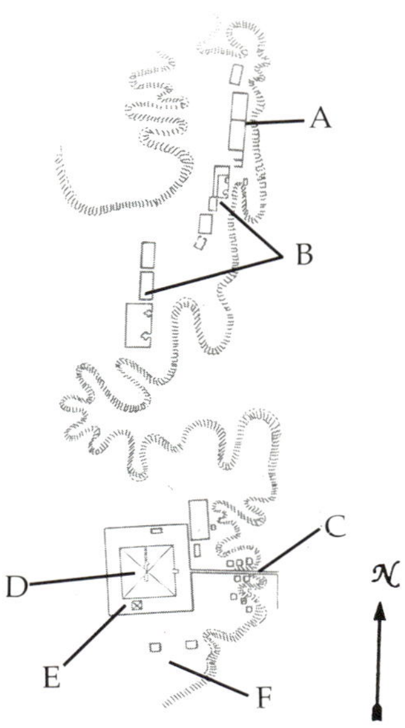

MEIDUM

A Römische Nekropole
B Nördliche Nekropole
C Mastaba
D Snofru- und Huni-Pyramiden
E Nebenpyramide
F Südliche Nekropole

Die auf einer Ost-West-Achse ausgerichtete Prozessionsrampe endete an einer Umfassungsmauer, welche die Pyramide umgab. Auf der Ostseite befand sich, von der Pyramide durch einen Hof getrennt, eine Opferkapelle, die eine Vorform des zukünftigen Grabtempels darstellte. Es handelte sich um ein einfaches Bauwerk, das lediglich aus zwei Räumen bestand. Der innere Raum war mit zwei Stelen und einem Altar ausgestattet. An der nördlichen Seite befand sich der Eingang, von dem aus ein Gang zur Grabkammer führte, die hier zum ersten Mal innerhalb der Pyramide lag.
Auf dem südlichen Gelände zwischen der Pyramide und der Umfassungsmauer stand noch eine kleinere Pyramide. Untersuchungen haben gezeigt, daß die Pyramide von Meidum in drei verschiedenen Phasen erbaut wurde: Im Anfangsstadium (Phase I) wurden sieben Stufen übereinandergeschichtet. Die Pyramide wurde dann vermutlich erhöht, indem eine achte Stufe hinzugefügt wurde. Außerdem wurde eine neue Mantelschicht angebracht (Phase II). In der letzten Phase (Phase III), die der Epoche Snofrus – erster König der 4. Dynastie – entspricht, wurden die Winkel zwischen den Stufen mit Baumaterial ausgefüllt und eine letzte Mantelschicht aus glatten Kalksteinplatten angebracht, die dem Bauwerk das Aussehen einer „echten“ Pyramide verleihen sollte. Aus dieser Zeit stammte auch die Opferkapelle an der Ostseite der Pyramide.
Später rutschte die Außenverkleidung auf die darunterliegenden Schichten, und der Bau erhielt dadurch seine heutige Form.
Snofru ließ noch zwei weitere Pyramiden in Dahschûr, etwa hundert Kilometer nördlich von Meidum, erbauen: Die erste wird „Knickpyramide“ oder „Pyramide südlich von Dahschûr“ und die zweite „Pyramide nördlich von Dahschûr“ genannt. Während der Bauarbeiten an der ersten Pyramide, die nur unwesentlich kleiner geplant war als die Cheopspyramide, bemerkten die Architekten, daß die Gewölbe in den inneren Kammern nachgaben. Sie entschieden deshalb, das statische Gewicht zu vermindern, indem sie die Neigungswinkel der Kanten änderten. Diese Lösung verlieh dieser Pyramide den merkwürdigen Knickeffekt. Erst beim Bau der zweiten Pyramide nördlich von Dahschûr gelang es den Architekten zum ersten Mal eine „perfekte“ Pyramide zu errichten.

146 Die berühmten „Gänse von Meidum“ wurden in einem Privatgrab in Meidum – der Mastaba von Nefermaat und seiner Gemahlin Atet – gefunden. Das Grab stammt aus der Zeit um 2620 v. Chr. Das Wandbild wurde auf einer mit Gips getünchten dünnen Sand- und Tonschicht erstellt und schmückte einen Korridor des Lehmziegelgrabes. Es zeugt von der technischen Perfektion der Künstler aus jener Zeit. (Ägyptisches Museum, Kairo)

147 Ein anderes Grab in Meidum beherbergte diese beiden wunderbaren Kalksteinstatuen, die den dort bestatteten Sohn Snofrus, den Prinzen und Hohepriester Rahotep aus Heliopolis und seine Gemahlin Nofret darstellen. Die lebhaften Farben und die stilistische Perfektion verleihen diesen Statuen Lebendigkeit. (Ägyptisches Museum, Kairo)

146 Wiederherstellung des Pyramidenkomplexes in Meidum unter Snofru. Man erkennt die Opferkapelle auf der Ostseite (a), die Umfassungsmauer (b), die Prozessionsrampe (c), den Taltempel (d), die Nebenpyramide (e) und eine Mastaba (f).

Das Fayûm

Das Fayûm, fälschlicherweise oft als „Oase“ bezeichnet, ist ein fruchtbares Gebiet. Es liegt in einer Senke der Libyschen Wüste. Sein Durchmesser beträgt von Osten nach Westen etwa sechzig Kilometer. Im nordwestlichen Teil liegt der See Qarun (Moëris-See), von dessen koptischer Bezeichnung *pa jôm* sich der Name Fayûm herleitet. Das Becken ist durch den *Bahr Yusuf* Kanal mit dem Nil verbunden.

Die Alten Ägypter nannten dieses Gebiet *Mer-uer,* der große See: Ein ausgedehntes Sumpfgebiet mit reicher Fauna und üppiger Vegetation. Vor allem in ptolemäischer Zeit, als Ptolemaios II. Philadelphos Trockenlegungsarbeiten durchführen ließ, gewann das Fayûm an Bedeutung.

In der römischen Epoche entstanden zahlreiche Städte. Die Provinzhauptstadt war Medinet el-Fayûm (120 000 Einwohner) und entsprach der ptolemäischen Stadt Arsinoë; sie wurde auch Krokodilopolis genannt. Der Name verweist eindeutig auf den dort praktizierten Hauptkult, in dessen Mittelpunkt der Krokodilgott Sobek stand. Es gibt zahlreiche archäologische Funde aus hellenistisch-römischer Zeit im Fayûm. So zum Beispiel die Ruinen der Stadt Karanis (beim heutigen Kom Aushim) mit einem Tempel, der örtlichen Gottheiten geweiht war sowie die Überreste der Stadt Dionysias in der Nähe des Dorfes Qasr Qarun am Ufer des Sees Qarun, deren Tempel sich noch heute in gutem Zustand befinden. Auch aus dem Mittleren Reich sind bedeutende Überreste erhalten. Dazu zählt beispielsweise der Tempel von Medinet Madi, der von Amenemhet III. begründet und später von seinem Sohn vollendet wurde. Der Tempel war der Kobragöttin Renenut und dem Krokodilgott Sobek geweiht. Er wurde sowohl in ptolemäischer als auch in römischer Zeit erweitert.

Die königlichen Ziegelsteinpyramiden im südlichen Teil des Fayûm stammen ebenso aus der 12. Dynastie des Mittleren Reiches: el-Lahun und Hawara. Die Pyramide von el-Lahun wurde von Sesostris II. auf einem felsigen Untergrund nahe der Mündung des *Bahr Yusuf* im Fayûm errichtet, während die Pyramide von Hawara mit ihrem riesigen Grabtempel, der in der Antike auf Grund seiner nahezu 3000 Kammern unter dem Namen „Labyrinth“ bekannt war, von Amenemhet III. erbaut wurde.

148-149 *Der beeindruckende Tempel von Amenemhet III. (12. Dynastie) in Medinet Madi, dem ein langer* 'dromos' *mit löwenköpfigen Sphingen vorangeht, liegt halb vom Wüstensand begraben im südlichen Fayûm. Medinet Madi entspricht der früheren Stadt Gia, die in hellenistisch-römischer Zeit Narmuthis genannt wurde. Der Tempel, das einzige dort bekannte Kultgebäude aus dem Mittleren Reich, wurde von 1934 bis 1939 unter der Leitung des Papyrologen Achille Vogliano erforscht. Er war ursprünglich der Kobragöttin Renenut, Beschützerin der Ernte, und dem Krokodilgott Sobek geweiht, der in diesem Gebiet besonders verehrt wurde. In ptolemäischer Zeit wurde der Tempel erweitert und auch für den Kult um den vergöttlichten Amenemhet III. verwendet.*

DAS FAYÛM

A Qarun-See
B Tempel von Qasr es-Sagha
C Dime (Soknopaiu nêsos)
D Karanis
E Medinet el-Fayûm
F Khelua
G Medinet Madi
H Tempel von Qasr Qarun
I Meidum-Pyramide
J Hawara-Pyramide
K El-Lahun-Pyramide

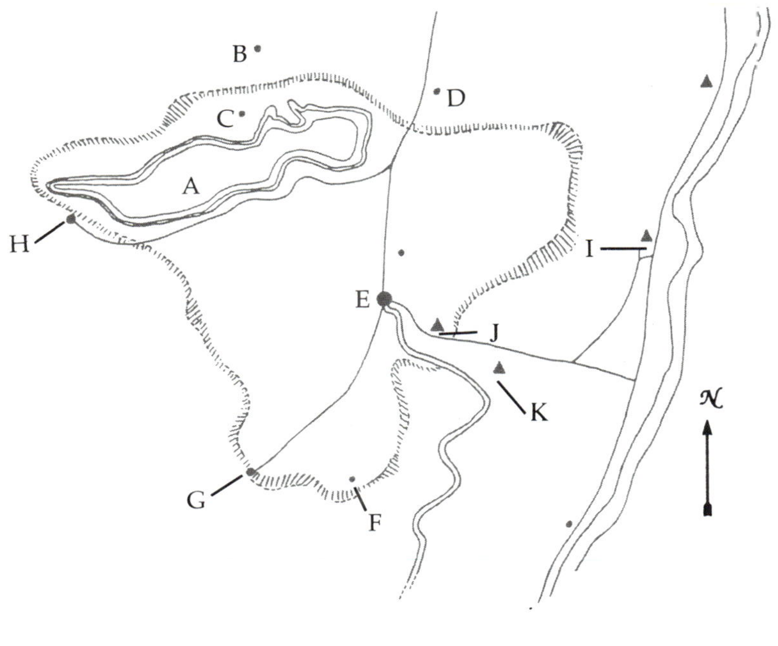

Tell el-Amarna

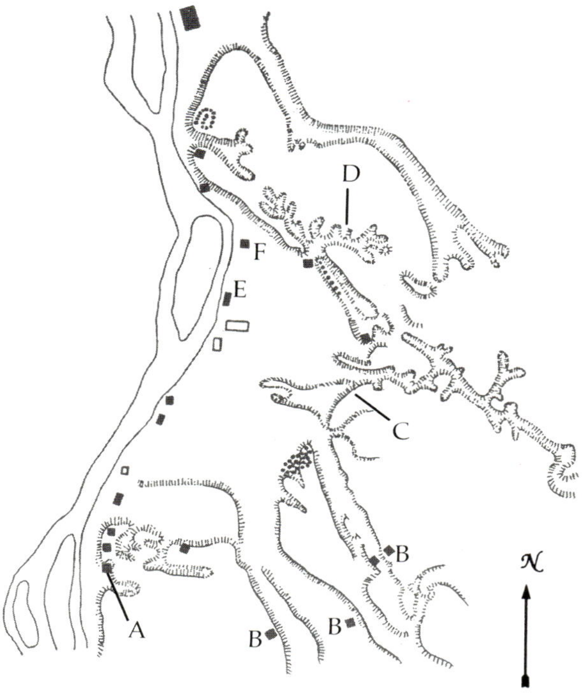

AMARNA

A Stele
B Stelen
C Südliche Nekropole
D Nördliche Nekropole
E Königspalast
F Großer Atontempel

In el-Amarna, in der Nähe des Dorfes Abu Qurqas, befinden sich auf dem rechten Nilufer die Ruinen von Achetaton („Aufgang der Sonne"), der riesigen Hauptstadt, die der ketzerische Pharao Amenophis IV. (Echnaton) zwischen Memphis und Theben hatte erbauen lassen.
14 Stelen haben das Gebiet seiner Residenz abgegrenzt. Im Westen reichte der Bezirk über den *Bahr Yusuf* hinaus bis an den Rand der Wüste. Östlich des Nil erstreckte sich das Reich bis zu den Wüstengebirgen. Zu den Gebäuden der Stadt gehören der Große Atontempel, der Königspalast, die Privatresidenz des Pharaos, die Häuser der Würdenträger und das Staatsarchiv. Dort wurden im Jahre 1888 die *Tafeln von Amarna* entdeckt. Es handelt sich dabei um eine große Anzahl von Tontafeln mit der Korrespondenz babylonischer und anderer vorderasiatischer Könige sowie phönizischer und syrisch-palästinensischer Vasallen an die Pharaonen Amenophis III. und Echnaton. Die Texte wurden in babylonischer Keilschrift geschrieben und geben Einblick in die politisch-diplomatischen Verhältnisse jener Zeit. Heute sind von el-Amarna nur noch wenige Ruinen übriggeblieben, die auf einer weiten Fläche verteilt sind. Man darf sich allerdings von dem trostlosen und wüstenhaften Aussehen der Ebene von el-Amarna nicht täuschen lassen: Zur Zeit Echnatons war dieser Ort ein riesiger Garten mit Pflanzen, Blumen und prunkvollen Palästen. Im Inneren der Stadt hatte sich sogar ein See befunden. Die Nekropole besteht aus fünfundzwanzig Felsengräbern an der Bergseite. Die Wandmalereien in den Gräbern unterscheiden sich auffallend von allen bisher gekannten. Sie zeugen von der tiefgreifenden künstlerischen „Revolution" unter der Regierung Echnatons: die Amarna-Kunst.

150 *Echnaton begrenzte das Gebiet seiner Hauptstadt Achetaton (heute el-Amarna in Mittelägypten) mit vierzehn Stelen, auf denen die königliche Familie dargestellt ist. Der Text unter diesen Abbildungen beschreibt die Stadt mit ihren Tempel-, Staats- und Grabanlagen.*

150-151 *Pharao Amenophis IV., der seinen Namen in Echnaton abänderte, was soviel heißt wie „derjenige, der Aton verehrt", regierte um 1360 v. Chr. Er führte die Anbetung eines einzigen Gottes, Atons* (die Sonnenscheibe), *ein. Echnaton gründete eine neue Hauptstadt in Mittelägypten, die er Achetaton (heute el-Amarna) nannte. Während seiner Regierungszeit entwikkelten sich neben der neuen Religion auch neue Tendenzen in der Kunst: die Amarna-Kunst. Diese Statue wurde im Atontempel in Karnak gefunden, den Echnaton außerhalb der östlichen Ummauerung des großen Amuntempels hatte errichten lassen. Sie gehörte zu einer Reihe von Osiriskolossen, die auf 28 Pfeilern im Tempelhof standen. (Museum in Luxor)*

152 *Diese unvollendete Quarzitbüste der Königin Nofretete, Gemahlin von Echnaton, die während der Ausgrabungsarbeiten der* Egypt Exploration Society *1932 in el-Amarna gefunden wurde, spiegelt im Gegensatz zu dem oft groben „Realismus" der anderen Kunstwerke jener Epoche den Versuch wider, Schönheit im Ausdruck und eine klare Linienführung zu erzielen.*

153 *Diese kleine bemalte Kalksteinstatue, die 1911 in el-Amarna gefunden wurde, zeigt Echnaton bei einer Opfergabe. Der Pharao trägt eine blaue* 'kepresh'*-Krone. Trotz seiner idealisierten Gesichtszüge erkennt man die typischen Merkmale der Amarna-Kunst: das markante Gesicht und die auffallend großen Ohren mit durchstochenen Ohrläppchen. Im Gegensatz zu den bisherigen Statuen, ist der König nicht im Gehen dargestellt. (Ägyptisches Museum, Kairo)*

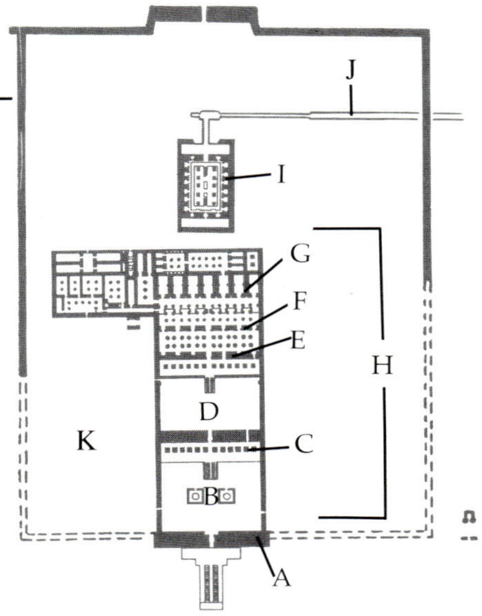

ABYDOS

Schon in Vorgeschichtlicher Zeit war Abydos ein religiöses Zentrum. Ursprünglich wurde dort ein lokaler Gott verehrt, der Choutamenti genannt wurde, was soviel heißt wie „der Erste der Westlichen" und „der Gott der Toten" bedeutete. Im Alten Reich wurde dieser Gott eins mit Osiris. Da man glaubte, das Grabmal von Osiris befinde sich in Abydos, galt diese als *heilige Stadt* und war Ziel für viele Pilgerfahrer. In Abydos ließen sich alle Pharaonen der 1. und zwei Pharaonen der 2. Dynastie bestatten; seit dem Mittleren Reich errichteten die Pharaonen hier Kenotaphe, um symbolisch an der Auferstehung Osiris' teilzuhaben.
Sethos I. baute in Abydos zwei Denkmäler: einen Grabtempel und ein Kenotaph. Der Grabtempel unter der Bezeichnung *Memnon* von Strabon beschrieben, war Sethos I. und sechs weiteren Gottheiten geweiht (Osiris, Isis, Horus, Ptah, Rê-Harachte und Amun-Rê). Das unter dem Namen *Osireion* bekannte Kenotaph befindet sich hinter dem Tempel; seine Konstruktion (die vage an ein Grab erinnert) symbolisiert die Urgewässer, in deren Mitte der Hügel steht, aus dem die Welt geschaffen wurde. Seine Wände sind mit magischen Inschriften und kosmogonischen und astronomischen Darstellungen versehen. Auch Ramses II., der die Tempeldekoration seines Vaters zu Ende führte, ließ sich in Abydos einen Grabtempel errichten, der allerdings weniger beeindruckende Ausmaße hatte und heute leider nicht mehr gut erhalten ist.

154 oben *In Abydos, einem der größten religiösen Glaubenszentren des Alten Ägypten, wo vor allem der Kult des Osiris, des Gottes des Jenseits, praktiziert wurde, war es Brauch, kleine Kenotaphe zu errichten, damit die Toten an der Auferstehung des Osiris teilhaben konnten. Seit dem Mittleren Reich, aber vor allem während der 18. und 19. Dynastie ließen die Pharaonen neben Kenotaphen auch richtige Grabtempel erbauen. Sethos I. errichtete einen solchen Grabtempel und ein Kenotaph: das* Osireion. *Dieses merkwürdige Bauwerk, das sich hinter dem Grabtempel befand, ist einzigartig in Ägypten und ein architektonisches Beispiel für die kosmogonische Zeitauffassung und die Osiris-Lehre.*
In einem der beiden Räume des Osireions *befand sich in der Mitte ein kleiner von Wasser umspülter Erdwall, welcher den vom Ur-Ozean Nun umflossenen Urhügel symbolisierte, aus dem die Welt entstanden war.*

154 unten *Die berühmte Königsliste im Tempel von Sethos I. in Abydos stellt den Pharao und seinen Sohn, Ramses II., bei der Beweihräucherung der Schriftrollen dar, auf der die vorangegangenen 76 Könige Ägyptens verzeichnet waren.*

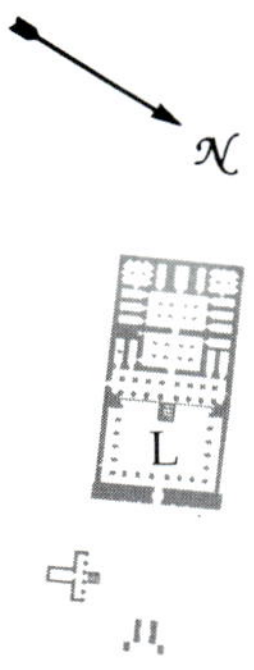

ABYDOS

A Pylon
B Erster Hof
C Säulengang
D Zweiter Hof
E Erste Hypostylhalle
F Zweite Hypostylhalle
G Kapellen
H Tempel Sethos' I.
I Osireion
J Eingang
K Magazine
L Tempel Ramses' II.

154-155 *Auch Ramses II. ließ sich in Abydos einen Grabtempel errichten, nicht weit entfernt von dem seines Vaters. Er wurde mit prächtigen polychromen Reliefs ausgestattet, die vollständig erhalten sind. Auf dem oberen Foto sind zwei Schutzheilige der ägyptischen 'nomoi' (Verwaltungsbezirke) abgebildet. Auf dem unteren sieht man Pharao Ramses II. vor der Opferstätte. In der rechten Hand hält er ein Zepter.*

156 unten *Der heilige See des Tempels in Dendera ist heute mit Palmen bepflanzt. Er liegt südöstlich des Hauptgebäudes und diente den Tempeldienern als Ort für rituelle Waschungen. Vermutlich fanden hier auch Mysterienfeiern statt, die mit Tod und Auferstehung des Osiris zusammenhingen.*

Dendera

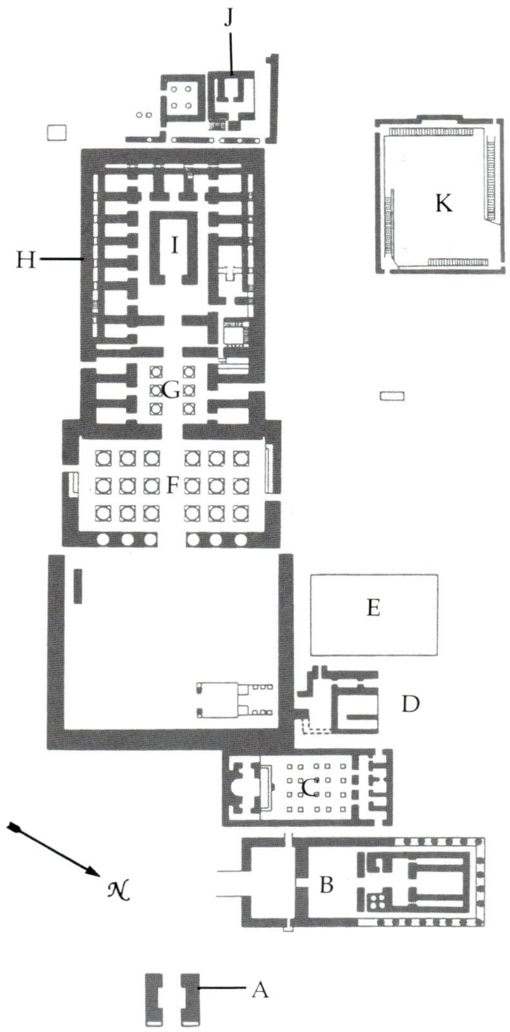

DENDERA

A	Domitian- und Trajantor	**F**	Äußere Hypostylhalle
B	Römisches Mammisi	**G**	Zweite Hypostylhalle
C	Koptische Kirche	**H**	Großer Tempel der Hathor
D	Mammisi (Geburtshaus) Nektanebos' I.	**I**	Allerheiligstes
E	Sanatorium	**J**	Geburtstempel der Isis
		K	Heiliger See

Dendera war die Hauptstadt des 6. *nomos* (Verwaltungsbezirk) Oberägyptens. Ihre Nekropole beherbergt Gräber aus Vorgeschichtlicher Zeit bis zum Ende des Alten Reiches.
Dendera war Hauptkultstätte der Himmels- und Liebesgöttin Hathor und gilt als eine der berühmtesten Städte Ägyptens. Der Tempel und seine Krypten mit den kunstvollen Reliefs an den Außenmauern sind sehr gut erhalten. Auf dem Dach des Bauwerks befindet sich eine Kapelle, die Osiris geweiht war. Man glaubte, daß in Dendera ein Körperteil des Osiris begraben sei. An der Decke eines Raumes der Kapelle befand sich der berühmte Tierkreis (heute durch eine Kopie ersetzt), den die Franzosen bei ihrer ägyptischen Expedition entfernten und der heute im Louvre ausgestellt ist. Rechts neben dem Gebäudeeingang standen zwei kleinere Tempel, die der Geburt des Ihi, Sohn der Göttin Hathor, geweiht waren. Der erste Geburtstempel stammt aus der Epoche des Pharaos Nektanebos I. (30. Dynastie) und wurde unter den Ptolemäern fertiggestellt, der zweite stammt aus römischer Zeit.
Südlich des Hathortempels, in der Nähe des heiligen Sees, ist ein kleiner römischer Tempel aus der Zeit des Augustus erhalten, der als „Geburtshaus der Isis" bezeichnet wird.

156-157 *Die Anlage in Dendera umfaßt das große Portal von Domitian und Trajan, die* 'mammisi' *sowie ein bescheideneres Pendant aus der 30. Dynastie, und ein Sanatorium, in dem man eine Heilstatue und Badeanlagen entdeckte. Im* 'mammisi', *einem typischen Gebäude hellenistisch-römischer Tempelanlagen, wurde die Mutterschaft der Göttin Hathor gefeiert. Mit dem Geburtsfest des Gotteskindes wurde zugleich das des Pharaos (Gottessohn) gefeiert. Dendera, das einstige Iunet, war Mittelpunkt des Kultes um Hathor, eine der ältesten Gottheiten Ägyptens, die meist in Gestalt einer Kuh oder als Frau mit Kuhohren dargestellt wird.*

157 *Die große Hypostylhalle des Hathortempels in Dendera, Meisterwerk ptolemäischer Architektur, wird von achtzehn Säulen mit* Hathor-Kapitellen *getragen, auf denen die Göttin mit Kuhohren dargestellt ist. Der Tempel wurde um das 2. Jahrhundert v. Chr. errichtet und seine Ausgestaltung im 1. Jahrhundert n. Chr. beendet. In Dendera verehrte man die Triade: Hathor, Horus von Edfu und ihren Sohn Ihi. Das wichtigste Tempelfest war das sogenannte Fest der* Schönen Vereinigung, *bei dem Hathor von Dendera Horus in Edfu besuchte. Eine feierliche Prozession über den Fluß machte unterwegs an allen bedeutenden Heiligtümern halt.*

Theben, Lobpreisung des Amun

Theben, die große Hauptstadt im Neuen Reich, war das Zentrum der Verehrung des Gottes Amun, „des Verborgenen", des Königs der Götter. Zu seinen Ehren wurde in Karnak die größte Tempelanlage, aller Zeiten errichtet und sechshundert Jahre lang von jedem Pharao als Zeichen seiner Macht erweitert oder mit Kunstwerken ausgestattet. Jedes Jahr zum Opet-Fest wurde das Abbild Amuns den Nil flußabwärts zum Tempel von Luxor gebracht, um seine Vereinigung mit der Königin zu feiern, und so die göttliche Herkunft des Königtums und seine Erneuerung zu sichern.

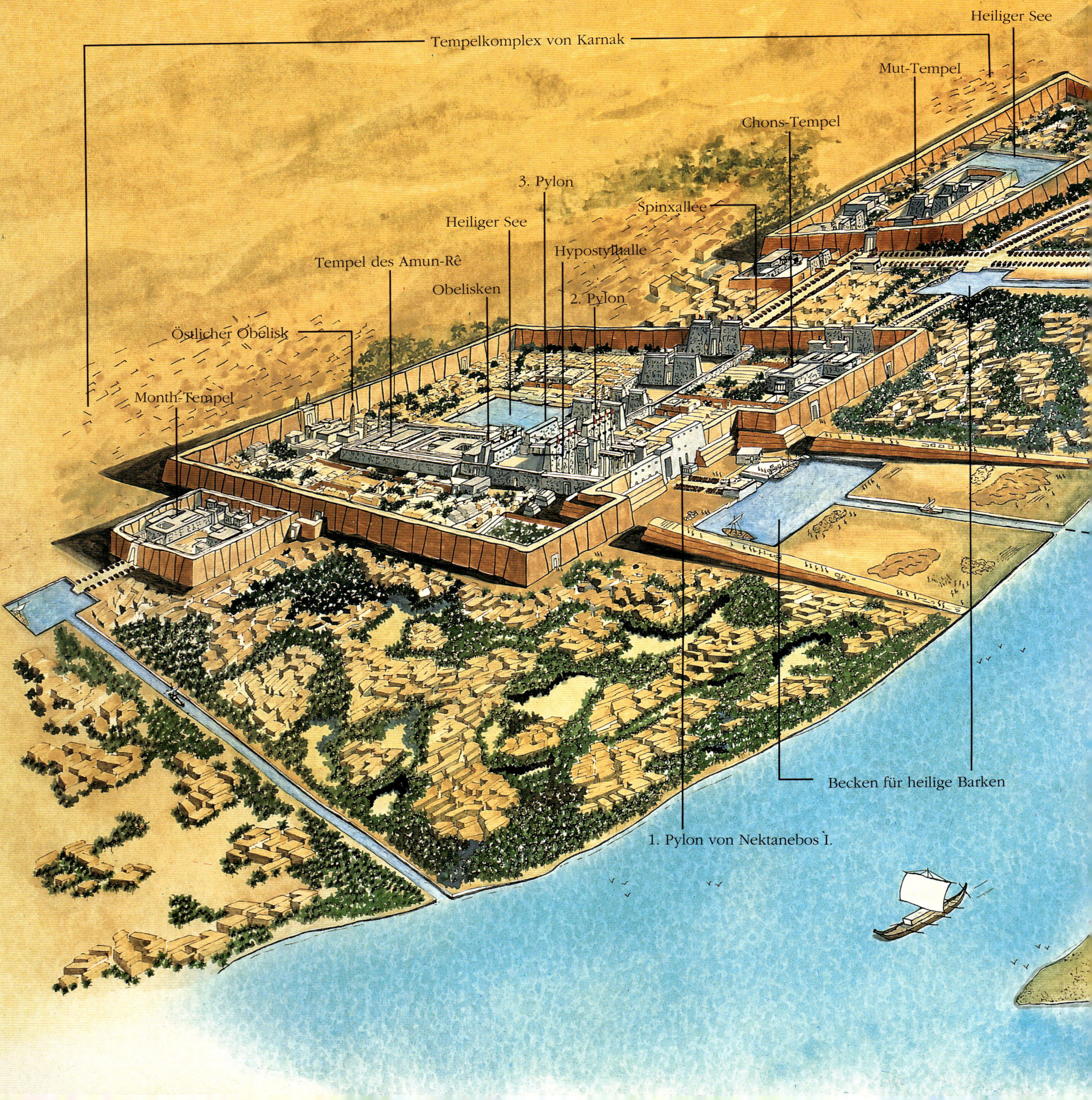

Hof von Amenophis III.
Großer Säulengang
Pylon von Ramses II.
Tempel von Luxor
Obelisken
Anlegesteg beim Opet-Fest
Spinxallee
Spinxallee
Hof von Ramses II.
Prozessionsweg am Opet-Fest
Nil
N

West-Theben, das Reich des Osiris

Auf dem westlichen Nilufer am Fuße des Thebanischen Gipfels, *welcher der Göttin Mertseger, „diejenige, die die Ruhe liebt", geweiht war, liegen die großen Nekropolen von Theben: die letzte Ruhestätte für Könige und ihre Gemahlinnen, Prinzen und Prinzessinen, hohe Beamte und Edelleute. Hier ließ sich jeder Pharao zwischen Nil und Hügellandschaft ein* Schloß der Millionen Jahre *bauen, einen Gedächtnistempel als Ort des Königskultes. Hierhin brachte man anläßlich des* Schönen Talfestes *in einer feierlichen Prozession das Abbild Amuns.*

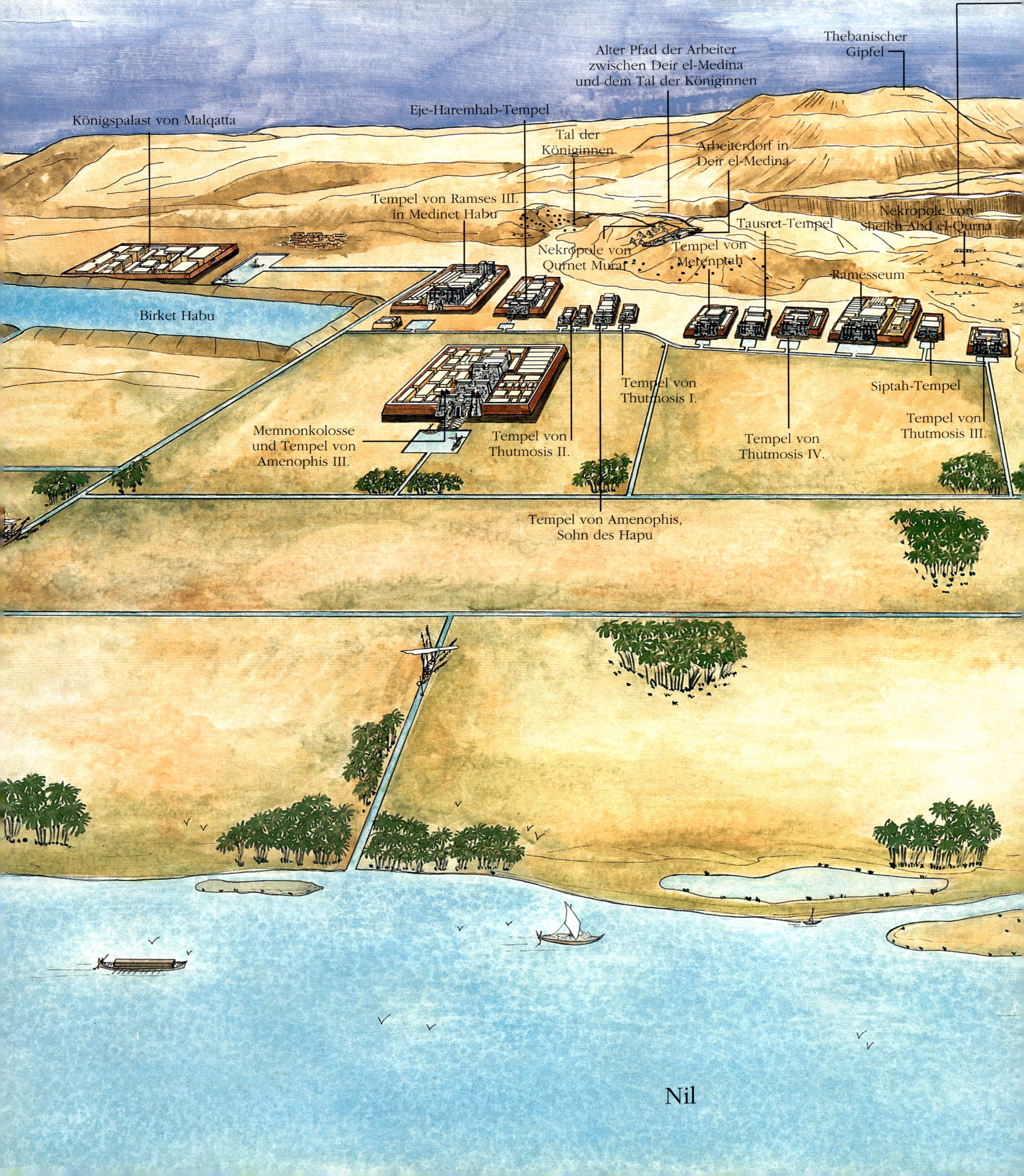

Alter Pfad der Arbeiter zwischen Deir el-Medina und dem Tal der Könige
Hügeldorf
Tal der Könige
Deir el-Bahari
Alter Pfad zwischen Deir el-Bahari und dem Tal der Könige
Nekropole von el-Khokha
Nekropole von Dra Abu el-Naga
Nekropole von Asasif
Tempel von Sethos I.
N

162-163 *Die Sphinxallee (auch mit dem griechischen Namen* 'dromos' *bezeichnet) vor dem Tempel von Luxor wurde zur Zeit Nektanebos' I. (30. Dynastie) gebaut. Sie ist etwa zweihundert Meter lang und umfaßt auch einen Teil des* 'dromos' *mit den widderköpfigen Sphingen, der von Amenophis III. (18. Dynastie) konstruiert worden war, und den Tempel von Luxor mit dem von Karnak verband. Der Pylon des Tempels in Luxor wurde von Ramses II. errichtet und mit Reliefs geschmückt, die über die Schlacht von Kadesch (1285 v. Chr.) gegen die Hethiter berichten. Vor dem Pylon standen zwei Obelisken, von denen heute nur noch einer vorhanden ist.*
Im 19. Jahrhundert war der Tempel größtenteils von Sand bedeckt und wurde von den Einheimischen als Wohngebäude benutzt. Erst im Jahre 1885 begann Gaston Maspero mit den Ausgrabungsarbeiten. Dabei wurde das monumentale Bauwerk in seiner heute sichtbaren Form freigelegt.

Luxor

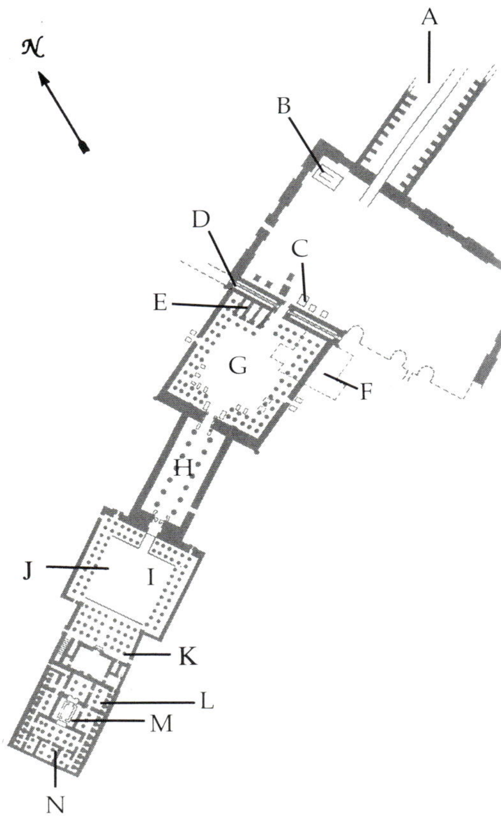

LUXOR

A Sphinxallee von Nektanebos I.
B Sarapis-Kapelle
C Obelisk
D Pylon von Ramses II.
E Kapelle von Thutmosis III.
F Moschee
G Hof von Ramses II.
H Großer Säulengang
I Hof von Amenophis III.
J Lage des Verstecks
K Hypostyl-Atrium
L Geburtszimmer mit Geburtsgeschichte Amenophis' III.
M Allerheiligstes (von Alexander verändert)
N Barkensaal

Das heutige Luxor, eine kleine Stadt mit 60 000 Einwohnern, liegt am rechten Nilufer an der Stelle des alten Theben, der Stadt, die Homer als das „Theben der hundert Tore" beschrieben hat. Der Name Luxor leitet sich vom arabischen Wort *el Uqsor*, dem Plural von *el-Qasr*, ab, was soviel heißt wie „Burg" oder „Befestigung" und sich auf zwei römische Militärlager bezieht.
Theben, das von den Ägyptern *Waset* genannt wurde, lag zwischen den heutigen Orten Karnak und Luxor. Diese große Stadt (zur Zeit ihrer größten Ausdehnung zählte sie eine Million Einwohner) war die Hauptstadt des Neuen Reiches, welches sich vom Euphrat bis nach Nubien erstreckte. Man verehrte dort den Gott Amun, dessen Hauptheiligtum sich im Tempel zu Karnak befand. Zum jährlichen *Opet-Fest,* das in den zweiten oder dritten Überschwemmungsmonat fiel, trug man die heilige Barke des Amun in feierlicher Prozession von Karnak in den Tempel von Luxor.
Der Tempel von Luxor, der ungefähr 260 Meter lang ist, wurde von Amenophis III. auf einem bereits bestehenden Kultgebäude aus der Hatschepsut-Epoche errichtet. Die Königin hatte außerdem entlang der heiligen Straße, die den Tempel von Luxor mit dem von Karnak verband, sechs Kioske für die Amun-Barken bauen lassen.
Über diesen Landweg, den sogenannten *dromos,* schritt zur Zeit Hatschepsuts die Prozession zum *Opet-Fest.* Später (gegen Ende der 18. Dynastie) wurden die heiligen Barken der Götter Amun, Mut und Chons auf dem Fluß zum Tempel nach Luxor gebracht. Zum *Opet-Fest* stattete Amun von Karnak dem Amun von Luxor, *Amun-em-ipet* oder „Amun, der in seinem Harem ist", einen Besuch ab und hauchte ihm

164 *Die Abbildung zeigt eine Südansicht des Tempels von Luxor mit dem Allerheiligsten von Amenophis III. und der Anlage mit Vorkammern, Atrium, großem Hof, Säulengang von Amenophis III. sowie Hof und Pylon von Ramses II. Wie der Tempel zur Zeit Hatschepsuts ausgesehen hat, weiß man nicht, aber Amenophis III. ließ im Süden den ältesten Teil des Tempels auf einem erhöhten Plateau errichten, fügte später den Hof im Norden hinzu und legte die Fundamente für den wuchtigen Säulengang, der in der Epoche von Eje und Harembab vollendet wurde.*

165 *Auf dieser Luftaufnahme sind der Tempel von Luxor und die Sphinxallee, welche die Tempel von Luxor und Karnak miteinander verband, zu erkennen. Der Tempel umschließt im Norden einen von Ramses II. errichteten Teil, der in den großen Säulengang aus der 18. Dynastie mündet. Dem folgt der Hof von Amenophis III. und das Allerheiligste, dem nochmals eine Hypostylhalle vorausgeht. Vom 4. bis zum 6. Jahrhundert wurde der Tempel von Luxor einem römischen Militärlager einverleibt. Im späten 6. Jahrhundert errichtete man eine byzantinische Kirche im ramessidischen Hof, die im 13. Jahrhundert der Moschee von Abu el-Haggag weichen mußte. Die Moschee existiert heute noch.*

neues Leben ein. Der Tempel von Luxor umfaßte ursprünglich eine große Kolonnade deren Decke von Papyrus-Säulen mit geschlossenen Kapitellen gestützt wurde. Im Osten und Westen war der Tempel von einer Mauer begrenzt, die Reliefs mit Szenen des *Opet-Festes* schmückten. Die Kolonnade, die in der Epoche Tut-anch-Amuns (um 1330 v. Chr.) errichtet wurde, führte in einen von einer doppelten Säulenreihe umschlossenen Innenhof. Von hier aus betrat man die inneren Räume des Tempels, die aus vier Vorzimmern mit Zusatzkammern und dem in der innersten Kammer befindlichen Barkenheiligtum bestanden. Diese Kapelle wurde bereits von Alexander dem Großen wiederaufgebaut. Ramses II. erweiterte den Tempel und gab ihm seine heutige Form: Er ließ den 1. mit Reliefs verzierten Pylon errichten, der die Schlacht von Kadesch (1285 v. Chr.) schildert. Außerdem ließ er den großen Säulenhof hinter dem Pylon anlegen. Vor dem Pylon Ramses' II. standen früher sechs Kolossalstatuen des Königs, von denen heute nur noch zwei Sitzbilder und eine Stehfigur erhalten sind. Im 6. Jahrhundert wurde im ramessidischen Hof eine byzantinische Kirche errichtet, auf deren Resten in der Periode der Ayubiden-Sultane (13. Jahrhundert) die Moschee von Abu el-Haggag gebaut wurde, die auch heute noch existiert.
Ebenfalls unter Ramses II. wurden vor dem 1. Pylon zwei große Obelisken aufgestellt, die der ägyptische Pascha Mehmed Ali im Jahre 1819 den Franzosen als Geschenk übergab. Einer der beiden Obelisken – über 22 Meter hoch und 220 Tonnen schwer – wurde 1836 nach Frankreich transportiert und in Paris auf der Place de la Concorde aufgestellt, wo er sich auch heute noch befindet.

Frankreich verzichtete im Jahre 1980 endgültig darauf, den zweiten Obelisken nach Paris zu bringen.
Der Tempel in Luxor erfüllte verschiedene Funktionen: In seinen geheimsten Kammern wurde jedes Jahr zum *Opet-Fest* die göttliche Abstammung des Pharaos als Sohn des Amun gefeiert und damit auch sein weltlicher Machtanspruch bestätigt. Im Halbschatten der göttlichen Geburtskammer fand die Begegnung zwischen der Königin und Amun in seiner irdischen Gestalt statt. Der ibisköpfige Gott Thot sagte der Königin bei dieser Gelegenheit eine bevorstehende Geburt voraus.
Dann befahl Amun dem „göttlichen Töpfer" Chnum, auf seiner Töpferscheibe ein Kind sowie dessen *ka,* sein Seelenabbild, zu modellieren, das sein göttliches und unsterbliches Wesen verkörpern sollte. Die Königin brachte mit Hilfe von Hathor, Isis und Nephthys diesen göttlichen Sohn zur Welt, den Sohn des Gottkönigs, der vom Vater Amun anerkannt wurde.

166-167 *Relief, das Szenen aus dem* Opet-Fest *darstellt. Lautenspieler begleiten die Prozession der heiligen Barken, währenddessen den Göttern viele Ochsen geopfert werden. Das* Opet-Fest *wurde einmal jährlich im zweiten oder dritten Überschwemmungsmonat gefeiert. Amun aus Karnak stattete mit seiner Gemahlin Mut und seinem Sohn Chons dem Tempel von Luxor einen Besuch ab. Zu diesem Anlaß fuhr eine große Prozession nilaufwärts.*

Der König opferte Amun Weihrauch und frische Blumen. Dafür erhielt er göttlichen Rang, Jugend und ein langes Leben; anschließend wurde er dann zum legitimen Herrscher der zwei Länder gekrönt. Der damit zu neuem Leben erweckte und in seiner königlichen Rolle wiederbestätigte Pharao konnte seinem Volk jetzt für ein weiteres Jahr Wohlergehen garantieren.
Der Tempel in Luxor war Kultstätte des göttlichen, unsterblichen Wesens des Pharaos, des königlichen *ka,* Symbol der Legitimität seiner Macht. Diese universelle Funktion war nicht an einzelne Pharaonen gebunden und überdauerte so siebzehn Jahrhunderte. Das erklärt, warum Alexander, dessen Legitimation als Herrscher Ägyptens von der Anerkennung als Sohn Amuns abhing, das damals beschädigte Heiligtum der göttlichen Barke wieder aufbaute.
Der Tempel zu Luxor galt entsprechend der thebanischen Kosmogonie als Ursprungsort der *Ogdoade.* So wurden die acht Urgötter bezeichnet, die – von Demiurg dem „Weltschöpfer" gezeugt – ihrerseits die Welt erschufen. Sobald die Schlange Irta, auch Kematef genannt, und die acht Gottheiten der *Ogdoade* ihre Mission beendet hatten, wurden sie gemäß der Überlieferung in ihrem sagenhaften Grab in Medinet Habu bestattet. Dorthin begab sich Amun während des *Dekadenfestes* alle zehn Tage.
Zur Zeit von Ramses II. trat die Prozession nicht durch den 1. Hof des Haupteingangs in den Tempel, sondern durch das westliche Seitentor, das zum Nil führte, während der östliche Eingang für das Volk reserviert war.
Der Haupteingang des Tempels wurde bei einem anderen Jahresfest benutzt, dem des *Amun-Min-Kamutef,* bei dem Amun als Fruchtbarkeits-

gott gefeiert wurde. Zur Zeit von Nektanebos I. (30. Dynastie) wurde der *dromos*, der Luxor mit Karnak verband, mit menschenköpfigen Sphingen geschmückt, die auch heute noch teilweise erhalten sind. Der südliche Teil des Tempels wurde schließlich unter römischer Herrschaft, zur Zeit Diokletians um 300 n. Chr., für den imperialen Kult genutzt und in das römische Garnisonslager von Luxor eingegliedert. Die Ausgrabungsarbeiten im Tempelbezirk, der etwa zu zwei Dritteln von Sand bedeckt war und in dem zwischenzeitlich Bewohner Luxors lebten, begannen 1885 unter der Leitung des französischen Archäologen Gaston Maspero, des damaligen Direktors des *Egyptian Antiquities Service*. Bei diesen Arbeiten wurde das monumentale Bauwerk, das wegen seines Gesamtentwurfs und der Eleganz seiner Säulen einer der faszinierendsten architektonischen Zeugen des Neuen Reiches bleibt, in seiner heute sichtbaren Form freigelegt.
1990 machte man an dieser Stelle eine der bedeutendsten Entdeckungen der letzten Jahre: Bei Untersuchungen der Bausubstanz im Hof von Amenophis III. fand man ein Versteck, das wundervolle Statuen verbarg: Die schönste, aus rotem Quarzit, stellt den liegenden Pharao dar. Sie ist heute im Museum von Luxor ausgestellt.

168 *Die Abbildung zeigt eine der beiden kolossalen Sitzstatuen, die Ramses II. darstellen und den Eingang des Luxor-Tempels säumen, sowie den Kopf des Herrschers, der zu einer der anderen vier Kolossalstatuen vor dem Pylon gehörte.*

169 *Ramses II. zerstörte unter anderem auch die zwei Kolossalstatuen von Amenophis III., die am Durchgang vom ersten Hof zur großen Kolonnade standen.*

170 *Obelisk aus rosa Granit auf der Ostseite des Pylonen des Tempels von Luxor. Jede Seite ist dreispaltig mit einem Hieroglyphentext über Ramses II. beschriftet.*

171 *Die große Kolonnade des Tempels von Luxor, die den Hof Ramses' II. mit dem von Amenophis III. verband, besteht aus zwei Reihen mit jeweils sieben Papyrussäulen.*

172-173 *Ostansicht des Amun-Rê-Tempels von Karnak. Mit dem Bau der Anlage wurde unter Sesostris I. (12. Dynastie) begonnen. Beendet wurde das Bauwerk unter Nektanebos I. (30. Dynastie). Im Gegensatz zu anderen Tempeln, hat der Karnak-Tempel eine zweiachsige Ausrichtung: Die Ost-West-Achse und die Nord-Süd-Achse symbolisieren die Verbindung von Himmel und Erde sowie die göttliche und königliche Macht. Der heilige See, der zur Zeit von Thutmosis III. ausgehoben, aber erst unter Taharka (25. Dynastie) fertiggestellt wurde, ermöglichte den Aufstieg der unterirdischen Gewässer, die die Lebenskraft und den Ur-Ozean symbolisierten. Dieses Becken lieferte Wasser für die Reinigungszeremonien und diente den heiligen Tempelvögeln als Teich.*

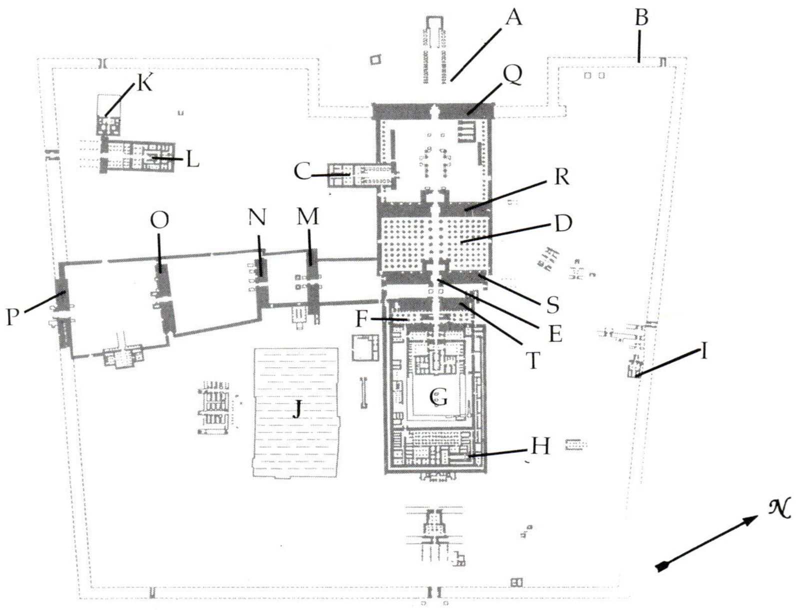

KARNAK

A Sphinxallee
B Ziegelumwallung des Amun-Bezirks
C Tempel Ramses' III.
D Große Hypostylhalle
E Obelisk
F Wagit (kleine Hypostylhalle)
G Hof aus dem Mittleren Reich
H Akhmenu (Große Festhalle)
I Tempel des Ptah
J Heiliger See
K Ipet-Tempel
L Chons-Tempel
M 7. Pylon
N 8. Pylon
O 9. Pylon
P 10. Pylon
Q 1. Pylon
R 2. Pylon
S 3. Pylon
T 4. Pylon

Die Tempel von Karnak

Einige Kilometer nördlich von Luxor liegt Karnak, der Ort, in dem das großartigste sakrale Bauwerk des Alten Ägypten steht. In Karnak befinden sich insgesamt drei große Kultstätten mit Tempeln, von denen einer dem örtlichen Kriegsgott Month geweiht wurde, einer dem thebanischen Hauptgott Amun und ein anderer der Göttin Mut, die zusammen mit ihrem Gemahl Amun und ihrem Sohn Chons die *Thebanische Triade* bildete.

Den Hauptteil der Anlage bildet der große Amuntempel, mit dessen Bau wahrscheinlich schon im Mittleren Reich begonnen wurde, der seine beeindruckenden Ausmaße jedoch erst in der Epoche der 18. Dynastie erhielt.

Da fast alle Pharaonen den Tempel erweitern und verschönern wollten, entstand eine komplexe Anlage mit vier Innenhöfen, zehn Pylonen, einem heiligen See und zahlreichen anderen Bauwerken.

Nektanebos I. (30. Dynastie) war der letzte Pharao, der bedeutende Arbeiten ausführen ließ und dem Tempel damit sein heutiges Aussehen verlieh: Ihm verdanken wir den enormen Pylon und die widderköpfige Sphinxallee (eines der heiligen Tiere Amuns), über die man noch heute den Tempel erreicht. Der Tempel hat eine Ost-West- und eine Nord-Süd-Ausrichtung. Die Ost-West-Achse umfaßt die Pylonen I-VI und folgt der Sonnenlaufbahn: Sie symbolisiert die Sonnen- oder Himmelsachse. Die Nord-Süd-Achse umfaßt die Pylonen VII-X und verläuft parallel zum Nil: Damit repräsentiert sie die königliche oder weltliche Achse.

Vom 1. Pylon Nektanebos' I. gelangt man in den ersten Innenhof, in dem Sethos II. und Ramses III. zwei Kapellen für die heiligen Barken bauen ließen, die sich zur Zeit ihrer Errichtung noch außerhalb des Tempels befanden.

__174 links__ Die Reliefs im „Botanischen Garten" von Thutmosis III. (18. Dynastie) stellen außergewöhnliche Tiere und exotische Pflanzen dar.

__174 unten__ Eine Ansicht der Nord-Süd-Achse des Tempels vom 8. Pylon aus. Im Hintergrund ist der Obelisk der Hatschepsut zu sehen. Der Tempel hat eine Nord-Süd- und eine Ost-West-Ausrichtung. Die Nord-Süd-Achse verläuft parallel zum Nil und symbolisiert die Erde und die königliche Macht. Die Ost-West-Achse stellt dagegen den Himmel und die göttliche Macht dar. Die beiden Achsen kreuzen sich an einem bestimmten Punkt, auch 'wagit' genannt, vor dem 4. Pylon.

Die Ostseite des ersten Hofes wird vom 2. Pylon begrenzt, dessen Tor von mehreren großen Statuen Ramses' II. umrahmt ist, von denen Pharao Pinodjem I. (21. Dynastie) die eindrucksvollste auf der Nordseite zerschlagen ließ.

Hinter dem 2. Pylon betritt man den beeindruckendsten Teil des Tempels: Die große Hypostylhalle zwischen dem 2. und 3. Pylon mit 134 mächtigen, über 20 Meter hohen Säulen, die vermutlich den Ursumpf symbolisieren sollten. Der Bau dieses großen Säulensaals dauerte fast ein Jahrhundert. Er wurde von Sethos I. begonnen, von Ramses II. erweitert und von seinen Nachfolgern vollendet.

Der 3. von Amenophis III. erbaute Pylon führt in einen besonderen Raum, der den Schnittpunkt der beiden heiligen Achsen kennzeichnete:

Hier kreuzte sich die himmlische mit der weltlichen Achse. Dieser Schnittpunkt wurde von Thutmosis I. und von Thutmosis III. mit vier Obelisken markiert (von denen nur noch einer – der von Thutmosis I. – übrig ist). Zwischen dem 4. und 5. Pylon (zur Zeit von Thutmosis I. errichtet) befindet sich ein Quervestibulum,

174-175 *Der Bau des 1. Pylonen des Karnak-Tempels wurde unter Nektanebos I. (30. Dynastie) begonnen, aber nicht zu Ende geführt. Auf der Ostfassade befinden sich acht große Aussparungen, die dazu dienen sollten, riesige Fahnenstangen mit Standarten zu halten. Bereits im Mittleren Reich unter Sesostris I. (12. Dynastie) wurde mit dem Bau des Tempels, begonnen, aber bis zu seiner Fertigstellung vergingen 1500 Jahre.*

175 unten *Diese Festhalle gehörte zu dem Gebäudekomplex, den man* 'akhmenu' *nannte. Er wurde von Thutmosis III. vermutlich für Gedenkfeiern zur Erneuerung der königlichen Macht errichtet.*

das früher *wagit* („das Üppige“) genannt wurde und mit großen Säulen ausgestattet war: Hier ließ die Königin Hatschepsut zwei gewaltige Obelisken aufstellen, von denen einer noch an seinem ursprünglichen Platz steht.
Der 6. Pylon führt zur Kapelle des Philippos Arridaios (323-317 v. Chr.), Stiefbruder von Alexander dem Großen, und zum großen Hof aus dem Mittleren Reich, der im Osten vom *akhmenu,* einem von Thutmosis III. errichteten Bauwerk begrenzt wird, das neben dem großartigen *Festsaal* auch den sogenannten *Botanischen Garten* beherbergt. Der *Botanische Garten* besteht aus einer Anzahl von Sälen, die vornehmlich mit exotischen Pflanzen- und Tiermotiven ausgeschmückt sind (vor allem aus Syrien und Palästina, wohin der Pharao mehrere Feldzüge unternommen hatte). Über die Funktion dieses Tempeltraktes, der in ganz Ägypten einzigartig ist, wurde lange diskutiert. Vermutlich wollten die Alten Ägypter in diesen Räumen den Formen- und Artenreichtum der Natur darstellen, um damit ihre Einbindung in eine universelle Ordnung aufzuzeigen.
Noch weiter östlich außerhalb der Mauern, die den Amuntempel umgeben, sind die Ruinen des Amarnatempels zu sehen, der von Amenophis IV. (Echnaton) erbaut wurde, bevor er Theben zugunsten seiner neuen Hauptstadt Achetaton verließ.
Wenn man der Nord-Süd-Achse folgt, gelangt man zwischen dem 3. und 4. Pylon in einen Hof, der *cachette* genannt wird. Dort entdeckte der französische Archäologe Legrain das Versteck, in dem die Amunpriester wahrscheinlich zu ptolemäischer Zeit 17 000 kleine Bronzestatuen und 997 große Steinstatuen verborgen hielten. Der Hof *cachette* wird im Süden vom

176 oben *Der Gott Amun-Rê war der Hauptgott Karnaks und bildete mit seiner Gemahlin Mut und seinem Sohn Chons die* Thebanische Triade.

176 unten *Widderköpfige Sphingen, die dem Gott Amun geweiht waren, bilden eine Alle zum 1. Pylon.*

177 *Der gewaltige 2. Pylon bildet die westliche Grenze der großen Hypostylhalle. Er wurde von Haremhab errichtet, der dafür Material aus dem Echnaton-Tempel bezog (der im Osten außerhalb der Umwallung des Amuntempels stand).*

178 Mehrere Osiriskolosse erheben sich in der Stationskapelle, die Ramses II. an der südöstlichen Ecke des Vorplatzes vor dem 2. Pylon errichten ließ. An diesem Gebäude machten bei großen religiösen Prozessionen die Barken der Thebanischen Triade *halt.*

179 Die Abbildung zeigt die Papyruskapitelle der 122 Säulen, die den gewaltigen Architraven der Hypostylhalle in Karnak tragen. Dessen nördlicher Flügel wurde unter Sethos I., der südliche unter Ramses II. erbaut. Vermutlich symbolisierte dieser Säulenwald, der den majestätischsten Teil der Tempelanlage bildet, den Ursumpf.

7. Pylon begrenzt, an dessen Seite sich der heilige See erstreckt, der den Ur-Ozean symbolisiert, aus dem die Welt erschaffen wurde: Sein Wasser, auf dem die heiligen Amungänse schwammen, wurde vom Nil gespeist und diente sowohl für die rituellen Waschungen der Amunpriester als auch zur Navigation der heiligen Barken.
Die Nord-Süd-Achse erstreckt sich weiter vom 8. bis zum 9. Pylon. Der letztere wurde von Haremhab errichtet, der dafür die großartig verzierten Blöcke der atonianischen Tempel wiederverwendete – seit 1965 arbeitet eine franko-ägyptische Gruppe an seinem Wiederaufbau.
Westlich des 9. Pylonen steht der Tempel des Chons, der zusammen mit seinen Eltern Amun und Mut als die *Thebanische Triade* verehrt wurde.
Der 10. Pylon gehört zur äußeren Umwallung des Tempels. Dort verband der *dromos* der tierköpfigen Sphingen den Amun-Tempel mit dem Mut-Tempel. An dieser Stelle begann ein zweiter *dromos* mit menschenköpfigen Sphingen, der von Karnak nach Luxor führte.
Man kann sich heute die Bedeutung und den Reichtum des Amuntempels zu seiner Blütezeit kaum noch vorstellen. Das Vermögen der Amunpriesterschaft, das durch beträchtliche Spenden ständig wuchs, konnte sich mit dem des Pharaos messen – nach dem Harris-Papyrus standen über 20 000 Personen im Tempeldienst.

180-181 *Die Fotografie zeigt die Nord-Süd-Achse des Tempels und den 8. Pylon mit den Hatschepsut-Obelisken im Hintergrund. Die Nord-Süd-Achse umfaßt vier Pylonen – den 7. bis einschließlich den 10. – und verläuft parallel zum Nil: Sie ist die irdische oder königliche Achse, die die Ost-West-Achse (himmlische Achse) vor dem 4. Pylon, schneidet. Dieser Schnittpunkt wurde von Thutmosis III. mit sechs Obelsiken markiert, von denen heute nur noch zwei an dieser Stelle stehen. Der größere war unter Hatschepsut errichtet worden, der kleinere unter Thutmosis I.*

182-183 *Diese Darstellung auf der äußeren Südwand der Stationskapelle von Philippos Arridaios zeigt den Transport der heiligen Barken. Philippos Arridaios, Halbbruder und Nachfolger von Alexander dem Großen, ließ dieses Gebäude auf einer schon bestehenden Kapelle aus der Zeit von Thutmosis III. (18. Dynastie) errichten. Einmal im Jahr wurden die Barken des Amun-Rê, der Mut und des Chons zum* Opet-Fest *auf dem Nil flußabwärts bis zum Tempel von Luxor gebracht: Hier feierte man die Vereinigung von Amun mit der Königin, die dann einen Sohn zur Welt brachte und damit für den göttlichen Ursprung des Pharaos garantierte.*

Das Tal der Könige

Das Tal der Könige, von den Ägyptern, *Bibân el-Molûk* („Tore der Könige") genannt, wird durch einen tiefen Einschnitt in den Kalkstein der thebanischen Hügel gebildet. Auf der westlichen Seite zweigt das sogenannte *westliche Tal* oder *Tal der Affen* ab, in dem nur zwei Pharaonen beigesetzt wurden: Amenophis III. und Eje. Das Tal wird vom Berg *el-Qurn*, auch *Thebanischer Gipfel* genannt, beherrscht, dessen dreieckige Form an eine Pyramide erinnert: Vermutlich war es ein geographisches Element wie der *Thebanische Gipfel* (später mit der Schlangengöttin Mertseger identifiziert), das die Pharaonen der 18. Dynastie dazu bewogen hatte, diesen Ort zu wählen, der als letzte Ruhestätte außerdem den Vorteil hatte, schwer zugänglich und deshalb gut geschützt zu sein. Vielleicht stammte die Idee von Ahmose (erster Pharao der 18. Dynastie), dessen Grab noch unbekannt ist, oder seinem Sohn Amenophis I.
Sicher ist, daß Thutmosis I. in diesem Tal bestattet wurde. Der genaue Ort des zukünftigen Grabes wurde schon im ersten Regierungsjahr des Pharaos festgelegt. Nach Fertigstellung des Entwurfes wurde sofort mit den Arbeiten, die normalerweise fünf bis sechs Jahre dauerten, begonnen. Die Arbeiter, die aus dem nahen Ort Deir el-Medina kamen, wurden in zwei Gruppen aufgeteilt, die jeweils zehn Tage hintereinander arbeiteten.
Das Tal der Könige diente während der 18., 19. und 20. Dynastie als königliche Nekropole. Ramses IX. ist der letzte Pharao, der im *Bibân el-Molûk* begraben wurde.
Die Alten Ägypter nannten diesen Ort *Ta sekhet âat* („die grüne Weide"). Die Straße, die sich heute im Tal entlangschlängelt, folgt demselben Weg, auf dem damals die königlichen Särge zur letzten Ruhestätte des Pharaos getragen wurden.

184 *Die Grabkammer des Grabmals Ramses' IV., die mit Texten aus dem* Pfortenbuch *beschriftet ist, beherbergt in ihrer Mitte einen fast drei Meter großen Granitsarkophag, der mit Szenen aus dem Jenseits verziert ist. Das Grab mißt 66 Meter und hat einen einfachen Grundriß: Ein langer Gang führt durch ein kleines Vorzimmer in die Grabkammer. Dies ist das einzige Grab, von dem uns ein zeitgenössischer Plan erhalten ist: Ein Papyrus, auf dem der Baugrubenentwurf deutlich zu sehen ist. Er stammt vermutlich aus dem Besitz eines königlichen Architekten und wird heute im Ägyptischen Museum in Turin aufbewahrt.*

DAS TAL DER KÖNIGE

- **A** Hauptwadi
- **1** Grab von Ramses VII.
- **2** Grab von Ramses IV.
- **6** Grab von Ramses IX.
- **7** Grab von Ramses II.
- **9** Grab von Ramses VI.
- **11** Grab von Ramses III.
- **16** Grab von Ramses I.
- **17** Grab von Sethos I.
- **34** Grab von Thutmosis III.
- **35** Grab von Amenophis II.
- **57** Grab von Haremhab
- **62** Grab von Tut-anch-Amun

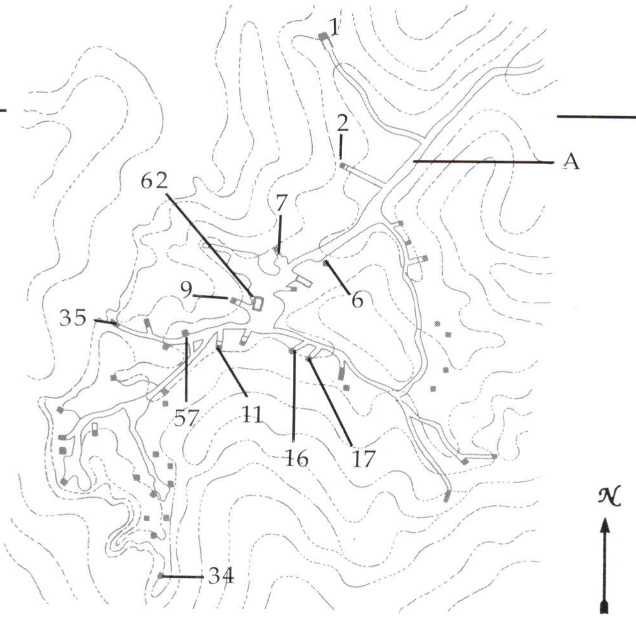

185 *Das Tal der Könige, das im Altertum* Ta sekhet âat *(„die grüne Weide") genannt wurde, wird von einem tiefen Einschnitt in die Kalksteinfelsen gebildet, der vom* Thebanischen Gipfel (el-Qurn) *beherrscht wird und der Kobra-Göttin Mertseger, „diejenige, die die Stille liebt", geweiht ist. Vermutlich war es die Pyramidenform des Berges, die für die Wahl dieses Ortes als Königsnekropole zur Zeit Thutmosis' I. und Hatschepsuts ausschlaggebend war. Sie waren die ersten, die sich an diesem Ort ein Grabmal bauen ließen. Nach dem heutigen Wissensstand liegen in diesem Tal 64 Gräber, von denen einige nicht ausgeschmückt oder nur halb fertig sind, da sie wegen dem bedenklichen Zustand des Felsens nicht fertiggestellt wurden. Der Stil der Darstellungen änderte sich von Epoche zu Epoche, aber die Themen blieben stets religiöser Natur. Sie beziehen sich immer auf die verschiedenen Grabtexte: das* Amduatbuch, *das* Totenbuch, *das* Pfortenbuch *und das* Höhlenbuch.

Nach der Beisetzung des Pharaos kehrte man nicht mehr zu dessen Grab zurück, weil der Königskult in den *Schlössern der Millionen Jahre* praktiziert wurde, die in der Ebene zwischen den thebanischen Felsen und dem Nil lagen.
Die Eingänge zu den Gräbern waren nicht versteckt, sondern gut sichtbar. Die „Nekropolenpolizei" wachte daher nicht nur über die Zugangsstraßen zum Tal, sondern kontrollierte auch die Grabeingänge regelmäßig, um sicherzustellen, daß die beim Begräbnis angebrachten Siegel unberührt waren.
Diese Vorsichtsmaßnahmen stellten sich jedoch als unwirksam heraus, denn es gab, wie zahlreiche Papyrusschriften aus dieser Epoche berichten, in der 20. Dynastie viele Grabschändungen und Plünderungen. Deshalb brachten die Priester die Leichname vieler Pharaonen (auch Ramses' II.) in ein geheimes „Versteck" bei Deir el-Bahari.
Das Tal, in dem das „Versteck" lag, geriet dann jahrhundertelang in Vergessenheit, bis zur Ptolemäerepoche, als die ersten griechischen und römischen „Touristen" nach Ägypten kamen. Der Historiker Diodor, der Ägypten 57 v. Chr. besuchte, schrieb: „Man sagt, daß dies die Gräber der alten Könige seien. Sie sind wundervoll und lassen den späteren Generationen keine Möglichkeit, etwas Schöneres zu vollbringen."

186 *Ein Ausschnitt des Nordhimmels der astronomischen Decke im Grabmal Sethos' I. (KV-17). Die Details dieser astronomischen Darstellungen, die die Sterne nicht nach dem traditionellen babylonischen System gruppieren, auf dem unser heutiges System basiert, sind im einzelnen noch nicht geklärt.*

186-187 *Auf dem Tympanon der nördlichen Grabkammerwand von Sethos I. sind die geflügelte Göttin Nephthys und unten die II. und III. Stunde aus dem* Amduatbuch *dargestellt: Die Barke des Rê fährt auf den Gewässern im Jenseits, begleitet von einer Prozession anderer Schiffe und zahlreichen Abbildern des Osiris, des Herrschers dieses unterirdischen Reiches.*

***187 unten** Die nördlichen Himmelskonstellationen schmükken den Ostteil der Grabkammerdecke von Sethos I. Diese astronomische Decke, die Sternbilder und Konstellationen darstellt, sollte dem königlichen* ba *nicht nur den Aufstieg zum Himmel ermöglichen, sondern auch den Körper des Pharaos am Firmament aufnehmen.*

Das Grab Sethos' I. im Tal der Könige

Am 18. Oktober 1817 entdeckte Giovanni Battista Belzoni das größte und schönste Grab im Tal der Könige: Es gehörte Sethos I., Vater Ramses' II., der von 1290 bis 1224 v. Chr. regierte. Das Grabmal war hundert Meter tief in den Felsen gehauen, eine Kammer folgte auf die andere, verbunden durch zahlreiche Treppen und Gänge. Das Grabmal war zwar mit wertvollen Reliefs verziert, ansonsten war es aber leer.

Alle Schätze waren vermutlich schon in der Pharaonenzeit geplündert worden, und danach geriet das Grab in Vergessenheit. Nur in der Grabkammer, deren Deckenfresko das Himmelsgewölbe darstellt, thronte ein prächtiger Alabastersarkophag, den Belzoni nach England verschiffte. Dort wurde er an das Soane's Museum gegeben. In diesem privaten Museum in London befindet er sich auch heute noch.

1 *Die Litanei des Rê ist eine Sammlung religiöser Texte zur Beschwörung des Gottes Rê mit 75 verschiedenen Namen, damit sich der Pharao mit Rê und anderen Göttern identifizieren konnte.*

2 *Das* Amduatbuch: *IV. und V. Stunde*

3 *Die Mauer, die den Eingang zu den nächsten Sälen versperrte, wurde von Belzoni durchbrochen.*

4 *Ritualbrunnen befinden sich in vielen Grabmälern im Tal der Könige. Neben ihrer praktischen Funktion (dem Sammeln von Regenwasser) dienten diese Brunnen vermutlich einem Ritus, der sich an der belebenden Kraft des Wassers als Urelement der Weltschöpfung orientierte, und der Beschwörung der Unterwelt des Osiris, mit dem der Pharao eins wurde, um sich dann mit dem Sonnengott Rê zu vereinigen.*

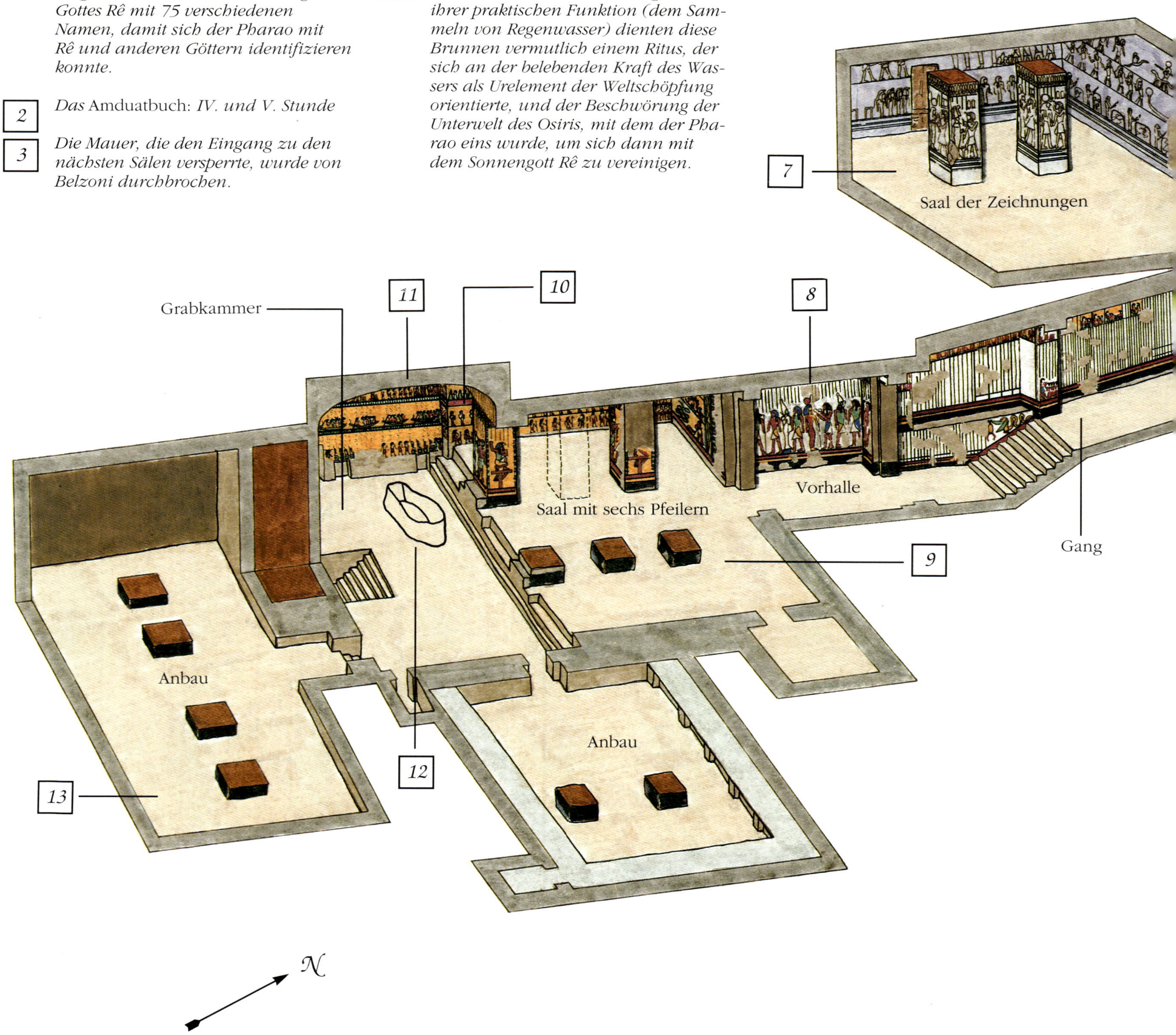

5 *Der erste Saal des Grabmals befindet sich am Ende des ersten Ganges. Die Decke wird von vier Pfeilern getragen; die Wände sind mit Reliefs geschmückt, die Darstellungen aus dem* Pfortenbuch *zeigen, und den König abbilden, der von Horus vor Osiris und Hathor geführt wird. Auf den Pfeilerseiten wird der Pharao von verschiedenen Gottheiten umarmt: Anubis, Harsiesis, Rê-Harachte, Schu, Selkis, Isis, Hathor, Atum, Nephthys, Neith und Ptah-Sokaris.*

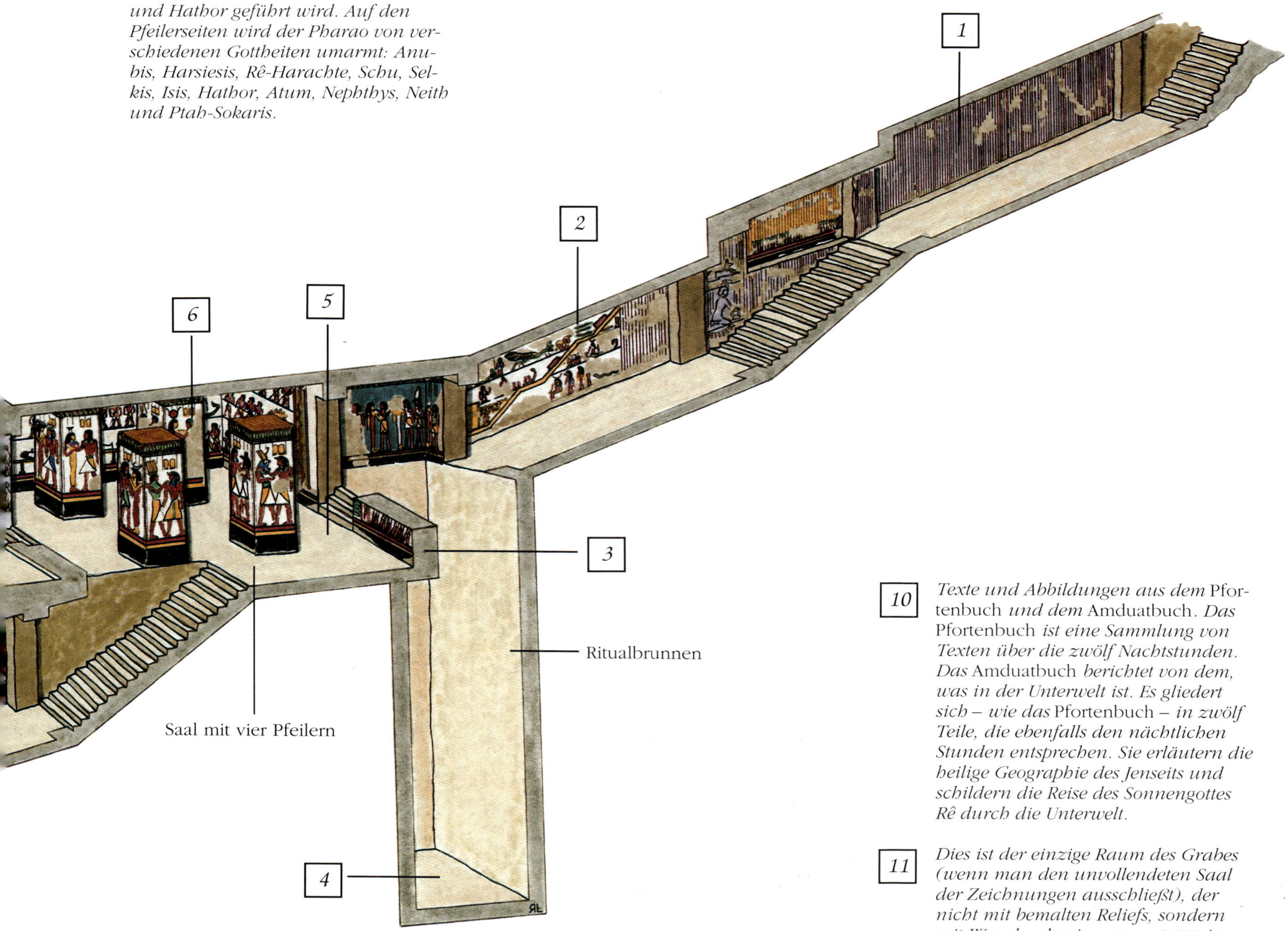

10 *Texte und Abbildungen aus dem* Pfortenbuch *und dem* Amduatbuch. *Das* Pfortenbuch *ist eine Sammlung von Texten über die zwölf Nachtstunden. Das* Amduatbuch *berichtet von dem, was in der Unterwelt ist. Es gliedert sich – wie das* Pfortenbuch *– in zwölf Teile, die ebenfalls den nächtlichen Stunden entsprechen. Sie erläutern die heilige Geographie des Jenseits und schildern die Reise des Sonnengottes Rê durch die Unterwelt.*

11 *Dies ist der einzige Raum des Grabes (wenn man den unvollendeten Saal der Zeichnungen ausschließt), der nicht mit bemalten Reliefs, sondern mit Wandmalereien ausgestattet ist. Die Wandbilder stellen in Tiersymbolen die wichtigsten Sternbilder dar, von denen einige identifizierbar sind, andere jedoch rätselhaft bleiben, da sich die Ägypter nicht auf das heute noch gebräuchliche babylonische System stützten. Diese Himmelsdarstellung genau über dem Sarkophag sollte der Seele des Königs ermöglichen, unter den unvergänglichen Sternen zu schweben.*

6 *Der Pharao im Angesicht der Götter*

7 *Die Ausstattung dieses Saales wurde nicht vollendet. An den Wänden sind keine Reliefs, sondern nur Skizzen und Zeichnungen zu sehen, die die IX., X. und XI. Stunde des* Amduatbuches *erläutern. Untersuchungen dieser Zeichnungen haben gezeigt, welche Technik die Künstler zur Ausschmückung des Raumes anwandten. Die Wände wurden durch dünn aufgetragenen Putz aus einem Sand-Gipsgemisch geglättet und dann mit flüssigem Gips geweißt. Die Künstler konnten danach die Zeichnungen mit schwarzer Kohle auftragen, die eventuell mit roter Farbe korrigiert wurden. Danach meißelten die Bildhauer die aufgezeichneten Figuren in die Wand. Die Figuren wurden dann noch bemalt.*

8 *Belzoni nannte diese Kammer, die zum Saal der sechs Pfeiler führte, wegen des vollkommenen Stils der Wandbilder* Saal der Schönheiten. *Die Abbildungen zeigen den Pharao im Angesicht verschiedener Gottheiten.*

9 *Dieser große Saal bildet den oberen Teil der Grabkammer. Die Decke wird von sechs Pfeilern getragen, auf denen Osiris, Harsiesis, Rê-Harachte, Anubis, Schu, Geb, Horus und Ptah-Sokaris dargestellt sind. Die Wände sind mit Darstellungen aus dem* Pfortenbuch *geschmückt. Der Saal hat zwei kleine Anbauten, die mit Texten aus dem* Pfortenbuch *und dem* Buch der Himmelskuh *bemalt sind. Bei dem* Buch der Himmelskuh *handelt es sich um eine Textsammlung aus der Amarna-Epoche. Es steht mit dem* Pfortenbuch *in enger Beziehung.*

12 *In der Grabkammer befand sich nur noch ein einziges Fundstück von Wert: ein wundervolle Alabastersarkophag, in den Texte aus dem* Pfortenbuch *gemeißelt waren. Dieser Sarkophag wurde nach England gebracht, wo der bekannte Antiquar und Sammler John Soane ihn kaufte und in seinem Londoner Privatmuseum aufstellte. Dort befindet sich der Sarkophag auch heute noch. Die Mumie Sethos' I. wurde 1881 von Maspero im berühmten „Versteck" von Deir el-Bahari entdeckt.*

13 *Anbau ohne Dekorationen, zum Teil eingestürzt*

190 *Abbildung aus dem* Pfortenbuch *in der Grabkammer von Ramses I., des ersten Pharaos der 19. Dynastie. Sein Grab ist eines der kleinsten im Tal der Könige. Aufgrund der kurzen Regierungszeit des Pharaos ist lediglich die Grabkammer bemalt.*

191 *In der Grabkammer Ramses' I. wird Osiris, der Herrscher des Jenseits, mit den für ihn typischen Attributen dargestellt: dem Zepter* 'heqa' *und der Geißel* 'nekhakha'. *Das einfache und relativ kleine Grab entspricht der kurzen Regierungszeit Ramses' I., die nur ein Jahr dauerte. Es liegt neben dem Grab von Sethos I., das 1817 von Giovanni Battista Belzoni entdeckt wurde.*

Dann kehrte an diesem heiligen Ort wieder Ruhe ein bis zur Ankunft des Jesuiten Claude Sicard, der zwischen 1708 und 1712 das alte Theben wiederfand und die Gräber im Tal der Könige entdeckte. Es folgten zahlreiche andere Reisende, von denen einige wichtige Forschungen betrieben und bedeutende Entdeckungen machten: Der Schotte James Bruce fand im Jahre 1769 das Grab von Ramses III.; die Forscher der napoleonischen Expedition zeichneten den ersten wissenschaftlichen Lageplan; Giovanni Battista Belzoni entdeckte 1817 das Grab von Sethos I., Vater von Ramses II.; der Franzose Victor Loret fand 1898 das Grab Amenophis' II. und im Jahre 1922 entdeckte der Engländer Howard Carter schließlich das berühmte Grab des Tut-anch-Amun.

Von den über sechzig bekannten Gräbern im Tal der Könige enthielten lediglich zwanzig den Leichnam eines Herrschers. Viele Gräber wurden von den Arbeitern schon während des Baus aufgegeben, da die Stelle im Felsen ungeeignet war, andere wiederum wurden für Mitglieder der königlichen Familie benutzt. An den Grabwänden sind weder Szenen aus dem täglichen Leben noch geschichtlich-biographische Episoden dargestellt, sondern ausschließlich die Welt des Jenseits und die beschwerliche Reise des Pharaos, der nach Überwindung zahlreicher Hindernisse in das Reich des Osiris eingeht. Die Abbildungen und Texte aus dem *Totenbuch,* dem *Amduatbuch,* dem *Pfortenbuch* und dem *Höhlenbuch* stellten die Zauberformeln dar, welche der Verstorbene zur Überwindung verschiedener Schwierigkeiten kennen mußte.

192 oben *Auf einem der Pilaster in der Grabkammer Thutmosis' III. wird der Pharao mit einem Zepter und einer Zeremonienkeule in den Händen dargestellt. Ihm folgen seine Gemahlinnen Merit-rê und Satioh sowie seine Töchter. Dieser Szene geht eine andere Darstellung voraus, auf der der Pharao von der Göttin Isis in Gestalt eines Sykomore-Baumes gestillt wird. Ein kurzer Text besagt: „Mencheperrê wird von seiner Mutter Isis gestillt." Auf einem alten Schriftstück ist überliefert, daß Thutmosis III., als er den Thron bestieg, den Namen des Königs Ober- und Unterägyptens, Mencheperrê, annahm.*

192 unten *Die Wände der Grabkammer von Thutmosis III. sind mit Texten aus dem* Amduatbuch *in kursiver Hieroglyphenschrift beschrieben. Das* Amduatbuch *(das Buch „über das, was es im Jenseits gibt"), welches in diesem Grab komplett dargestellt ist, gehört zu den umfangreichen Grabtexten und handelt von der heiligen Geographie der Unterwelt.*

192-193 *Der große rote Quarzitsarkophag thront in der Grabkammer Thutmosis' III. Keine Reliefs, sondern schlichte, mit wenigen und einfachen Farben ausgeführte Malereien, schmücken die Wände der Grabkammer. Die Texte stammen aus dem* Amduatbuch, *das von der Reise der Sonne im Jenseits handelt und in kursive Hieroglyphenschreibweise umgeschrieben wurde. Dadurch wird der Effekt erzeugt, als sei die Grabkammer von einer Papyrusrolle umgeben. Das Grab wurde von Victor Loret entdeckt, der das Amt des Direktors der Altertümerverwaltung Ägyptens von Gaston Maspero übernahm. Leider war das Grab bei seiner Öffnung leer und der Sarkophagdeckel zerbrochen. Die Mumie Thutmosis' III. war bereits 1881 im berühmten „Versteck" in Deir el-Bahari gefunden worden.*

194 unten *Die Ostwand der Grabkammer Ramses' VI. ist mit Texten aus* dem Buch der Erde *geschmückt, das von der Schöpfung der Sonnenscheibe erzählt. Das* Buch der Erde *ist eine Textsammlung, die die nächtliche Reise der Sonnengottheit durch das Jenseits schildert.*

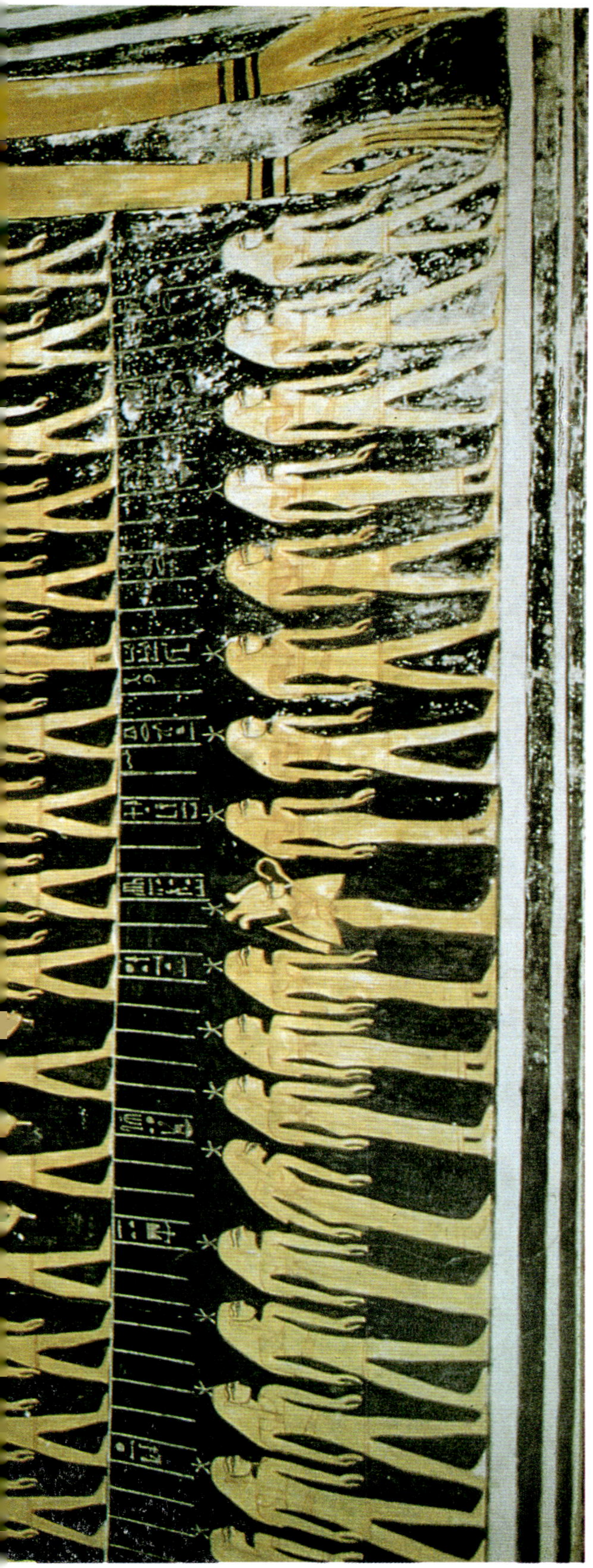

194-195 *An der Decke des Grabmals Ramses' VI. sind astronomische Darstellungen aus dem* Buch des Tages *und dem* Buch der Nacht *abgebildet. Die Göttin Nut, die Verkörperung des Himmelsgewölbes, ist zweimal dargestellt: einmal auf der rechten und einmal auf der linken Seite der bogenförmigen Decke, die das Himmelsgewölbe nachahmen soll. Sie verschluckt die Sonne am Abend und läßt sie am Morgen wieder auferstehen. Nut spielt hier also eine wiederbelebende Rolle: Sie ist nicht nur die „Herrin des Himmels", sondern hauptsächlich auch die „Mutter des Sonnengestirns". So wie der tote Pharao mit der Sonnengottheit verschmilzt, so teilt er auch deren Wiedergeburt durch Nut, die Schutzgöttin der Toten.*

195 oben *Die Wandbilder in der Grabkammer Ramses' VI. stellen das* Buch der Erde *dar. Die magisch-religiösen Texte schildern die nächtliche Reise des Sonnengottes Rê in der Unterwelt und seine Wiedergeburt. Rê ist hier mit einem Widderhaupt dargestellt.*

195 unten *Ausschnitt aus dem* Buch der Erde *auf der Nordwand der Grabkammer: Die Sonnenscheibe wird von der Göttin Nut aus den Tiefen der Unterwelt gehoben. Nut, die „Herrin des Himmels und der Sterne, Mutter der Sonne", regelt den Lauf der Gestirne und erweckt die Sonne täglich zum Leben, wodurch sie den Schöpfungsakt der Welt erneuert.*

Die Grabkammer des Tut-anch-Amun

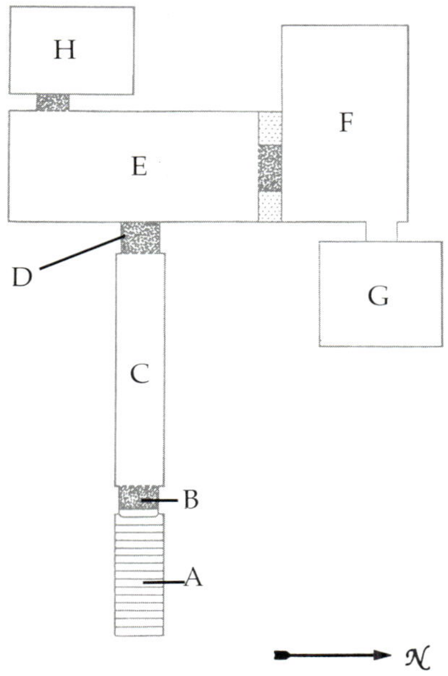

Das Grab Tut-anch-Amuns

- **A** Eingangstreppe
- **B** Erste Tür
- **C** Abfallender Gang
- **D** Zweite Tür
- **E** Vorkammer
- **F** Grabkammer
- **G** Schatzkammer
- **H** Seitenkammer

196 unten *Der dritte Sarkophag des Tut-anch-Amun aus purem Gold wiegt 110,4 Kilogramm und ist 187,5 Zentimeter lang. Er enthielt die Mumie des Königs, die von einer Körpermaske bedeckt war. Dieser Goldsarkophag lag wiederum in einem zweiten Sarkophag aus vergoldetem Holz, der seinerseits in einem vergoldeten Holzsarkophag enthalten war. Auf allen drei Sarkophagen ist der Pharao mit über der Brust gekreuzten Armen und den königlichen Attributen – dem Zepter und der Geißel – dargestellt. Die drei Sarkophage befanden sich in einem großen Quarzitsarkophag. (Ägyptisches Museum, Kairo)*

196-197 *Die Grabkammer Tut-anch-Amuns ist der einzige dekorierte Raum des Grabmals. Bei ihrer Entdekkung war sie mit vergoldeten Holzschreinen zugestellt. Im Lauf der Jahre wurde sie vollkommen ausgeräumt, und jetzt enthält sie nur noch den Quarzitsarkophag mit dem äußeren Sarkophag und der Mumie des Königs. Auf der Wand sind drei Darstellungen des Pharaos zu sehen: Rechts ist er als Osiris bei der von seinem Nachfolger Eje ausgeführten Zeremonie der „Mundöffnung“ dargestellt. Eje trägt das typische Katzenfell des Priesters. In der Mitte steht der Pharao in Kleidung der Lebenden im Angesicht der Göttin Nut, der Herrin des Himmels, und in der dritten Szene befindet er sich mit dem* 'nemès' *und gefolgt von seinem* 'ka' *vor Osiris, dem Totengott.*

Als die Grabkammer Tut-anch-Amuns nach der Räumung der Vorkammer am 17. Februar 1923 offiziell geöffnet wurde, waren beinahe drei Monate seit dem berühmten Abend des 26. November 1922 vergangen, an dem Carter, Lord Carnarvon, dessen Tochter Evelyn und Callender zum ersten Mal einen Blick auf das Innere der Grabkammer werfen konnten. Es hatte über 50 Tage gedauert, bis alle Gegenstände sachgemäß aus dem Vorraum entfernt worden waren.
Die Räumung der Grabkammer mit dem Sarkophag und den Holzsärgen dauerte wesentlich länger: Sie wurde erst acht Jahre nach ihrer Entdeckung – im November 1930 – abgeschlossen. Erst nachdem die Grabkammer leer war, war es möglich, die Wandmalereien der einzigen ausgeschmückten Kammer sorgfältig zu untersuchen. Ihre Wände hatten einen goldfarbenen Untergrund, so als ob die Alten Ägypter damit den Namen unterstreichen wollten, den sie der Grabkammer gegeben hatten: die *goldene Kammer*.
Die bemalte Oberfläche befand sich in gutem Zustand, obwohl sie von unzähligen kleinen runden Flecken fast völlig bedeckt war, die auf die Einwirkung von Mikroorganismen zurückzuführen waren. Die Dekoration war von einfachem und bescheidenem Stil: In der Mitte der Nordwand ist Tut-anch-Amun als Lebender dargestellt. Mit einem Zepter und einem Zeremonienstab steht er vor der Göttin Nut, der Herrin des Himmels, die dabei ist, den Ritus *njnj* zu vollziehen. Diese zentrale Szene wird von zwei anderen Darstellungen gesäumt: Rechts sieht man Tut-anch-Amun als Osiris in Gegenwart des Pharaos Eje, seines Nachfolgers, der im Gewand eines Priesters *setem* und im typischen Katzenfell den Ritus der „Mundöffnung“ vollzog, wodurch der Tote wiederbelebt wurde.

Links ist Tut-anch-Amun mit von einem *nemès* bedeckten Haupt und gefolgt von seinem *ka* im Angesicht des Totengottes Osiris dargestellt. An der angrenzenden Westwand sind Ausschnitte aus dem *Amduatbuch* abgebildet, das von der Reise in der Sonnenbarke durch die zwölf Nachtstunden handelt, die durch zwölf Götter in Paviangestalt dargestellt sind. Die Ostwand zeigt das Begräbnis Tut-anch-Amuns. Der königliche Sarkophag wurde auf einem Schlitten, den zwölf Personen zogen, transportiert. Zwei dieser Personen sind auf Grund ihres höheren sozialen Status anders gekleidet als die übrigen. Auf der Südwand ist Tut-anch-Amun in Begleitung von Anubis im Angesicht der Göttin Hathor dargestellt. In der Mitte des Raumes befindet sich heute nur noch der Quarzitsarkophag mit dem äußeren Sarkophag und der Mumie des Pharaos.

198 *Die Maske des Tut-anch-Amun aus purem Gold lag unmittelbar auf der Mumie des Königs, um sie symbolisch zu schützen. Das elf Kilogramm schwere Fundstück ist mit gefärbtem Glas und Halbedelsteinen (Türkis, Karneol, Lapislazuli) verziert. Der König ist traditionsgemäß mit dem Zeremonienbart, einer breiten zwölfreihigen Halskette aus Halbedelsteinen (Türkis, Lapislazuli, Karneol und Amazonenstein) und der Kopfbedeckung 'nemès' dargestellt, deren Goldbänder von Streifen blauer Glaspaste unterbrochen werden. Auf der Stirn befindet sich außer dem Geierkopf auch eine aufgerichtete Uräusschlange, beides Symbole der Schutzgötter Unter- und Oberägyptens: Uto und Nechbet. (Ägyptisches Museum, Kairo)*

199 *Der dritte Sarkophag aus purem Gold, der die Mumie Tut-anch-Amuns enthielt, war zum Zeitpunkt der Entdeckung von einer verhärteten Pechschicht überzogen, die mit größter Vorsicht entfernt werden mußte. Die Untersuchungen der Mumie ergaben, daß der Pharao im Alter von etwa 18 Jahren gestorben war und nur 163 Zentimeter groß war.*

200-201 *Tut-anch-Amun, dessen Geburtsname Tut-anch-Aton war, ist der Sohn des „Ketzerkönigs" Amenophis IV. (Echnaton) und der Königin Kiya. Bereits in jungen Jahren heiratete er seine Halbschwester Anchesenamun, Tochter des Amenophis IV. und der Nofretete. Tut-anch-Amun („der das Abbild Amuns liebt") bestieg im Jahre 1347 v. Chr. den Thron und nahm den Thronnamen Nebcheperurê an. Er starb im Alter von etwa 18 Jahren. Tut-anch-Amuns Nachfolger wurde Eje. Danach bestieg Harembab den Thron. Mit ihm endet die 18. Dynastie.*

__202__ Das ist eine der beiden lebensgroßen Statuen, die vor dem Eingang der Grabkammer an der Nordwand des Vorraums postiert worden waren, um den Pharao während seines ewigen Schlafes zu schützen.
Die beiden Statuen, die sich nur durch die Kopfbedeckung unterscheiden, sind aus bituminiertem Holz; einige Teile sind vergoldet. Sie stellen den Pharao bzw. sein 'ka' gehend dar. In den Händen hält er eine Keule und einen langen Stab.
Auf seinem dreieckigen vergoldeten Rock erläutert eine Inschrift, daß es sich um das „königliche 'ka' des Harachte, des Osiris Nebcheperurê, dem Herrn der zwei Länder" handelt. Im unteren Teil einer der beiden Statuen befand sich eine von einer Gipsschicht versteckte Aushöhlung, die vermutlich Papyri mit magisch-religiösen Texten enthielt, die aber bereits Grabräubern in die Hände gefallen waren. (Ägyptisches Museum, Kairo)

203 *Eine der* 'uschebti' *Tut-anch-Amuns aus bemaltem Holz ist mit der Geißel* 'nekhakha' *und einer Textstelle aus dem 6. Kapitel des* Totenbuches *dargestellt. Der Text erläutert die Funktion dieser mumiengestaltigen Figuren aus Holz, Ton, Fayence oder Metall, die oft zu Hunderten in einem Grab gefunden wurden. Die* 'uschebti' *(„diejenigen, die antworten") sollten im Jenseits die Arbeit des Verstorbenen verrichten, wenn dieser sie mit einer Zauberformel herbeirief. Vor allem im Neuen Reich betrachtete man die* 'uschebti' *als Sklaven. Sie wurden deshalb auch* 'shauabti' *(„Diener") genannt. Im Grabmal Tut-anch-Amuns wurden im Anbau und in der Schatzkammer 413 Statuetten gefunden. (Ägyptisches Museum, Kairo)*

204 Der hölzerne Thronsessel Tutanch-Amuns war vollkommen vergoldet und mit Halbedelsteinen sowie gefärbtem Glas verziert. Die Königin Anchesenamun, deren Haupt mit zwei hohen Federn und der Sonnenscheibe geschmückt ist, steht vor dem Pharao, der auf dem Thron sitzt. Eine Hand der Königin liegt auf der Schulter des Pharaos, in der anderen Hand hält sie ein Gefäß mit Duftöl. Die Strahlen des Sonnengottes Aton erleuchten das Königspaar und verleihen ihm Lebensenergie. Dieser phantastische Fund zeigt den starken Einfluß, den die Amarna-Epoche auf die Kunst hatte. Der Thron wurde in der Vorkammer gefunden. (Ägyptisches Museum, Kairo)

205 Diese vergoldete Holzstatuette stellt die Göttin Selkis dar. Sie ist eine der vier Schutzgöttinnen des Kanopenschreins und hat die Aufgabe über die Eingeweide des Königs zu wachen. Die Göttin trägt eine lange Tunika, und ihr Kopf ist von einer 'khayt' (Kopftuch) bedeckt, über der ein Skorpion zu sehen ist. In der Darstellung ihres Körpers und Gesichts wird der Einfluß der Amarna-Kunst deutlich. (Ägyptisches Museum, Kairo)

455

206 Die Göttin Isis breitet über eine der Wände der vergoldeten Kanopenschreine, die in der Schatzkammer standen, schützend ihre Arme aus. Der zwei Meter hohe Schrein enthielt eine etwas kleinere Holzkiste, in der sich ein Kästchen mit Kalzitkanopen befand. Die anderen Schutzgötter der Kanopen (Nephthys, Selkis und Neith) wachten über die übrigen Wände, wobei jede einer Himmelsrichtung zugeordet war. Die vier Kanopenschreine enthielten jeweils einen Miniatursarkophag mit den Eingeweiden des Pharaos. (Ägyptisches Museum, Kairo)

207 Der kleine 'naos' (Schrein) aus vergoldetem Holz stand auf einem versilberten Holzschlitten in der Vorkammer. Er enthielt ursprünglich eine Goldstatuette des Pharaos, die aber vermutlich Grabräubern in die Hände gefallen ist. Die Wände des 'naos' sind mit formvollendeten Darstellungen verziert, die Jagd- und Alltagsszenen wiedergeben, auf denen sowohl der König als auch seine Gemahlin Anchesenamun abgebildet sind. (Ägyptisches Museum, Kairo)

208 Ein in der Schatzkammer gefundenes Schmuckkästchen enthielt unter anderem auch wundervolle Pektoralien. Das obere stellt die Göttin Nechbet in Geiergestalt mit zwei 'shenu'-*Symbolen (mächtige Schutzamulette) zwischen den Klauen dar; das untere zeigt einen geflügelten Skarabäus als Sonnengottheit, während sie die aufgehende Sonnenscheibe ⊙ vor sich her schiebt. Der Skarabäus* 'chepre' *steht auf dem Hieroglyphenzeichen* III., *das einen Plural ausdrückt* ('chepru'), *und auf dem Symbol* 'neb' ◡; *das ergibt den Thronnamen Tut-anch-Amuns: Nebcheperurê. (Ägyptisches Museum, Kairo)*

209 Dieses wertvolle goldene Duftölgefäß in Form einer doppelten Kartusche, ist mit langen Federn und der Sonnenscheibe verziert. Auf jeder Seite ist der König in einem anderen Lebensabschnitt (als junger Prinz, Erwachsener, bestatteter König und bei seiner Wiedergeburt) auf dem Symbol 'neb' *und unter der Sonnenscheibe sitzend abgebildet. Die Farbabfolge in der Darstellung des Königs (orange, rot, nachtblau und nochmals orange) scheint sich auf den Sonnenzyklus zu beziehen: Es wäre dann ein symbolisches Bildspiel, das stets das Wort* 'chepre' *anzeigt und den Thronnamen des Pharaos, Nebcheperurê, ergibt.*

__210-211__ Diese Halskette mit Pektorale aus Gold und Edelsteinen gehörte sowohl zum Schmuck des Königs als auch der Götter. Sie besteht aus zwei rechteckigen Streifen aus Glasperlen, die Vogelfedern darstellen sollten und mit zwei Paar Trägern an der Kette angebracht sind. Zwischen der Brusttafel und dem Halsband ist eine Szene dargestellt, in der der Pharao vom Gott Atum und der Göttin Iusas vor das Angesicht des Gottes Amun-Rê geführt wird, der ihm die Rute, das Jubiläumszeichen und das Henkelkreuz 'anch' *übergibt, das den Lebenshauch symbolisiert.*
Hinten ist das Halsband von einem geflügelten Skarabäus unterbrochen, der die Sonnenscheibe stützt. Neben ihm befinden sich die Göttinnen Nechbet und Uto in Kobragestalt. (Ägyptisches Museum, Kairo)

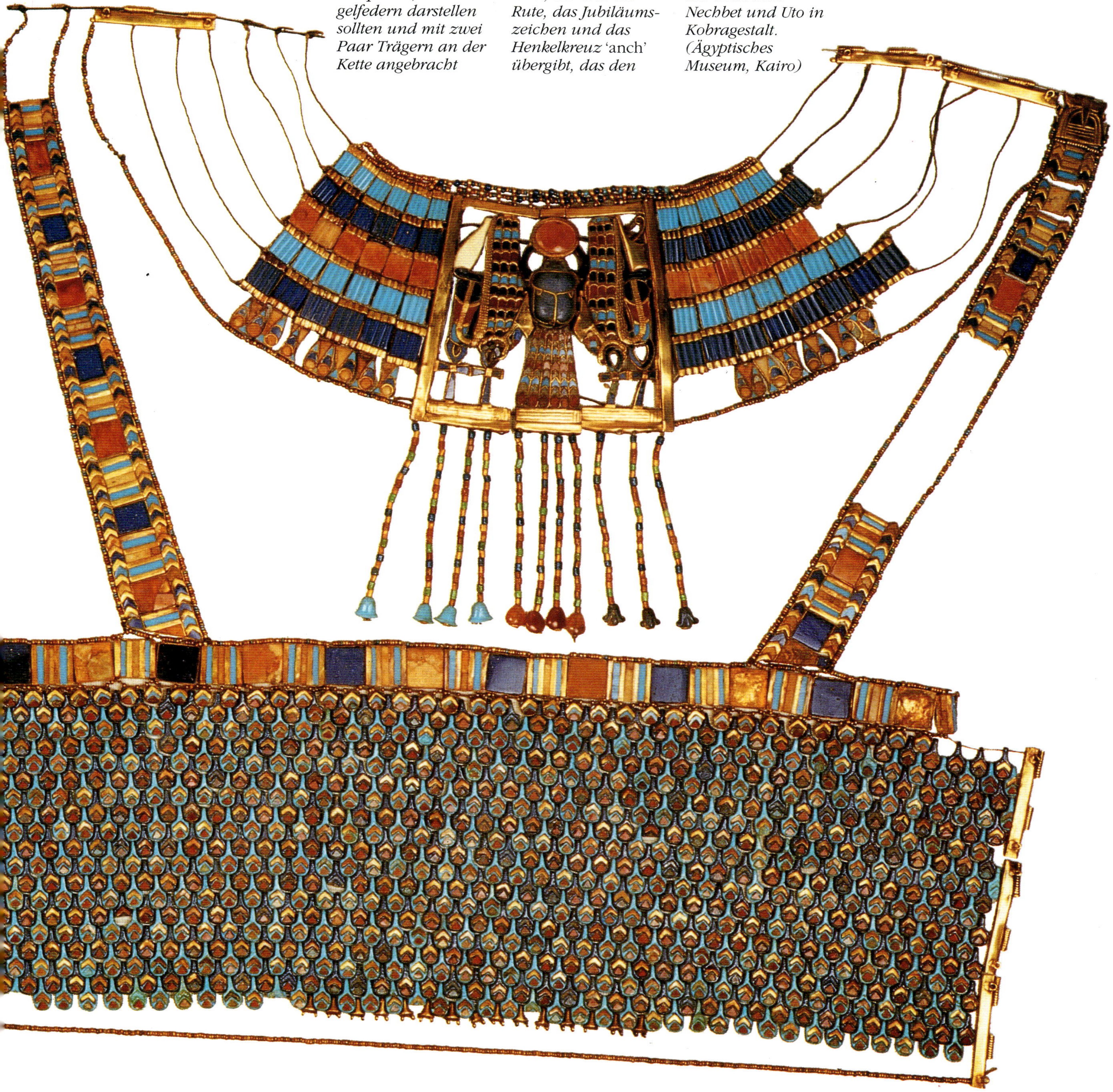

212 *Diese Abbildung zeigt das Goldamulett, das um den Hals der Mumie des Tut-anch-Amun gefunden wurde. Das Amulett stellt eine geflügelte Uräusschlange (die heilige Kobra, Beschützerin des Königtums) mit einem weiblichen Kopf dar. Die Mumie des Pharaos war mit über hundert Schmuckstücken behängt, die nicht nur der Zierde, sondern vor allem auch dem Schutz des Verstorbenen dienen sollten. (Ägyptisches Museum, Kairo)*

213 *Dieser große goldene Fächer stellt den Pharao auf seinem Kampfwagen bei der Straußenjagd dar. Der Text auf der Rückseite erläutert, daß die Straußenfedern des Fächers von einer solchen Jagd des Pharaos „in der Wüste östlich von Heliopolis“ stammen.*

Das Tal der Königinnen

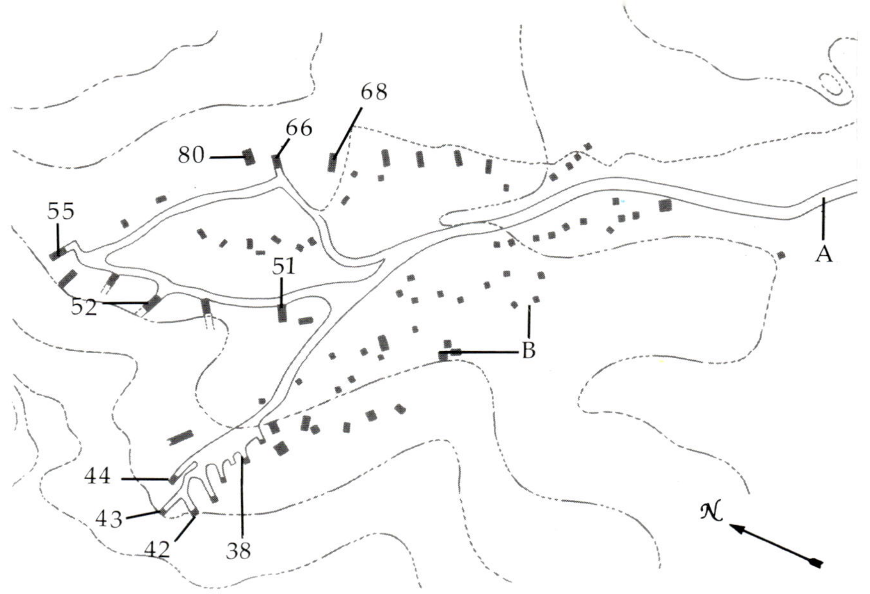

DAS TAL DER KÖNIGINNEN

A Hauptwadi
B Brunnen der 18. Dynastie
38 Grab von Set-ra
42 Grab von Par-her-umenef
43 Grab von Set-her-chopeschef
44 Grab von Cha-em-wêset
51 Grab von Isi
52 Grab von Titi
55 Grab von Amun-(her)-chopeschef
66 Grab von Nofretiri
68 Grab von Meritamun
80 Grab von Tuya

Bibân el-Hârim, das Tal der Königinnen, liegt am südlichen Ende der riesigen Nekropole von Theben. Es umfaßt mehr als siebzig Gräber, von denen einzelne aus der 17. Dynastie datieren.
Die meisten Gräber wurden jedoch während der Ramessidenzeit (19./20. Dynastie) angelegt und dienten als letzte Ruhestätte für Prinzen und Königinnen.
Die Darstellungen und Inschriften in den Gräbern sind überwiegend ohne Reliefs und wurden auf die mit einer Lehmschicht beworfenen Kalkwände gemalt. Als Motiv dienten vornehmlich Kultszenen, insbesondere Darstellungen aus der Unterwelt. Das beeindruckendste Grab im Tal der Königinnen ist das der Nofretiri (siehe Seite 216), der zweiten Hauptgemahlin Ramses' II.

214 oben *Das Tal der Königinnen liegt am südlichen Ende der Nekropole von Theben und umfaßt mehr als siebzig Gräber überwiegend aus der 19. und 20. Dynastie. Die Alten Ägypter nannten diesen Ort* Ta set neferu, *„Ort der Königssöhne", denn neben den Königinnen wurden hier auch Prinzen bestattet.*

214 unten *Das Grab des Prinzen Amun-(her)-chopeschef, Sohn Ramses' III., wurde 1904 von einer archäologischen Expedition unter der Leitung von Ernesto Schiaparelli entdeckt. Die wundervollen polychromen Reliefs dieses Grabes befanden sich in einem hervorragendem Zustand. Das Grab gilt nach dem der Nofretiri, als das schönste der Nekropole.*

215 *Prinz Cha-em-wêset, ein Sohn Ramses' III., der im Tal der Königinnen bestattet wurde. Das Grab wurde von Ernesto Schiaparelli entdeckt. Der Prinz trägt die typische Frisur der Jugendlichen seines Alters: Die Haare auf dem sonst glattrasierten Kopf wurden in einem Seitenzopf von einer Spange zusammengehalten.*

Das Grab der Nofretiri

Das Grab der Nofretiri liegt im Tal der Königinnen. Es wurde 1904 von Ernesto Schiaparelli entdeckt und gilt als das schönste Grabmal im *Bibân el-Hârim* (Tal der Königinnen).
Das Grab wurde in den 50er Jahren geschlossen, denn ein Bergrutsch hatte die aufgesetzten Lehmschichten der Wände zum Abblättern gebracht und Salz blühte aus, so daß die Bilder zum Teil auf den Boden gefallen und zerschlagen waren. Erst ab 1986 versuchten die *Egyptian Antiquities Organization* und das *Getty Conservation Institute* die einzigartigen ramessidischen Malereien zu retten.
Im Februar 1988 begann man, auf Grund von gründlichen Voruntersuchungen einer internationalen Forschergruppe, endlich mit den Restaurationsarbeiten. Zuerst stärkte man den Putz, dann wurden die Malereifragmente, die sich von den Wänden gelöst hatten, wieder angeklebt, und schließlich enfernte man die früheren, schlecht ausgeführten Ausbesserungen und ersetzte die fehlerhaften Stellen durch einen Mörtel, der dem, den man zu pharaonischer Zeit benutzt hatte, ähnlich war.
Im April 1992 wurde die Grabrestauration abgeschlossen, aber zum dauerhaften Schutz der empfindlichen Malereien, entschieden die ägyptischen Behörden, das Grabmal nicht mehr für die Öffentlichkeit zugänglich zu machen.
Nofretiri Meri-en-mut („die von Mut geliebte Schönste") heiratete den bedeutenden Pharao Ramses II. vermutlich noch bevor dieser den Thron bestieg. Sie war eine Hauptgemahlin Ramses' II. und nahm damit eine besondere Stellung ein, was zum Beispiel durch die Tatsache bestätigt wird, daß sie Ramses II. auf wichtigen Reisen begleitete, wie zum Beispiel auf einer Reise nach Nubien anläßlich der Einweihung des kleinen Tempels von Abu Simbel, welcher

216 *Im Vestibül ihres Grabmals wird die Königin Nofretiri von der Göttin Isis vor das Angesicht des Gottes Chepre (mit Skarabäuskopf) geführt. Das Grab der Nofretiri wurde 1904 von einer Expedition unter der Leitung von Ernesto Schiaparelli entdeckt.*

Es wurden langwierige Restaurationsarbeiten durchgeführt, die vom Getty Conservation Institute *und der* Egyptian Antiquities Organization *ausgeführt wurden. Heute befinden sich die Grabgemälde in einem hervorragendem Zustand.*

216-217 *Im Vestibül zur Vorkammer ihres Grabmals wird Nofretiri von den Schutzgöttern des Totenkultes, Selkis (links) und Neith (rechts), empfangen und von der Göttin Isis und vom Gott Harsiesis (Bezeichnung für Horus, Sohn der Göttin Isis) vor die großen Sonnengottheiten geführt: Links stellt Isis die Königin dem skarabäusköpfigen Gott Chepre vor, der den Sonnenaufgang symbolisiert. Rechts führt Harsiesis Nofretiri vor das Angesicht des Rê-Harachte, des Sonnengottes und Herrschers des Horizonts, der wiederum von Hathor-Imentet, einer mit der Unterwelt und dem Totenkult verbundenen Gestalt der Hathor, beschützt wird. Die kurzen Begleittexte geben die Worte der Götter beim Empfang der Nofretiri wieder: Sie versprechen ihr „Ewigkeit", die „Gestalt des Rê im Himmel" sowie „ewiges Leben, Durchhaltevermögen und Kraft".*

218 oben *Der Stier, die sieben Himmelskühe und die vier Deichselsterne sind auf der Südwand des ersten Ost-Anbaus abgebildet. Sie beziehen sich auf das Kapitel 148 des* Totenbuches *mit der Überschrift: „Formel zur Vorratsbeschaffung eines Geistes im Totenreich".*

218 unten *Nofretiri trägt Thot, dem göttlichen Schreiber mit magischen Kräften, Formeln aus dem 94. Kapitel des* Totenbuches *vor, um die Schreiberpalette zu erhalten.*

219 *Die Ostwand der Treppe, die zur Grabkammer führt, zeigt Nofretiri, die zwei Zeremoniengefäße auf den Opfertisch vor das Abbild der Göttin Hathor stellt.*

der Göttin Hathor und Nofretiri selbst geweiht wurde. Auf der Fassade des Tempels ist die Königin in der gleichen Größe wie der Pharao dargestellt – eine ganz außergewöhnliche Tatsache, wenn man bedenkt, daß die Gemahlin dem Pharao auf bisher üblichen Darstellungen nur bis ans Knie reichte.

Die Herkunft Nofretiris bleibt unklar: Einiges deutet darauf hin, daß ihre Familie aus dem thebanischen Gebiet stammt und daß sie selbst mit dem Pharao Eje (18. Dynastie) verwandt, vielleicht sogar dessen Tochter war. Obwohl Nofretiri mit Ramses II. fünf oder sechs Kinder hatte, bestieg keiner von ihnen den Thron: Den Thronfolger – Prinz Merenptah – schenkte ihm eine andere Gemahlin, die Königin Isis-Nofret. Ihr Grabmal ist bis heute nicht gefunden worden.

Nofretiri, „die von Mut geliebte Schönste“

Ernesto Schiaparelli, Direktor des Ägyptischen Museums in Turin, entdeckte bei Ausgrabungsarbeiten im Tal der Königinnen im Herbst 1904 das Grab der berühmtesten Herrscherin Ägyptens: Nofretiri, Gemahlin Ramses' II. Das Grab, welches vollkommen ausgeplündert war, unterschied sich deutlich von allen anderen: Seine Wandbilder, die eine Fläche von über fünfhundert Quadratmetern bedecken, sind von solch atemberaubender Schönheit und Vollkommenheit, wie man sie in ganz Ägypten kein zweites Mal findet. Auf Grund von Wasser- und Salzinfiltrationen fand man sie allerdings in sehr schlechtem Zustand vor. Schiaparelli führte deshalb eine erste provisorische Restaurierung durch. Die Situation verschlechterte sich in den folgenden Jahren derart, daß das Grab ab 1987 für eine komplette Restaurierung geschlossen wurde. Dank der Mittel und des Einsatzes des Getty Conservation Institute *aus Los Angeles und der* Egyptian Antiquities Organization *konnten die Restaurierungsarbeiten 1992 erfolgreich abgeschlossen werden. Die verantwortlichen Behörden haben allerdings entschieden, das Grab endgültig für Besucher zu schließen, damit dieses Kunstwerk auch noch kommenden Generationen erhalten bleibt.*

1 *Nofretiri im Angesicht der Götter Osiris und Anubis*

2 *Fries mit Uräusschlangen und Straußenfedern. In der Mitte ist ein Geist dargestellt, der die Hände über zwei Fruchtbarkeitssymbole hält.*

3 *Die Göttin Neith, deren Name auf dem Symbol, das sie auf dem Kopf trägt, geschrieben steht.*

4 *Die „sieben heiligen Kühe“, die in Kapitel 148 des* Totenbuches *beschwört werden.*

5 *Nofretiri opfert dem Gott Osiris, Herr des Jenseits, und Atum, dem Schöpfergott aus Heliopolis, der für eine der Erscheinungsformen des Gottes Rê gehalten wurde.*

6 *Der erste östliche Seitenanbau symbolisiert den Triumpf der Königin im Jenseits, der in den Kapiteln 94 und 148 des* Totenbuches *illustriert wird.*

7 *Nofretiri reicht Hathor und Selkis Zeremoniengefäße mit Opfergaben, während die Göttin Maat ihre Flügel beschützend ausbreitet.*

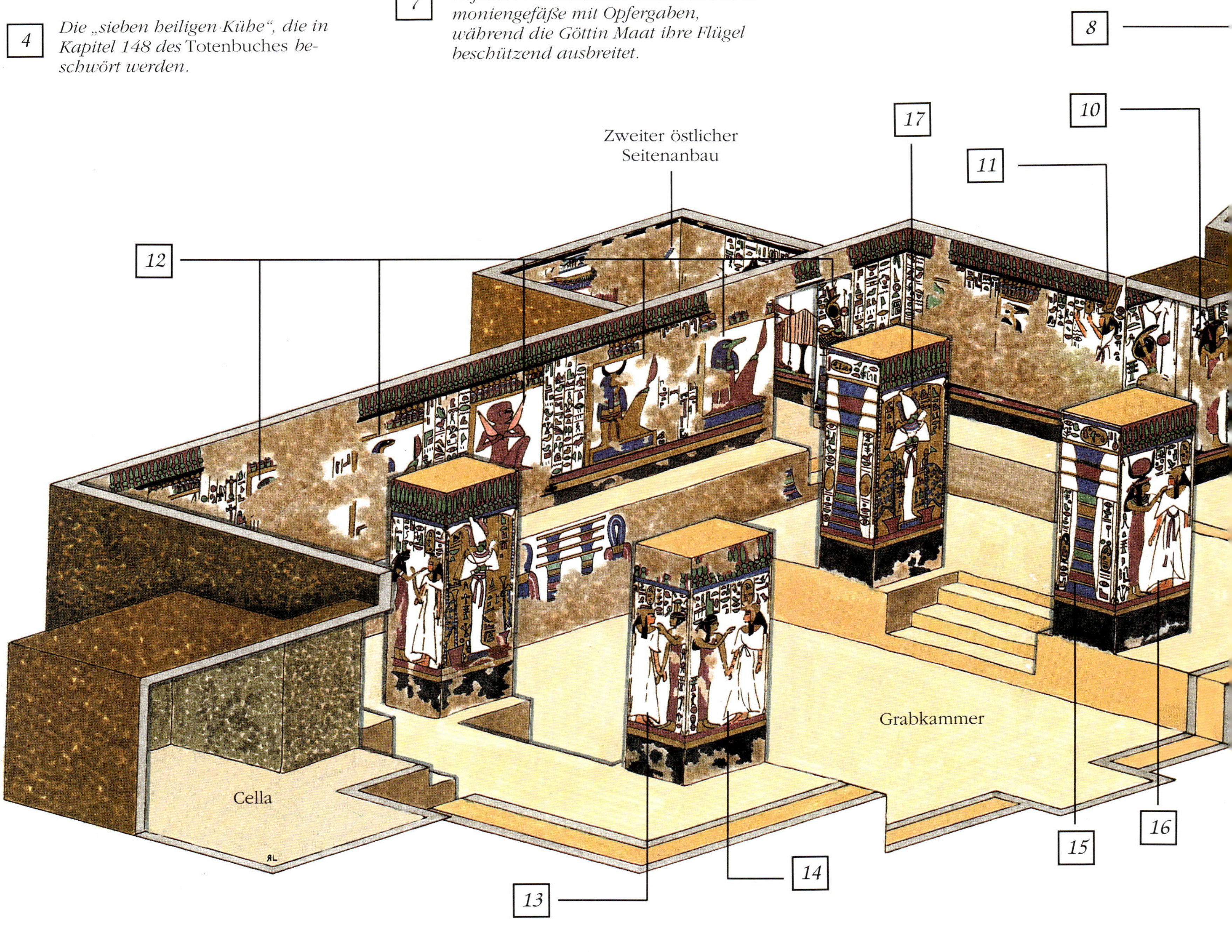

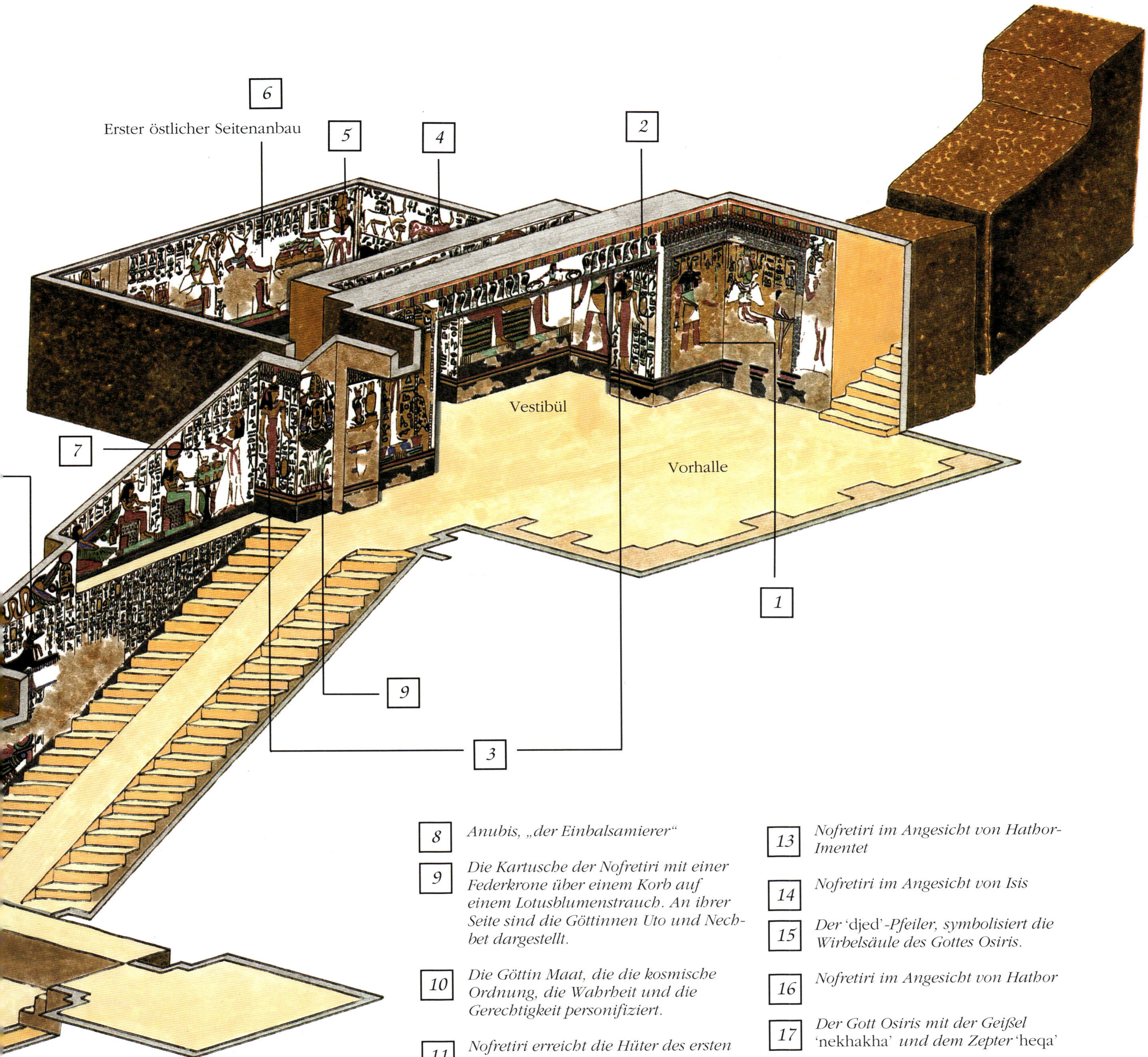

8	*Anubis, „der Einbalsamierer“*
9	*Die Kartusche der Nofretiri mit einer Federkrone über einem Korb auf einem Lotusblumenstrauch. An ihrer Seite sind die Göttinnen Uto und Nechbet dargestellt.*
10	*Die Göttin Maat, die die kosmische Ordnung, die Wahrheit und die Gerechtigkeit personifiziert.*
11	*Nofretiri erreicht die Hüter des ersten und zweiten Tores im Reich des Osiris durch die Texte aus dem 146. Kapitel des* Totenbuches.
12	*Die Hüter des dritten, vierten, fünften, sechsten und siebten Tores im Reich des Osiris mit Darstellungen aus Kapitel 146 des* Totenbuches.
13	*Nofretiri im Angesicht von Hathor-Imentet*
14	*Nofretiri im Angesicht von Isis*
15	*Der* 'djed'*-Pfeiler, symbolisiert die Wirbelsäule des Gottes Osiris.*
16	*Nofretiri im Angesicht von Hathor*
17	*Der Gott Osiris mit der Geißel* 'nekhakha' *und dem Zepter* 'heqa'

Die Westseite des Grabmals

1 *Das gesamte Grabmal ist als eine rituelle Reise entworfen, welche die Seele der Königin bei ihrem Abstieg in das Jenseits unternehmen mußte. Dort wandelte sie sich und stieg nach einer langen Umherfahrt, nun mit Osiris gleichgesetzt, in das Reich des Sonnengottes Rê empor. Die Treppe symbolisierte die letzte Etappe in diesem Prozeß.*

2 *Ein* 'djed' *-Pfeiler, der das Auferstehungsmark enthält, symbolisiert die Wirbelsäule Osiris', des Gottes des Jenseits. Aus dem Pfeiler ragen zwei Arme heraus, die die charakteristischen Götterattribute in den Händen halten: die Geißel* 'nekhakha' *und das Zepter* 'heqa'.

3 *An den Wänden sind in vertikalen Säulen Texte und Bilder aus dem 17. Kapitel des* Totenbuches *wiedergegeben. Die magischen Formeln dienen der Wiederbelebung der Seele der Königin.*

4 *Doppeltreppe mit Mittelrampe für den Transport des Sarkophags*

5 *Der abfallende Gang symbolisiert den Abstieg der Königin in die Unterwelt.*

6 *Nofretiri im Angesicht der Göttin Isis, die ihr ein Henkelkreuz* 'anch' *als Symbol ewigen Lebens überreicht.*

7 *In der Grabkammer stehen vier Pfeiler. Auf den Wänden der Westseite findet man Darstellungen aus dem 144. Kapitel des* Totenbuches. *Sie symbolisieren die Unterwelt des Gottes Osiris, wo die „Entstehung“ der Königin stattfand, die ihrer symbolischen Wiedergeburt vorausging.*

8 *Nofretiri im Angesicht des Gottes Anubis*

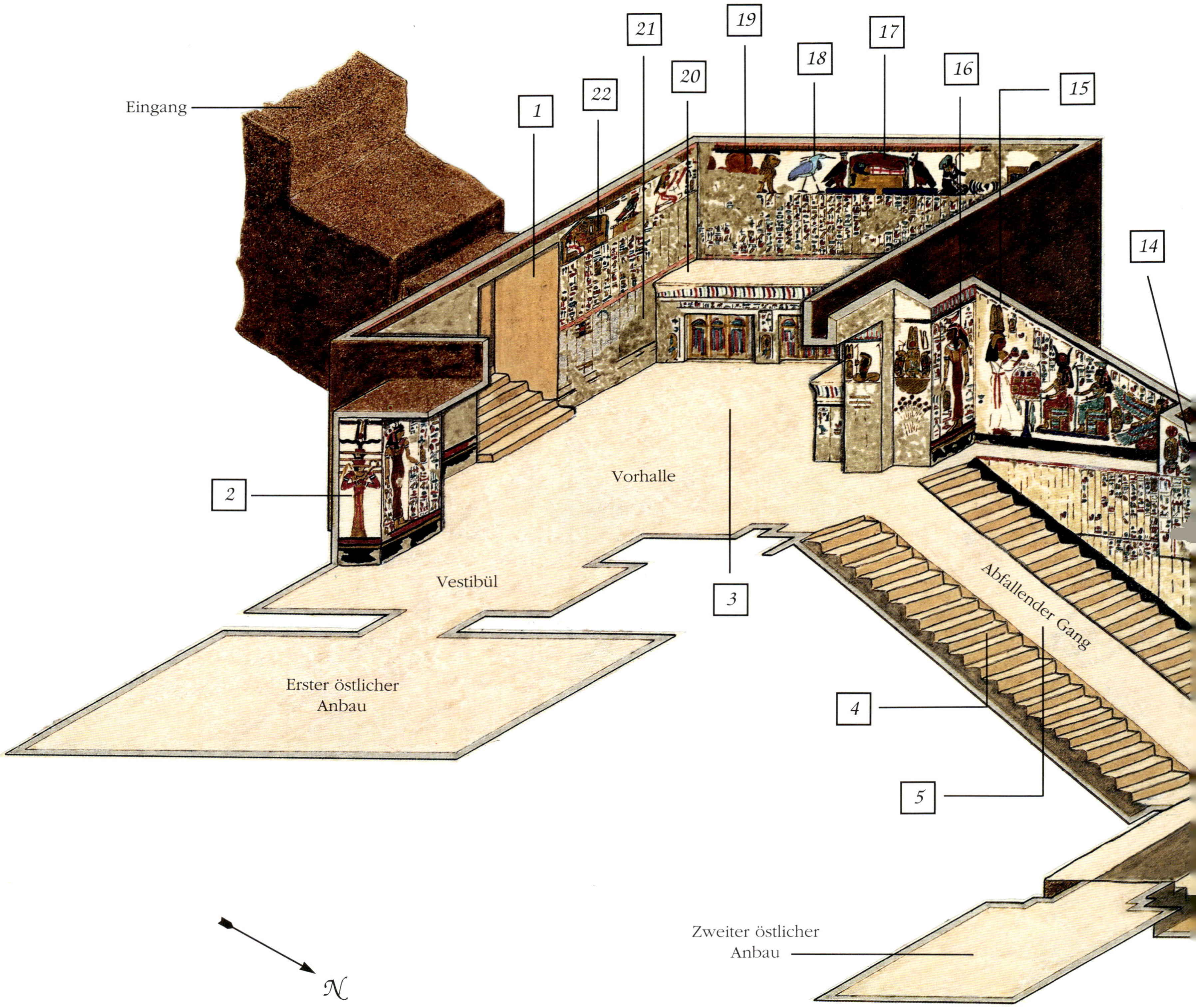

9 *Nofretiri vor der Göttin Isis*

10 *Gott Osiris, Herr des Jenseits*

11 *Der Fries* 'khekheru', *symbolisiert einen Bund Pflanzenstengel.*

12 *Die drei Genien vor der zweiten Tür im Reich des Osiris aus Kapitel 144 des* Totenbuches: *Un-hat-sen, Qed-her und Imsus. Die Genien hatten jeweils eine spezielle Funktion: „der Voranstehende", „der Wächter" und „der Verkünder". Sie zeigen ein bedrohliches Verhalten und halten Messer in den Händen; nur „der Verkünder" trägt stattdessen einen Zweig.*

13 *Nofretiri wendet sich mit den passenden Formeln an die drei Genien, die das erste Tor des Osiris-Reiches in den Feldern des Iaru bewachen. Der Verstorbene mußte viele Türen und Tore passieren, um letztendlich in das Reich des Osiris einzugehen. Dabei halfen ihm die Formeln aus den Kapiteln 144 und 146 des* Totenbuches.

14 *Anubis, der Einbalsamierer, heißt Nofretiri im Reich der Toten willkommen.*

15 *Vor einem reichen Opfertisch reicht Königin Nofretiri den Göttinnen Isis und Nephthys zwei Zeremonienkrüge* 'nu', *die mit Wein gefüllt sind. Hinter ihnen steht die Göttin Maat, die ihre Flügel schützend über sie ausbreitet.*

16 *Der Skorpion – Symbol der Selkis – schmückt den Kopf der Göttin.*

17 *Isis und Nephthys, zwei Gottheiten in Falkengestalt, beschützen die Mumie der Königin.*

18 *Der Vogel* 'benu', *ein aschgrauer Reiher, steht für die Seele des Sonnengottes Rê.*

19 *Zwei Löwen, die neben dem Symbol des Horizonts* 'akhet' *stehen, verkörpern den Schöpfergott Atum, Vater des Gottes Schu und der Göttin Tefnut, die auch beide als Löwen dargestellt werden.*

20 *Konsole mit einem ägyptischen Rahmen, der wahrscheinlich zur Totenausstattung bestimmt war.*

21 *Spuren der ursprünglichen Dekoration aus* 'djed'*-Pfeilern und* 'tit'*-Knoten.*

22 *Die Königin spielt* 'senet' *(Vorläufer des heutigen Schachspieles).*

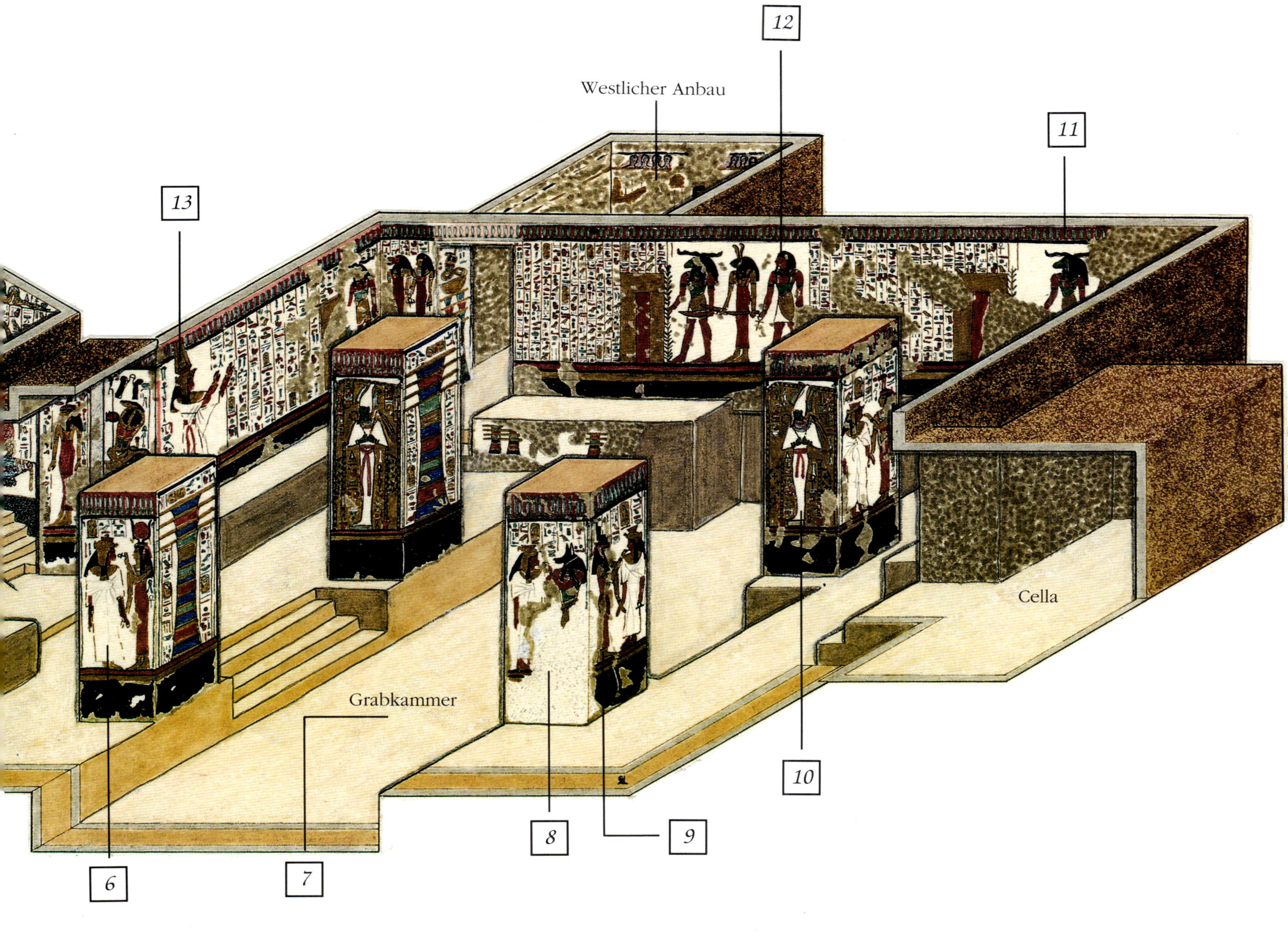

226-227 *Diese Gesamtansicht zeigt die Privatgräber und das Tal von Deir el-Bahari, das vom Hatschepsut-Tempel beherrscht wird. Neben dem Tempel liegt das „Versteck", in dem Priester die Mumien bedeutender Pharaonen verborgen hatten, um sie vor Grabräubern zu schützen. Die Privatgräber liegen in verschiedenen Nekropolen von Nord nach Süd: Antef, Dra Abu el-Naga, el-Khokha, Asasif, Sheikh Abd el-Qurna, Qurnet Murai und Deir el-Medina. Es sind über fünfhundert Gräber bekannt, aber nur fünfzehn sind für Besucher geöffnet. Die meisten Privatgräber sind dekoriert, aber im Gegensatz zu den Königsgräbern, deren Wandbilder ausschließlich an religiösen Texten wie dem* Totenbuch *oder dem* Pfortenbuch *orientiert sind, stellen die Wandbilder der Privatgräber Szenen aus dem Alltagsleben und der Totenbestattung dar. Die Gräber bestanden aus einem Vorhof, einer Kapelle, und einer Grabkammer, die mit der Kapelle durch einen langen, tiefen Graben verbunden war.*

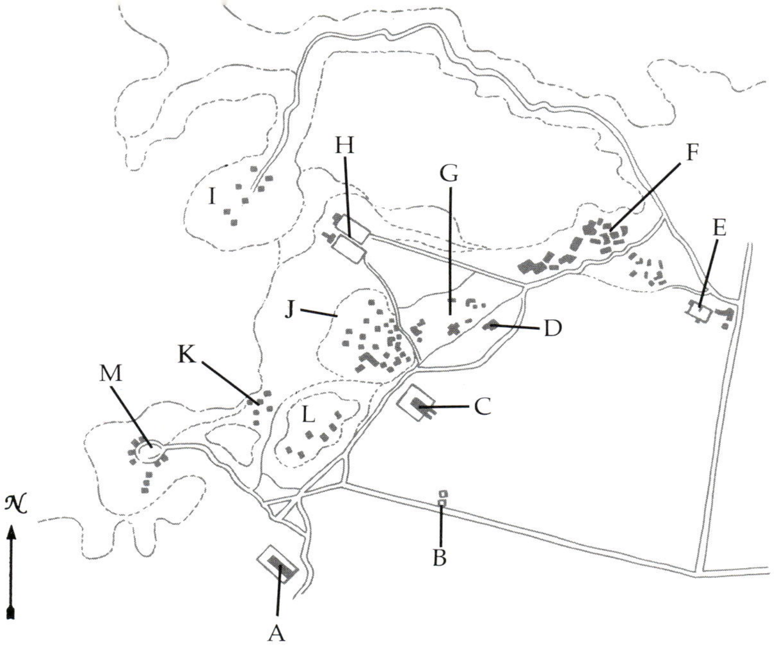

Die privaten Nekropolen

Die Privatgräber sind über verschiedene Nekropolen zwischen dem Tal der Königinnen und dem Tal der Könige verstreut: Qurnet Murai, Sheikh Abd el-Qurna, Dra Abu el-Naga, Asasif und el-Khokha. Diese Nekropolen zählen insgesamt über 500 Gräber, die zum größten Teil aus dem Neuen Reich stammen; davon sind zur Zeit aber nur etwa 15 für die Öffentlichkeit zugänglich.
Das Besondere in der Ausschmükkung der Privatgräber besteht darin, daß keine mythologischen Szenen dargestellt werden, sondern vielmehr Szenen aus dem alltäglichen Leben, die aber auch mit bestimmten Riten und Zeremonien für ein ewiges Leben im Jenseits zusammenhängen. Außerhalb des eigentlichen Grabes befanden sich ein Vorhof und eine kleine Pyramide über dem Grabeingang. Diese Pyramiden besaßen oft eine Nische für eine Statue des Grabherren, der zur aufgehende Sonne betete. Hinsichtlich ihrer stilistischen Eigenheiten können die Gräber in zwei Gruppen unterteilt werden: die Gräber der 18. Dynastie und die der Ramessidendynastien.

229 *Dieses wundervolle Portrait einer thebanischen Dame hebt die typische Kleider- und Haarmode während der 18. und 19. Dynastie hervor: Die Haare werden mit einem Stoffband zusammengehalten, aus dem nur ein Zopf hervorschaut, der den großen runden Ohrring bedeckt und auf die Schulter fällt. Über den Haaren erahnt man einen großen Krug mit Duftöl, den die Frauen häufig auf dem Kopf trugen. Die Stirn ist mit einer Lotusblume geschmückt.*

FELSENGRÄBER

A Medinet Habu
B Memnonkolosse
C Ramesseum
D Nekropole von el-Khokha
E Tempel Sethos' I.
F Nekropole Dra Abu el-Naga
G Asasif
H Deir el-Bahari
I Tal der Könige
J Nekropole von Sheikh Abd el-Qurna
K Deir el-Medina, Arbeiterdorf und Nekropole
L Nekropole Qurnet Murai
M Tal der Königinnen

228 *Die drei Musikantinnen, die beim Leichenschmaus des Nacht Harfe, Leier und ein Blasinstrument spielen, gehören zu den bekanntesten Abbildungen der thebanischen Malerei. Nacht war Schreiber und Astronom im Tempel des Amun unter Amenophis II. und Thutmosis IV. Er lebte vermutlich von 1396 bis 1349 v. Chr. Zu dieser Zeit erreichte die Kunst einen ihrer Höhepunkte. Die Musik stellte ein bedeutendes Element bei einem Festmahl dar: Sie erfreute die Gäste und begleitete die eleganten Reigen der Tänzerinnen.*

230-231 *Die gewölbte Decke der Grabkammer des Sennodjem ist mit Texten aus dem* Totenbuch *beschriftet und gibt acht Episoden wieder: Auf dieser Abbildung beten Sennodjem und seine Gemahlin Iniferti die fünf Götter der Sterne an.*

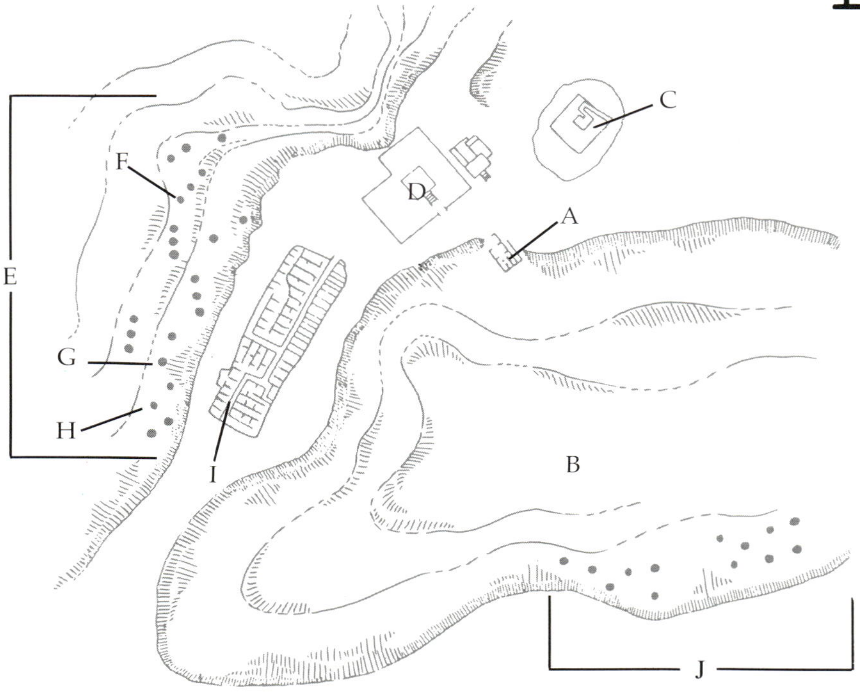

DEIR EL-MEDINA

A Tempel von Amun
B Qurnet Murai
C Große Grube
D Ptolemäischer Tempel
E Nekropole
F Paschedu-Tempel
G Grab von Sennodjem
H Inherkhau-Grab
I Arbeiterdorf
J Nekropole

Die Arbeiter und Künstler, die mit Bau und Ausstattung der thebanischen Grabmäler beschäftigt waren, lebten in einer Siedlung, die einst *tra set maât* genannt wurde, was soviel heißt wie „der Sitz der Ordnung". Heute ist sie unter dem Namen Deir el-Medina bekannt. Die Siedlung war die einzige bewohnte Anlage innerhalb der Nekropole. Sie wurde zu Beginn der 18. Dynastie unter der Regierung Thutmosis' I. gegründet und ist eines der drei erhaltenen Beispiele urbaner Struktur des Alten Ägypten. Das von einer Mauer aus Lehmziegeln umgebene Dorf zählte etwa siebzig Wohneinheiten und war mit dem Tal der Könige und dem Tal der Königinnen durch Pfade verbunden, die auch heute noch begehbar sind.
Die Häuser der Arbeiter hatten alle mehr oder weniger die gleiche Struktur. Ausgrabungen und epigraphische Quellen haben eine detaillierte Rekonstruktion des Dorflebens ermöglicht: Die Dorfbewohner bildeten einen zunftähnlichen Zusammenschluß und hatten Bedienstete. Westlich des Dorfes wurden die Gräber der Arbeiter in den Felsen gehauen. Ihre Dekoration steht der in den schönsten Privatgräbern in nichts nach.

232 oben *Die Arbeitersiedlung in Deir el-Medina wurde ursprünglich* tra set maât, *„der Sitz der Ordnung", genannt: Hier lebten die Arbeiter, die mit dem Bau und der Ausstattung der Königsgräber beschäftigt waren. Die zur Zeit Thutmosis' I. gegründete Siedlung umfaßte etwa siebzig Wohneinheiten innerhalb und etwa fünfzig außerhalb ihrer Mauern. Untersuchungen haben ergeben, daß zu ramessidischer Zeit mindestens vierhundert Menschen in Deir el-Medina lebten.*

232 unten *Sennodjem und seine Gemahlin sind in ihrer Grabkammer vor der Göttin der Sykomore abgebildet. Das Grab wurde 1886 in noch unberührtem Zustand entdeckt. Die reiche Ausstattung wurde in das Ägyptische Museum nach Kairo gebracht.*

232-233 *Sennodjem trug den Titel „Diener im Sitz der Wahrheit". Er und seine Frau Iniferti lebten vermutlich zur Zeit Ramses' II. (19. Dynastie). Hier sind sie auf der Ostwand ihrer Grabkammer bei Feldarbeiten auf den Fluren des Iaru dargestellt. Iaru war der Ort im Jenseits, wo die Verstorbenen ein zweites Leben führten, indem sie als Bauern die Felder auf dem Nilufer bestellten. Wenn ihnen die Feldarbeit zu anstrengend wurde, konnten sie mit Hilfe der Zauberformeln aus Kapitel 6 des Totenbuches die 'uschebti', die kleinen Statuetten, arbeiten lassen, die zu diesem Zweck mit ins Grab gelegt wurden.*

233 unten *Der Gott Anubis, göttlicher Einbalsamierer, bei den Vorbereitungen zur Mumifizierung eines Leichnams (Deir el-Medina)*

234 oben Paschedu kniet vor dem belebten Auge 'udjat' und opfert eine Kerze. Das Auge 'udjat', was „geheilt" bedeutet, galt als mächtiges Schutzamulett, das die folgende Legende ins Gedächtnis rief: Horus wurde während eines Kampfes gegen den teuflische Seth an einem Auge verletzt; dieses wurde daraufhin vom Gott Thot geheilt.

234-235 Die Abbildung bietet eine wunderbare Ansicht der östlichen Grabkammerwand des Paschedu („Diener im Sitz der Wahrheit" in West-Theben) in Deir el-Medina. Der Tympanon wird in der Mitte von einem großen Bildnis des Gottes Ptah-Sokaris beherrscht: Er ist hier als Falke auf einem Schiff dargestellt, überragt vom Auge 'udjat'. Links kniet der Verstorbene unter einer Palme und stillt seinen Durst an einem Bach. Rechts sind drei Reihen mit Abbildungen der Eltern und Verwandten des Toten zu sehen.

234 unten Zwei Bildnisse des Gottes Anubis in Schakalgestalt schützen den schmalen Gang, der in die Grabkammer des Paschedu führt. Auf ihrer Westwand sind Horus in Falkengestalt, Osiris, der Totengott, und ein großes Auge 'udjat' dargestellt.

235 unten *Paschedu in Begleitung seiner Gemahlin Nejemtebehdet und seiner zwei Söhne Menna und Kaha (zu Füßen ihrer Eltern abgebildet) bei der Anbetung des Gottes Horus, der auf dieser Abbildung nicht zu sehen ist. An den Wänden befinden sich Texte aus dem* Totenbuch.

236 Feldarbeiten (Pflügen, Säen, Mähen und Ernten des Getreides sowie, Bestandsaufnahme der Produkte, etc.) sind ausführlich im Grab des Menna, der vermutlich zur Zeit Thutmosis' IV., sicher aber zur Zeit der 18. Dynastie lebte, dargestellt: Bauern werfen mit Holzschaufeln den gedroschenen Weizen in die Luft, um ihn von der Spreu zu trennen. Zwei Farbtöne herrschen auf diesem ländlichen Wandbild, das technische Details mit poetischen Elementen kombiniert, vor: Gelb, die Farbe des reifen Getreides, und Ocker, die Farbe der menschlichen Körper.

236-237 Der Weizenanbau war vermutlich eine der wichtigsten landwirtschaftlichen Arbeiten im Alten Ägypten. Diese Szene zeigt Erntearbeiten. Zwei Bauern verteilen Ährenhaufen auf der Tenne. Dazu benutzen sie eine dreizinkige Holzgabel. Ein dritter Bauer treibt mit einer Rute zwei Ochsen an, die die Ähren zertrampeln und so die Körner von ihrer ungenießbaren Hülle trennen.

237 unten *Eine Gesamtansicht der Wand mit Szenen aus dem ländlichen Leben. Auf den ersten beiden Bildstreifen ist der beigesetzte Menna bei der Beaufsichtigung eines Strafvollzuges sowie bei der Getreideernte und -reinigung dargestellt.*

Die „Schlösser der Millionen Jahre“

RAMESSEUM

- **A** 1. Pylon
- **B** 1. Hof
- **C** Palast Ramses' II.
- **D** Koloß Ramses' II.
- **E** 2. Pylon
- **F** 2. Hof
- **G** Hypostylhalle
- **H** Koloß Ramses' II.
- **I** Koloß Ramses' II.
- **J** Tempel Sethos' I.
- **K** Saal der Barken
- **L** Saal der Litanei
- **M** Allerheiligstes

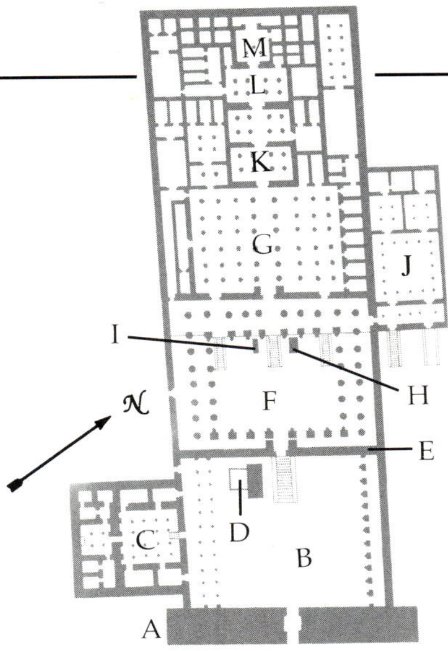

239 Der riesige Koloß, der Ramses II. darstellt, war ursprünglich etwa zwanzig Meter groß. Im Hintergrund ist der 1. Pylon zu sehen, dessen Eingang vorübergehend mit Ziegelsteinen zugemauert wurde.

238 Dieses Luftbild zeigt den 2. Hof und die Hypostylhalle des Ramesseums.

Am westlichen Ufer von Theben ließen sich die Pharaonen der 18., 19. und 20. Dynastie große Kulttempel errichten, die vom Pharao für den Kult des Gott-Königs und des thebanischen Hauptgottes Amun genutzt wurden. Die Alten Ägypter nannten diese Tempel auch *Schlösser der Millionen Jahre*.
Die Pharaonen feierten in diesen Tempeln das Fest *sed*, das auf eine alte Tradition zurückging und im dreißigsten Regierungsjahr eines Pharaos stattfand. Dieses Fest sollte die Kräfte des Königs erneuern und durch ihn auch die des ganzen Volkes. In den *Schlössern der Millionen Jahre* ist der Gott mit dem Pharao als seinem irdischen Sohn eng in einem Kult verbunden, dessen Ziel die Festigung der königlichen Energie ist. Die Tempel standen am westlichen Rand des Schwemmlandes und waren der Sonnen- oder Himmelsachse entsprechend ost-westlich ausgerichtet. Die meisten aus Ziegelstein gebauten Tempel sind heute nur noch unförmige Ruinen, wie zum Beispiel der Tempel Amenophis' III., Merenptahs, Thutmosis' IV., Thutmosis' III. und Ramses' IV.
Der Grabtempel von Ramses II., der von Champollion *Ramesseum* genannt wurde, gilt noch immer als eines der vollkommensten und elegantesten Beispiele dieser Architektur, obwohl sein ursprüngliches Aussehen durch die Zeit, die Wiederverwendung vieler seiner Teile in späteren Bauwerken und durch Erdbeben grundlegend verändert wurde. Das *Ramesseum* umfaßt verschiedene Gebäude: den Tempel des Herrscherkults, wo Taten und Ruhm des Königs gefeiert wurden; den Königspalast, den der Herrscher während der Zeremonie benutzte; einen Tempel für den Kult seiner Mutter und seiner Gemahlinnen Muttui und Nofretiri, dessen Fundamente außerhalb der Nordwand des Haupttempels sichtbar sind; die großen Magazine aus Ziegelstein, in denen sowohl die reichen Besitztümer des Tempels für die täglichen Ofergaben als auch die Verpflegung für die Tempelpriester aufbewahrt wurden.
Auf der Westseite des 1. Hofes liegt ein gigantischer Koloß aus rotem assuanischem Granit mit dem Gesicht nach unten. Er stellt Ramses II., die „Sonne der Prinzen“, dar und inspirierte den Dichter Shelley zu den berühmten Versen über Ozymandias. „Grab des Ozymandias“ – abgeleitet von der griechischen Übersetzung des Thronnamens Ramses' II., *Usermaatrê*, – war einer der Namen, mit denen das *Ramesseum* bezeichnet wurde. Der griechische Geograph Strabon nannte es dagegen *Memnonium*, ein Name für viele Bauwerke in der Antike, die mit dem griechischen Helden Memnon, dem sagenhaften Sohn der Aurora, in Verbindung gebracht wurden.
Aus dem 2. Hof stammt der wuchtige Ramseskopf, den Giovanni Battista Belzoni 1816 barg und in das Britische Museum nach London brachte. Dort ist er auch heute noch in der Egyptian Gallery zu bewundern.
Nachdem das *Ramesseum* gegen Ende der 20. Dynastie verlassen worden war, wurde es zu verschiedenen Zwecken benutzt: als Begräbnisstätte der thebanischen Priester in der Dritten Zwischenzeit; als Baugrube während der 29. Dynastie; als Kirche von den koptischen Gemeinschaften, die sich im 4. Jahrhundert in West-Theben angesiedelt hatten.
Heute ist das *Ramesseum* Gegenstand umfangreicher Forschungs- und Restaurationsarbeiten, die von der franko-ägyptischen Gruppe des *Centre National de la Recherche Scientifique* in Paris und dem *Centre d'Etudes et Documentations sur l'Ancienne Egypte* in Kairo geleitet werden.

Der Tempel Ramses' III. in Medinet Habu

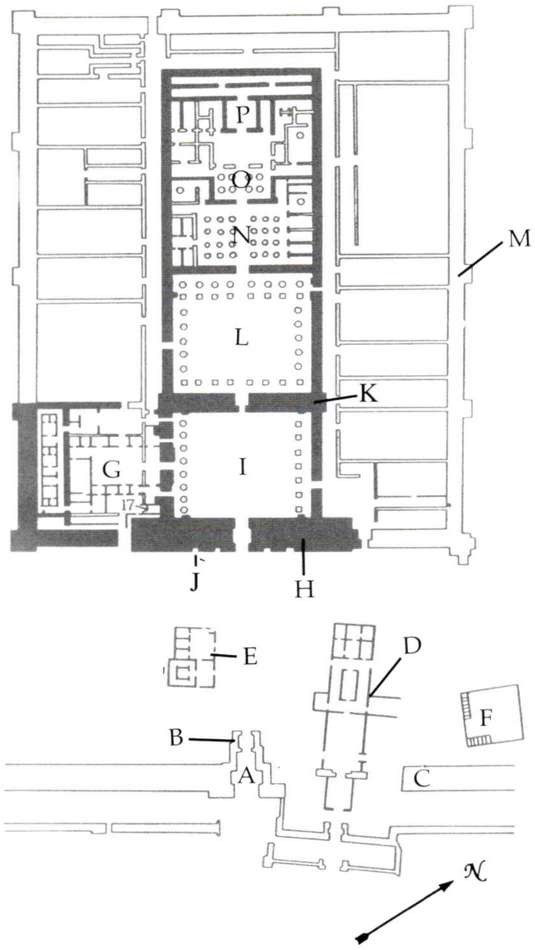

MEDINET HABU

- **A** Eintritt
- **B** Hohes Tor
- **C** Umfassungsmauer
- **D** Tempel der 18. Dynastie
- **E** Kapellen der Gottesgemahlinnen
- **F** Heiliger See
- **G** Palast Ramses' III.
- **H** 1. Pylon
- **J** Erscheinungstor
- **K** 2. Pylon
- **L** 2. Hof
- **M** Tempel Ramses' III.
- **N** Erste Hypostylhalle
- **O** Zweite Hypostylhalle
- **P** Allerheiligstes

Auch der Tempelkomplex in Medinet Habu umfaßt zahlreiche Gebäude: den Kulttempel von Ramses III., den Königspalast, den Amuntempel, die Magazine und die Priesterunterkünfte. Der Tempel Ramses' III. ist unter den thebanischen Tempeln am besten erhalten. Er wurde etwa einen Kilometer südlich des *Ramesseums* errichtet und war dem Pharao geweiht, der dort als Verkörperung des Amun-Rê verehrt wurde. Hierher wurde zum Talfest die Amunbarke gebracht. Amun stattete der Nekropole einen Besuch ab, um die Toten mit der ihm innewohnenden Lebenskraft zu segnen. Durch das hohe Tor, das mit der Umfassungsmauer des Tempels verbunden war, und eine rituelle Schutzfunktion auf diese ausübte, gelangte man in den Tempel. Auf dem südlichen Gelände innerhalb der Umwallung sind noch die Fundamente des Königspalastes zu sehen, den der Pharao während einer Zeremonie benutzte und der mit dem ersten Tempelhof durch das *Erscheinungstor,* in dem sich der Pharao der Öffentlichkeit zeigte, in direkter Verbindung stand.
Auf der nördlichen Außenmauer des Tempels schildern große Reliefs Kampfszenen Ramses' III. gegen die (nördlichen) Seevölker. Hinter der südlichen Mole des 1. Pylonen befindet sich die herrliche Darstellung einer Stierjagd, die als eines der Meisterwerke der Kunst aus der 20. Dynastie gilt. Im Nordosten des Tempels von Ramses III. wurde während der 18. Dynastie ein weiterer Tempel errichtet, den Hatschepsut und Thutmosis III. Amun weihten.

240 oben *Im 2. Hof des Tempels von Ramses III. in Medinet Habu schmükken eindrucksvolle Osiris-Kolosse die Portikus (Säulenhalle) und die Rampe, die zur ersten Hypostylhalle führt. Dieses große Gebäude des Herrscherkultes ähnelt dem* Ramesseum *stark: Es umfaßt zwei große Pylonen, die zu zwei Höfen und drei verschiedenen Hypostylhallen mit zahlreichen Kapellen führen.*

240 unten *Der 1. Pylon in Medinet Habu ist mit Gedächtnisbildern geschmückt, die von den großen Siegen Ramses' III. berichten. Der Herrscher wird bei der Tötung von Feinden (Asiaten und nördliche Völker), vor Amun-Rê (Nordmole) und vor Rê-Harachte (Südmole) dargestellt.*

241 *Die südliche Portikus des 1. Hofes von Medinet Habu begrenzt die Fassade des Königspalastes, der dem Tempel angeschlossen ist. Die Säulenhalle hat ein Tor in der Mitte, das sogenannte* Erscheinungstor, *durch das der Pharao die Tempelzeremonien verfolgte.*

242-243 *Dieses Relief im ersten Tempelhof von Medinet Habu stellt, die Seevölker dar, die von Ramses III. besiegt worden waren. Ausführlicher wird diese Schlacht auf der nördlichen Außenwand des Tempels beschrieben.*

Im ersten Jahrtausend v. Chr. wurde Medinet Habu als eine Begräbnisstätte der Ogdoade, der ersten vier Götterpaare, angesehen. Während eines besonderen Festes, welches das *Fest des zehnten Tages* genannt wurde, begab sich der Gott Amun von Luxor – wo die Götter der Ogdoade geboren worden sein sollen – nach Medinet Habu, um dort die Totenzeremonie seiner Vorfahren zu feiern, wodurch er ihnen neues Leben schenkte und auch sich selbst erneuerte.
Zur Zeit der 20. Dynastie wurde Medinet Habu Verwaltungszentrum von West-Theben. Während des Krieges zwischen dem Hohenpriester von Amun aus Karnak und dem Vizekönig von Kusch war Medinet Habu Zufluchtsort der Bevölkerung.
Zur Zeit der 25. und 26. Dynastie wurden für die *Gottesgemahlinnen,* angesehene Priesterinnen der Königsfamilie, süd-östlich der heiligen Tempelumwallung Kapellen errichtet. In hellenistisch-römischer Periode wurde diese Anlage nochmals erweitert. Die lange Geschichte von Medinet Habu setzte sich fort, als ab dem 1. Jahrhundert in diesem Gebiet die koptische Stadt Geme entstand, die bis zum 9. Jahrhundert eine Blütezeit erlebte.
Seit 1924 arbeitet eine Gruppe des Orientalistischen Instituts der Universität von Chicago auf diesem Gelände. Diese hat inzwischen eine umfangreiche Dokumentation über den Tempel veröffentlicht, welche epigraphische und architektonische Gesichtspunkte berücksichtigt.

243 *Die Seevölker kamen aus dem Norden. Zu ihnen zählten die Lykier, Achäer, Libyer und Philister. Diese Völker übten einen immer stärker werdenen Druck auf Ägypten aus. Nachdem sie schon von Merenptah, dem Sohn Ramses' II., besiegt worden waren, wurden sie mehrmals auch von Ramses III. geschlagen.*

Der Tempel Amenophis' III.

TEMPEL AMENOPHIS' III.

- **A** Tempel von Amenophis, Sohn des Hapu
- **B** Tempel von Amenophis III.
- **C** Ptah-Sokaris-Osiris-Tempel
- **D** Umfassungsmauer
- **E** Memnonkolosse
- **F** Prozessionsallee (Dromos)
- **G** 1. Pylon
- **H** 2. Pylon
- **I** 3. Pylon

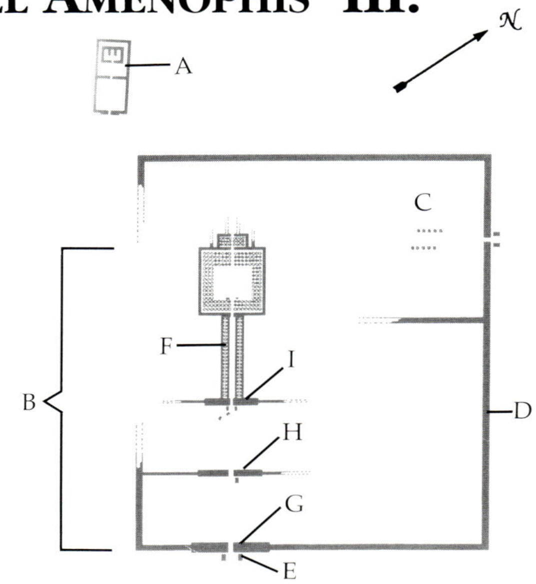

__244__ Der Gedächtnistempel Sethos' I. ist der nördlichste der Tempel von West-Theben. Da Ramses I. bereits nach weniger als zwei Regierungsjahren starb, ohne sich einen eigenen Tempel gebaut zu haben, ließ Sethos I. seinem vergöttlichten Vater innerhalb seiner Tempelanlage eine Kapelle errichten. Der Gesamtkomplex umschloß ursprünglich zwei Pylonen aus Ziegelstein, die jedoch in der Folgezeit völlig zerstört worden sind. Heute ist von dieser Tempelanlage nur der innere Kern übrig. Er besteht aus einer Portikus, einer Hypostylhalle mit Seitenkapellen, dem Allerheiligsten und einem Innenhof.

Vom vermeintlich größten Tempel West-Thebens ist heute fast nichts mehr übriggeblieben. Er stand relativ weit östlich im Schwemmland des Nils und wurde vermutlich durch das jährliche Hochwasser baufällig. Die einzigen Zeugen seiner einstigen Größe sind die beiden riesigen Sitzstatuen des Gott-Pharao, die den Eingang säumen und unter dem Namen *Memnonkolosse* bekannt sind.
Auch von dem Königspalast des Pharao, der sich in Malqatta befand, etwa zwei Kilometer südlich von Medinet Habu sind nur wenige Reste erhalten. Der Königspalast war durch einen etwa zwei Quadratkilometer großen künstlichen See, dem Birket Abu, direkt mit dem Nil verbunden.

__245__ Diese beiden Memnonkolosse stellen Amenophis III. dar. Sie standen vor dem 1. Pylon des Tempels von Amenophis III., der ursprünglich als der größte aller thebanischen Tempel galt. Er wurde vom berühmten Baumeister Amenophis, Sohn des Hapu, entworfen. Leider befand sich der Tempel in einer ungünstigen Position: Es stand zu nahe am Nil, so daß er mit der Zeit vollkommen zerstört wurde. Durch ein Erdbeben im 1. Jahrhundert v. Chr. wurde der nördliche Koloß ernsthaft beschädigt. Seither „sang" der Koloß jeden Morgen. Man hielt diese Töne für den Gesang des Memnon, der seine Mutter Eos begrüßte. Seit Septimius Severus nach seinem Besuch im Jahre 199 den oberen Teil der Statue aus fünf Lagen von Blöcken wiederhergestellt hat, ist der Koloß verstummt.

Der Tempel Sethos' I.

TEMPEL SETHOS' I.

- **A** 1. Pylon
- **B** 2. Pylon
- **C** Haupteingang

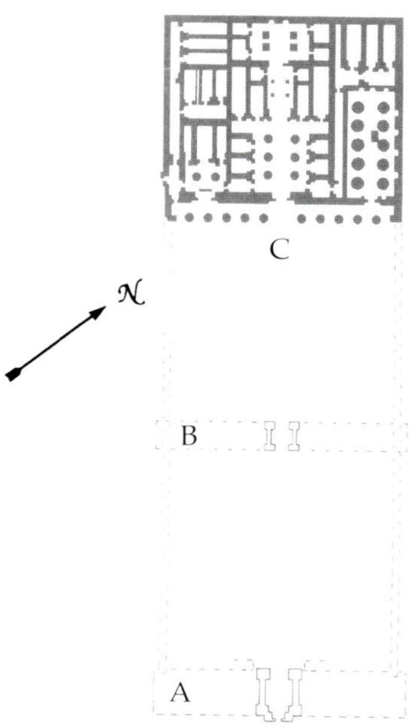

Der nördlichste Tempel in West-Theben ist der von Sethos I., Vater Ramses' II., der sich in der Nähe des Dorfes Qurna befindet.
Er wurde von einer hohen Umfassungsmauer umschlossen, deren Architektur an die typischen heiligen Umwallungen des Alten Reiches erinnert. Die Pylonen des Tempels waren aus Ziegelstein; nur der innere Kern, der einzige uns erhaltene Teil, bestand aus Stein.

Da Ramses I., Vater Sethos' I., bereits nach weniger als zwei Regierungsjahren starb, ohne daß er sich einen eigenen Tempel hatte erbauen lassen, weihte Sethos I. seinem vergöttlichten Vater eine Kapelle. Innerhalb der Umwallung befanden sich die Magazine und Getreidespeicher. Als Sethos' I. starb, war sein Tempel noch nicht fertiggestellt. Ramses II. legte einen Sonnenhof an und vollendete den Bau. In koptischer Epoche wandelte man den Tempel in ein Kloster um und richtete in seinem Inneren eine Kirche ein.
Viele Jahrhunderte später ließen sich die Bewohner des nahen Dorfes Qurna innerhalb der Umwallung nieder. Zur Errichtung ihrer Wohnhäuser benutzten sie oft das Tempelmaterial. Seit zwanzig Jahren arbeiten Spezialisten des Deutschen Archäologischen Instituts in Kairo an der Restaurierung der kompletten Anlage.

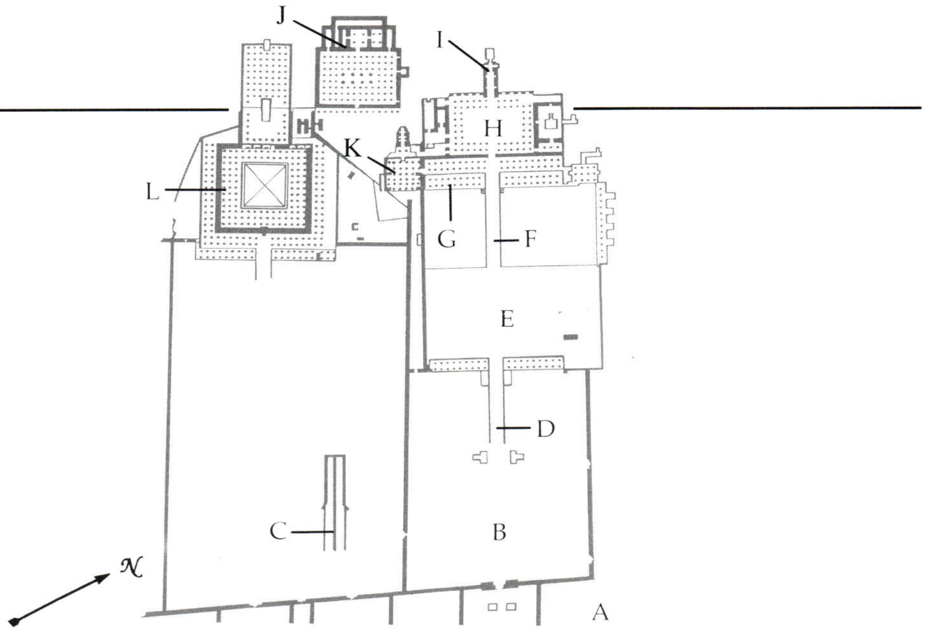

Deir el-Bahari

DEIR EL-BAHARI

- **A** Prozessionsallee
- **B** Untere Terrasse
- **C** Bâb el-Hosân
- **D** Rampe
- **E** Mittlere Terrasse
- **F** Rampe
- **G** Punthalle
- **H** Tempel der Hatschepsut
- **I** Grabkapelle
- **J** Tempel von Thutmosis III.
- **K** Kapelle der Hathor
- **L** Grabtempel von Mentuhotep

Auf der anderen Seite der Felsen, die das Tal der Könige von den Hügeln der Nekropole in Qurna trennen, öffnet sich auf der Höhe des Karnaktempels das Tal *Deir el-Bahari* („das Kloster des Nordens"). Es erstreckt sich etwa über eine Fläche von zwei Kilometern und liegt vor den thebanischen Felsen.

In diesem der Göttin Hathor geweihten Tal ließ sich bereits im Mittleren Reich Pharao Nebhepetrê Mentuhotep (11. Dynastie), einen Grabtempel bauen, der als einziger echter Grabtempel West-Thebens gilt – ein Bau, der von architektonischem Standpunkt aus große Neuheiten aufwies: Zum ersten Mal befanden sich die verschiedenen Bauabschnitte auf unterschiedlichen Ebenen, so daß Terrassen entstanden.

Wie in allen königlichen Grabanlagen des Alten und Mittleren Reiches ist der Tempel auch hier mit dem eigentlichen Grab durch einen unterirdischen Gang verbunden, der in die Grabkammer führt. Von diesem Tempel ist leider nicht viel erhalten geblieben (Beschaffenheit und Ausmaße sind nur aus der Luft gut abzuschätzen). Anders verhält es sich mit dem Terrassentempel der Königin Hatschepsut, der um 1466 v. Chr. errichtet wurde. Dieser Tempel ist das großartigste Beispiel von Totenkultarchitektur im gesamten Komplex von West-Theben. Die Alten Ägypter nannten ihn *zeser-zeseru*, was soviel heißt wie „der Erhabenste der Erhabensten". Der Tempel wurde nach dem Plan von Senenmut, einem Günstling der Königin Hatschepsut in drei Terrassen angelegt. Diese sind durch Rampen, welche die Terrassen in eine nördliche und eine südliche Hälfte unterteilen, miteinander verbunden.

Der Tempel wurde genial in die Landschaft eingefügt: Selten bilden Bauwerk und Natur eine solche

246-247 *Die Tempelanlage von Deir el-Bahari, dem „Kloster des Nordens". Der Name bezieht sich auf ein großes Kloster, das hier errichtet worden war, das heute aber nicht mehr existiert. Die Anlage wird vom einzigartigen Terrassentempel der Hatschepsut beherrscht, den der berühmte Baumeister Senenmut entwarf und auf drei aufeinanderfolgenden Terrassen errichtete. Das Bauwerk lehnt sich an die Felswand an, die den Ort vom Tal der Könige trennt. Die Amunkapelle auf der dritten Terrasse war Ziel der Prozession anläßlich des* Schönen Talfestes, *zu dem das Abbild Amuns von Karnak nach West-Theben gebracht wurde. Neben dem Tempel der Hatschepsut befanden sich Trümmer des Tempels Thutmosis' III. und des Tempels von Mentuhotep (11. Dynastie), der hier als erster baute. Seit einigen Jahren wird der Tempel der Hatschepsut unter der Leitung einer polnischen Archäologengruppe und der* Egyptian Antiquities Organization *grundlegend restauriert.*

architektonische Einheit wie in diesem Fall. Die Wände der Tempel sind mit Reliefs verziet: Szenen der göttlichen Geburt, der Krönung und des Transports eines der beiden großen Obeliskenpaare findet man ebenso wie die Erzählung über die berühmte Handelsexpedition in das Land Punt, die eines der wichtigsten Ereignisse während der Regierungszeit der Hatschepsut darstellte.
Die Kapelle auf der dritten Terrasse, die dem Gott Amun geweiht war, wurde einmal jährlich zum *Schönen Talfest* besucht. Zu dieser Gelegenheit wurden Blumen in die Kapelle gebracht, die dann mit göttlichem Geist getränkt vor die Gräber der Toten in der Nekropole gelegt wurden, um ihren Seelen die Wiedergeburt zu ermöglichen.
Der Tempel der Hatschepsut wurde ebenfalls, wenn auch weniger als der ältere Tempel des Mentuhotep, im Laufe der Jahrhunderte durch Menschenhand geschändet: Bereits kurz nach ihrem Tod zerstörte ihr Halbneffe und Nachfolger, Thutmosis III., den größten Teil ihrer Bildnisse. Unter der Regierung Amenophis' IV. (Echnaton) wurde die gesamte Einrichtung bis auf die Bildnisse der Sonnenscheibe, die damals als einzige Gottheit angebetet wurde, zerstört. 1961 entdeckten Archäologen noch einen dritten Tempel, von dessen Existenz man bisher nichts wußte. Thutmosis III. hatte ihn zwischen den Tempeln der Hatschepsut und des Mentuhotep errichten lassen.

248 *Diese Abbildungen zeigen zwei Situationen während der berühmten Punt-Expedition. Das Land Punt ist noch nicht eindeutig identifiziert worden. Mit großer Wahrscheinlichkeit befand es sich im Somaliland. Punt belieferte die ägyptischen Herrscher mit typisch afrikanischen Wertgegenständen, wie Tierfellen, Elfenbein, Hölzern und vor allem Weihrauch, der für den Tempeldienst besonders wichtig war. Hatschepsut organisierte eine große Schiffsexpedition nach Punt, die auf den Abbildungen auf der Westportikus der zweiten Tempelterrasse von Deir el-Bahari in allen Einzelheiten dargestellt wurde.*

249 *Dieser wundervolle Kopf der Hatschepsut aus bemaltem Kalkstein wurde zwischen 1926 und 1927 bei Ausgrabungsarbeiten des* Metropolitan Museum of Art *(New York) entdeckt. Hatschepsut, Tochter Thutmosis' I., heiratete ihren Halbbruder Thutmosis II., der schon früh starb. Daraufhin übernahm sie die Vormundschaft für ihren Halbneffen Thutmosis III. In ihrem 2. Regierungsjahr ließ sich Hatschepsut zur Herrscherin über Ober- und Unterägypten ausrufen. Sie regierte von 1490 bis 1468. (Ägyptisches Museum, Kairo)*

FELSENGRÄBER

A Grab von Meketra
B Das „Versteck“ von Deir el-Bahari
C Tempel von Mentuhotep
D Tempel von Thutmosis III.
E Tempel der Hatschepsut
F Nekropole

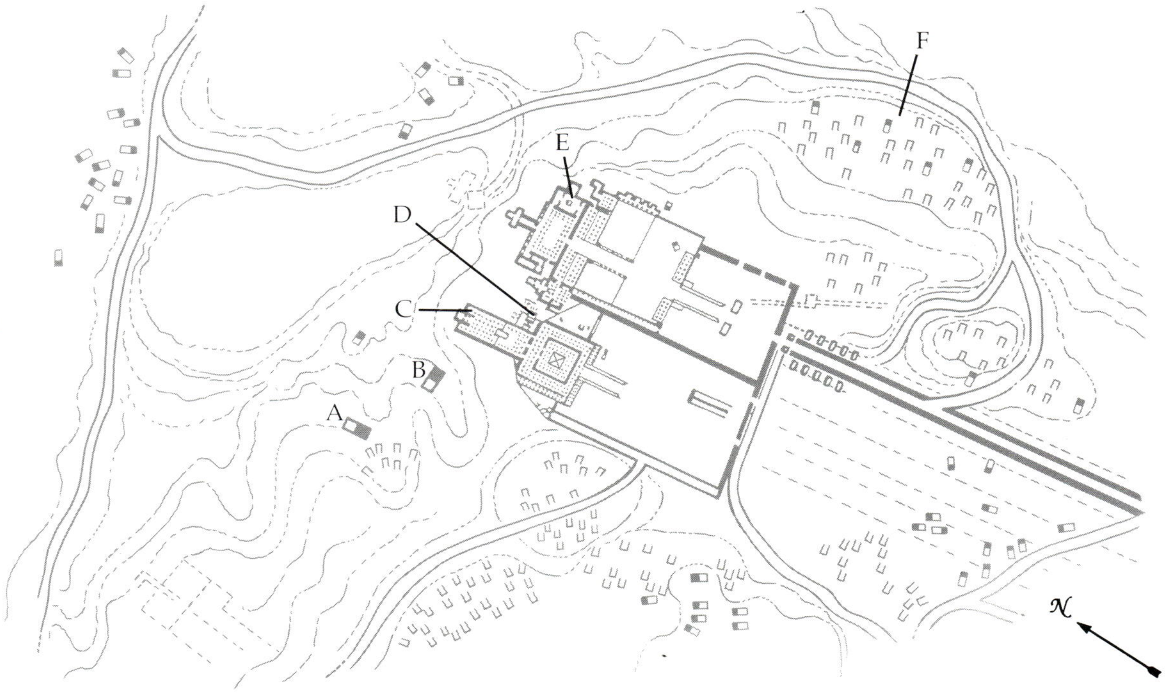

250 *Im Jahre 1881 entdeckte Gaston Maspero das berühmte „Versteck“ von Deir el-Bahari. Besorgte Priester hatten die Mumien der bedeutendsten Pharaonen heimlich in das „Versteck“ gebracht, um sie vor den ständigen Grabplünderungen in der Zeit der 21. Dynastie zu schützen.*

251 *Unter den Mumien, die man im „Versteck“ von Deir el-Bahari entdeckte, befand sich auch die von Ramses II., die man in einem einfach gearbeiteten Holzschrein fand. Die Mumie, die in das Ägyptische Museum in Kairo gebracht worden war, wurde von Mikroben und Parasiten angegriffen. Deshalb brachte man sie 1976 nach Paris, wo sie einer gründlichen Restauration unterzogen wurde. (Ägyptisches Museum, Kairo)*

252-253 In einer seitlichen Felswand der thebanischen Hügel zwischen Deir el-Bahari und dem Westhang der Hügel von Sheikh Abd el-Qurna, im Tal von Seankh-karê, entdeckten die Archäologen des Metropolitan Museum of Art (New York) 1919 das Grab eines hohen Beamten namens Meketra, (11. Dynastie um 2000 v. Chr.). In diesem Grab – ohne bemalte Wände – fand man fünfundzwanzig wunderbar gearbeitete Holzmodelle, die das Alltagsleben in Ägypten vor viertausend Jahren darstellen.

252 oben *In dieser Schreinerwerkstatt sind die verschiedenen Phasen der Holzverarbeitung dargestellt. In der Mitte des Bildes ist ein Arbeiter zu sehen, der mit einer großen Säge einen Stamm zur Herstellung von Brettern zersägt. Diese Bretter werden danach mit weiteren Werkzeugen (Äxten, Bohrern, Meißeln, etc.) bearbeitet. (Ägyptisches Museum, Kairo)*

252 unten *Im Hof eines seiner Besitztümer sitzt der Verstorbene mit seinem Sohn und seinem Schreiber unter der von vier Säulen getragenen Portikus, und kontrolliert die Viehherde, die von Bauern angetrieben wird. (Ägyptisches Museum, Kairo)*

253 *In der Weberei arbeiten junge Frauen an zwei waagerechten Webstühlen. (Ägyptisches Museum, Kairo)*

254-255 *Dieses Modell stammt ebenfalls aus dem Grabschatz des Meketra. Es zeigt einen Fischfang auf dem Nil. Die Fischer auf den zwei Papyrusbooten, die von Ruderern gesteuert werden, sind damit beschäftigt, das mit Fischen gefüllte Netz zwischen den beiden Booten hochzuziehen. Den Fischerbooten folgen Schiffe mit dem Verstorbenen und seinem Gefolge. (Kairo, Ägyptisches Museum)*

Esna, der Tempel des Chnum

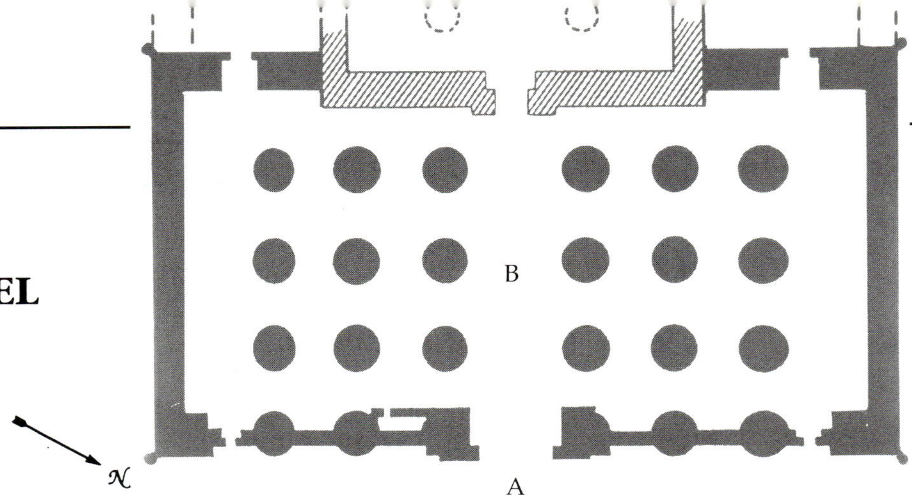

ESNA

A Eingang
B Hypostylhalle

Esna, das damalige Iunit, ist heute eine ländliche Kleinstadt, die etwa 50 Kilometer südlich von Luxor am linken Nilufer liegt. In Esna verehrte man hauptsächlich den Gott Chnum, den göttlichen Töpfer mit Widderkopf, wesensgleich mit Neith und Heqa, Göttin der Magie. Der ptolemäische Tempel geht auf das 1. Jahrhundert zurück und war diesen Gottheiten geweiht. Von dem ursprünglichen Gebäude ist heute nur noch die zur Zeit des Imperators Claudius errichtete Hypostylvorhalle erhalten. Obwohl sie in koptischer Zeit als Kirche und später als Baumwollager benutzt wurde, ist sie noch in sehr gutem Zustand. Die Tempelruinen befinden sich in der Nähe der malerischen Basare, etwa neun Meter tief unter dem Straßenniveau. Die Decke der Vorhalle wird von zwei Säulengruppen mit jeweils neun Säulen getragen. Sie ist mit astronomischen Szenen, Tierkreiszeichen und dem Kalender der religiösen Hauptfeste bemalt. Auf der Höhe des Eingangsportals stehen seitlich rechts und links je drei weitere große Säulen, deren Kapitelle eine besonders ausgearbeitete und elegante Form aufweisen. Die zahlreichen Texte auf den Tempelwänden und Säulen enthalten nicht nur Hymnen und Litaneien an Chnum, Heqa und Neith, sondern geben auch Aufschluß über wichtige Feste und liturgische Feiern, die von den Menschen aus der näheren Umgebung begangen wurden.

256-257 *Der Tempel von Esna liegt etwa neun Meter unterhalb des Straßenniveaus inmitten der heutigen Stadt. Der Tempel wurde in ptolemäischer Epoche errichtet und dem Gott Chnum, dem göttlichen Töpfer, der die Menschen auf seiner Scheibe formt, der Göttin Neith und der Göttin Heqa, der personifizierten Magie, geweiht. Heute ist von diesem Tempel nur noch die große Hypostylhalle übrig, die im 1. Jahrhundert von den Imperatoren Claudius und Titus errichtet wurde. Die Decke wird von zwei Säulengruppen mit jeweils neun Säulen getragen. Auf der Höhe des Eingangsportales stehen seitlich, rechts und links je drei weitere große Säulen.*

257 *Die Decke der Hypostylhalle des Tempels von Esna ist mit astronomischen Szenen und dem Kalender der religiösen Hauptfeste bemalt.*

Edfu, das Reich des Falkengottes Horus

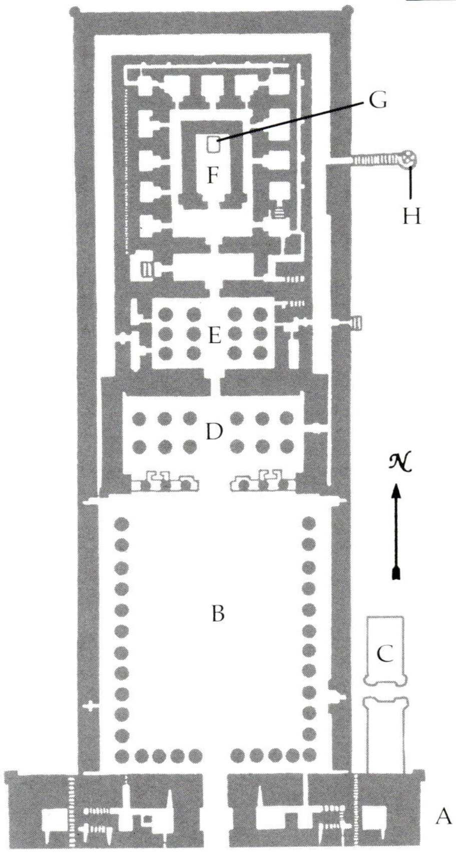

EDFU

A 1. Pylon
B Hof
C Pylon Ramses' III.
D Pronaos (erste Hypostylhalle)
E Zweite Hypostylhalle
F Allerheiligstes
G Granitnaos
H Nilometer

Edfu war die Hauptstadt des 2. *nomos* (Verwaltungsbezirkes) Oberägyptens. Früher nannte man sie *Gebau,* die Kopten tauften sie *Atbo,* und bei den Griechen, die Horus mit Apollon identifizierten, war sie als *Apollinopolis Magna* bekannt. Schon während der ersten Dynastien war sie als Kultstätte des Falkengottes Horus bedeutend. Im Jahre 237 v. Chr. wurde unter Ptolemaios III. Euergetes I. mit dem Bau des großen Horustempels begonnen. Die Bauarbeiten wurden unter verschiedenen Herrschern weitergeführt: Ptolemaios IV. Philopator; die äußere Hypostylhalle wurde unter Ptolemaios VIII. Euergetes II. im Jahre 124 v. Chr. und die Dekoration im Jahre 57 v. Chr. – 180 Jahre nach Baubeginn – von Ptolemaios XII. Neos Dionysos fertiggestellt. Der Tempel gehörte zu einem ausgedehnten Kultbezirk, der heute unterhalb des Wohngebietes verläuft. Er ist merkwürdigerweise nach einer Nord-Süd-Achse und nicht wie die meisten Tempel nach einer Ost-West-Achse ausgerichtet, vermutlich auf Grund der besonderen geographischen Beschaffenheit des Ortes. Der Tempel umfaßt einen großen Pylon, einen von einer Portikus umrahmten Hof, der den Eintritt in die erste Hypostylhalle *(pronaos)* ermöglicht, vor deren Tor eine berühmte Horusstatue in Falkengestalt steht, und eine zweite Hypostylhalle. Von hier aus gelangt man

258 rechts *Der berühmte Falke mit der doppelten Krone Ober- und Unterägyptens, Symbol des Gottes Horus, bewacht das große Tor, das in den 'pronaos' des Tempels von Edfu führt.*

258 links *Die Göttinnen Uto (links mit der Krone Unterägyptens) und Nechbet (rechts mit der Krone Oberägyptens), setzen dem Pharao die Doppelkrone auf. Die ausführlichen Hieroglyphentexte an den Tempelwänden machen aus ihnen eine steinerne Bibliothek, in der Kultriten und theologische Lehren des Alten Ägypten sorgfältig festgehalten sind.*

259 *Der Horustempel von Edfu ist nach dem Tempel von Karnak der größte und besterhaltenste Tempel Ägyptens. Mit dem Bau wurde im Jahre 237 v. Chr. unter Ptolemaios III. Euergetes I. auf einem bereits bestehenden Gebäude begonnen. 57 v. Chr. wurde der Tempel unter Ptolemaios XII. Neos Dionysos fertiggestellt.*

zum Opferraum, der weiter durch ein Vestibül zum Allerheiligsten führt, wo ein wundervoller *naos* aus Granit aus der Zeit Nektanebos' II. thront. Dieser enthielt ursprünglich den Tabernakel mit dem Gottesabbild. Entlang dieser zentralen Achse öffnet sich eine Vielzahl von Kammern, von der jede ihre eigene Funktion hatte, wie die ausführlichen Texte auf den Wänden beschreiben. Das macht den Tempel von Edfu zu einer steinernen Bibliothek.

Der Tempel von Edfu ist einer der besterhaltensten in Ägypten. Der gesamte Komplex wurde im letzten Jahrhundert unter der Leitung von Auguste Mariette, dem damaligen Direktor des *Service des Antiquités de l'Egypte,* ausgegraben.

260 unten *Das in Sandstein gemeißelte Relief im Tempel von Kom Ombo stellt die beiden Gottheiten dar, denen das Bauwerk geweiht war: Sobek mit Krokodilhaupt und Haroeris mit Falkenhaupt. Haroeris ist eine griechische Bezeichnung, die vom ägyptischen 'heru-our', „Horus der Große“, abgeleitet ist. Es handelt sich um eine Horusgestalt, die in Kom Ombo als „Vater aller Götter“ verehrt wurde.*

KOM OMBO, DER FALKEN- UND KROKODILTEMPEL

Der Name Kom Ombo (auf griechisch Ombos) geht auf das ägyptische Nubt, „die Stadt des Goldes", ein bedeutendes Handelszentrum für dieses Edelmetall, zurück. Sie lag etwa 60 km südlich von Edfu, nicht weit von der Öffnung des Wadi Hammamat, der Hauptverbindungsstraße zwischen dem Nil und der Ostwüste mit ihren berühmten Goldminen. Der Tempel von Kom Ombo wurde unter Thutmosis III. (18. Dynastie) gegründet. Das heutige Gebäude stammt jedoch aus der Regierungszeit Ptolemaios' VI. Philometor und Ptolemaios' Euergetes II. und wurde in römischer Epoche unter den Imperatoren Tiberius, Domitian und Caracalla fertiggestellt. Sie bauten außerdem noch zwei außerhalb liegende Tempel, die jeweils Hathor und Sobek geweiht waren. Im Unterschied zu allen anderen ägyptischen Tempeln handelt es sich hier um einen längsgeteilten Doppeltempel, der zwei verschiedenen Gottheiten geweiht war: dem krododilköpfigen Sobek (oder Suchos) und dem falkenköpfigen Haroeris („Horus der Große"). Die beiden Parallelachsen des Tempels verfügen jeweils über ein eigenes Eingangsportal, sind aber durch Quergänge miteinander verbunden.
Außerdem hat jede Tempelhälfte eigene Prozessionswege und Kapellen. Der Tempel von Kom Obo besteht aus Pylon, Säulenhof, Vorhalle, Säulen-Saal und drei Vorsälen vor der Doppelkapelle. Außerhalb der Umfassungsmauer sind die Reste eines Brunnens aus ptolemäischer Zeit, ein *mammisi* und eine unvollendete Hathorkapelle zu sehen. In der Kapelle fand man die Mumien von heiligen Krokodilen, die vermutlich in einem Becken östlich des *mammisi* gehalten wurden.

260-261 *Der Tempel von Kom Ombo, der dem Krokodilgott Sobek und dem Falkengott Haroeris geweiht war, hat zwar einen ähnlichen Grundriß wie der Tempel von Edfu, er weist aber eine einzigartige Variante unter allen Tempeln Ägyptens auf: Es handelt sich um einen längsgeteilten Doppeltempel. Die beiden Parallelachsen des Tempels verfügen jeweils über ein eigenes Eingangsportal, sind aber durch Quergänge miteinander verbunden. Der heutige Komplex wurde zur Zeit Ptolemaios' VI. Philometor und Ptolemaios' VIII. Euergetes II. auf einer bereits bestehenden Anlage aus der 18. Dynastie begonnen und in römischer Zeit unter Tiberius, Domitian und Caracalla fertiggestellt.*

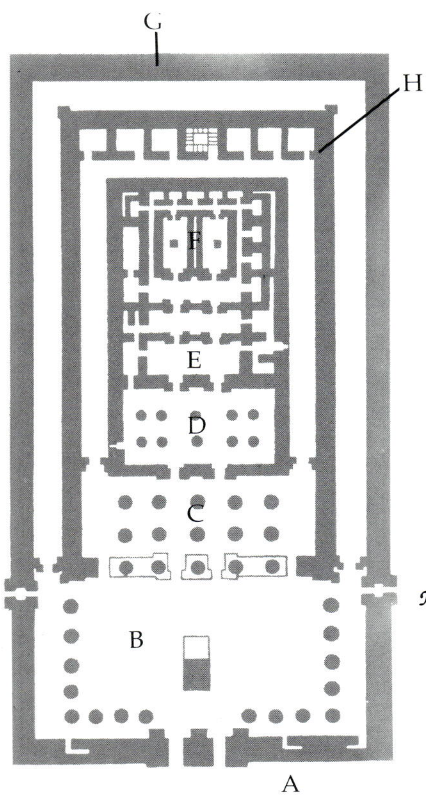

KOM OMBO

A Pylon
B Hof
C Pronaos
D Inneres Hypostylatrium
E Gabensaal
F Sobek- und Haroeris-Allerheiligstes
G Äußere Umfassungsmauer
H Innere Umfassungsmauer

262 unten *Der berühmte* Nilometer *von Assuan befindet sich an der Südostküste der Insel Elephantine und ermöglichte es den Priestern festzustellen, wann die jährlichen Nilüberschwemmungen begannen und wie hoch sie waren. Dies war wichtig, denn das Überleben der ägyptischen Bevölkerung hing von den Überschwemmungen ab. Der Nil floß durch eine Öffnung eine steile Treppe hinauf, an deren Wänden eine Meßleiste angebracht war.*

ASSUAN UND PHILAE

ASSUAN

A	Hochdamm	**H**	Unvollendeter Obelisk
B	Neu-Kalabscha	**I**	Granitgrube
C	Insel el-Hesa	**J**	Insel Agilkia (heute Philae)
D	Alter Damm	**K**	Insel Biga
E	Insel Sehel		
F	Insel Elephantinae		
G	Felsengräber des Alten Reiches		

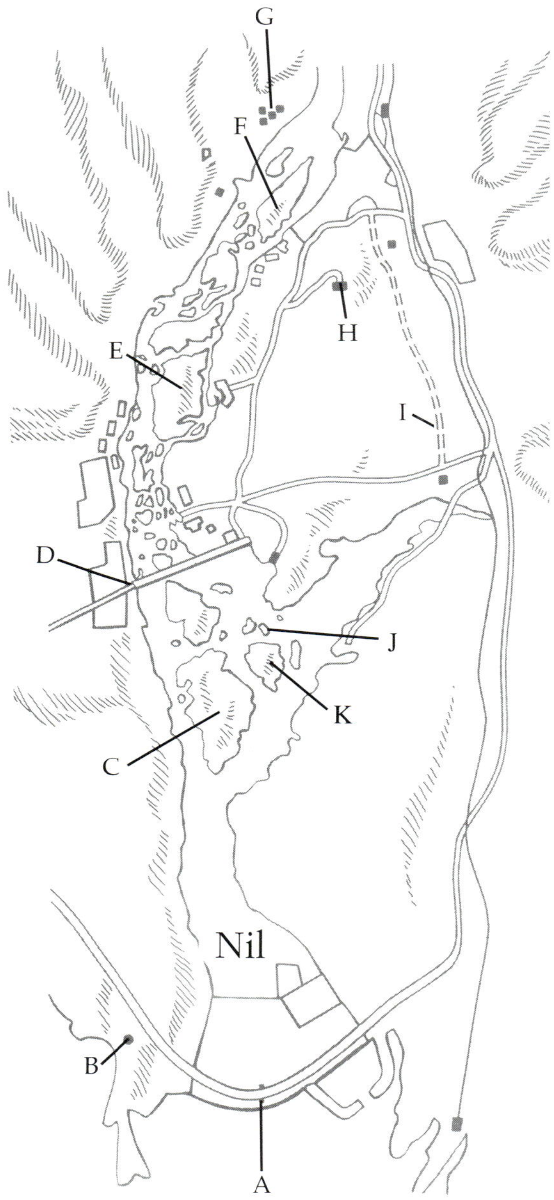

Assuan, das antike Syene (abgeleitet vom ägyptischen Wort *suenet,* „Markt"), liegt am rechten Nilufer, direkt am Fuße des 1. Kataraktes, hinter dem sich die Region Nubiens erstreckt.
Assuan ist die bedeutendste Stadt Oberägyptens, und in der Antike war sie Handelsumschlagplatz der Insel Elephantine, deren Markt den Hauptberührungspunkt zwischen Ägypten und den Regionen Äquatorialafrikas darstellte. Elephantine – der Name der Insel geht auf den Handel mit afrikanischem Elfenbein zurück – war die Hauptstadt des 1. *nomos* (Verwaltungsbezirk) Oberägyptens. Hier berechnete der griechische Mathematiker Eratosthenes zum ersten Mal mit ziemlicher Genauigkeit den Erdumfang, indem er die besondere geographische Lage der Stadt ausnutzte, die damals genau im Wendekreis des Krebses lag.
Vom antiken Syene sind heute nur noch wenige Überreste erhalten: Teile des Tempels, den Ptolemaios III. Euergetes I. „Isis mit dem Kopf der Heere" geweiht hatte, eine theologische Erfindung des Herrschers, um die Grenzposition der Stadt hervorzuheben.
Auf der Insel Elephantine befinden sich einige Ruinen, die von der Bedeutung der Stadt zeugen: der Chnumtempel aus der Zeit Nektanebos' II. (30. Dynastie); der von Thutmosis III. errichtete Tempel für die Göttin Satis und der aus römischer Zeit stammende *Nilometer* am Südzipfel der Insel, der dazu benutzt wurde, den Wasserstand des Nils zu messen und daraus den Zeitpunkt und die Stärke der Überschwemmung abzulesen.
Das Hochwasserphänomen wurde mit dem Gott Hapi verbunden, einem gutmütigen Gott des Reichtums, von dem man glaubte, er habe seinen Ursprung in diesem Katarakt.

N

262-263 *Auf der Insel Sehel in der Mitte des 1. Kataraktes befindet sich die sogenannte „Stele der Hungersnot". Sie wurde in ptolemäischer Zeit in einen Granitfelsen gemeißelt. Der Text schildert eine siebenjährige Hungersnot unter Pharao Djoser, die durch zu geringes Hochwasser des Nils verursacht worden war. Der „Herr des Kataraktes", Chnum, erhörte die Gebete des Pharaos und normalisierte den Hochwasserstand, womit die Hungersnot ein Ende hatte.*

264 oben *Im innersten Teil des Isis-Tempels steht im Halbdunkel des Allerheiligsten, das nur durch zwei kleine Oberlichter beleuchtet wird, der Granitsockel aus der Zeit Ptolemaios' III. Euergetes I. Auf diesem Granitsockel hatte einst die heilige Barke der Isis gestanden. Auf Philae wurde Isis mit Sothis in Verbindung gebracht, deren Name auf den Siriusstern zurückgeht. Der Aufgang des Siriussterns zeigte den Beginn des Nilhochwassers an, und deshalb stand der Isiskult in enger Beziehung zur Überschwemmung.*

Außerdem glaubte man, daß hier die mysteriöse Gruft liege, die das Wasser in den Fluß strömen ließ und so das jährliche Hochwasser erzeugte.
Die Felsengräber der Fürsten von Elephantine befinden sich an der Felswand, die das linke Flußufer begrenzt, und gehen auf die Periode zwischen dem Alten und dem Mittleren Reich zurück. Sie bezeugen die Bedeutung Elephantines bereits in jener Zeit, auch wenn die Insel ihre Blütezeit erst viele Jahrhunderte später in hellenistisch-römischer Periode erlebte.
Zu dieser Zeit wurden auch die Tempel auf Philae errichtet, einer anderen Insel in diesem strömungsreichen Flußabschnitt. Hier wurden der Isis-Tempel, der Hathor-Tempel und der Kiosk des Trajan erbaut. Anfang der 60er Jahre wurden diese Gebäude komplett zerlegt, um sie auf der nahen Insel Agilkia wieder aufzubauen, denn dort waren die Gebäude auf Grund der etwas höheren Lage besser vor dem Nilhochwasser geschützt. Der Hochdamm, auf arabisch *Sadd el-âli* genannt, befindet sich etwa 7 km von Assuan entfernt: Er ist 3600 m lang und 40 m breit. Der durch den Damm entstandene Nassersee staut sich auf einer Länge von etwa 500 km; seine Oberfläche beträgt etwa 5000 km^2, und er verfügt über eine Wassermasse von 164 Milliarden m^3.

264 unten *Die Abbildung zeigt die Ostseite des Isis-Tempels mit den beiden Pylonen vor der Hypostylhalle und links den Kiosk des Trajan, der von einer Portikus mit vierzehn glockenförmigen Säulen gebildet wird. Früher war er von einem Holzdach bedeckt und wurde vermutlich bei Kultzeremonien als Station für die Isisbarke benutzt.*

265 *Der zweite Pylon des Isis-Tempels, der achsabweichend zum vorherigen steht, grenzt die Hypostylhalle ab, mit der der heiligste Gebäudeteil beginnt. Die Abbildungen zeigen König Ptolemaios XII. Neos Dionysos, der Feinde niederschlägt. Bei den Abbrucharbeiten dieses mächtigen Bauwerks im Oktober 1975 kamen zahlreiche wiederverwendete Gegenstände ans Licht, die ursprünglich von einem älteren Tempel aus der Zeit Amasis', des letzten Pharaos der 26. Dynastie, stammten.*

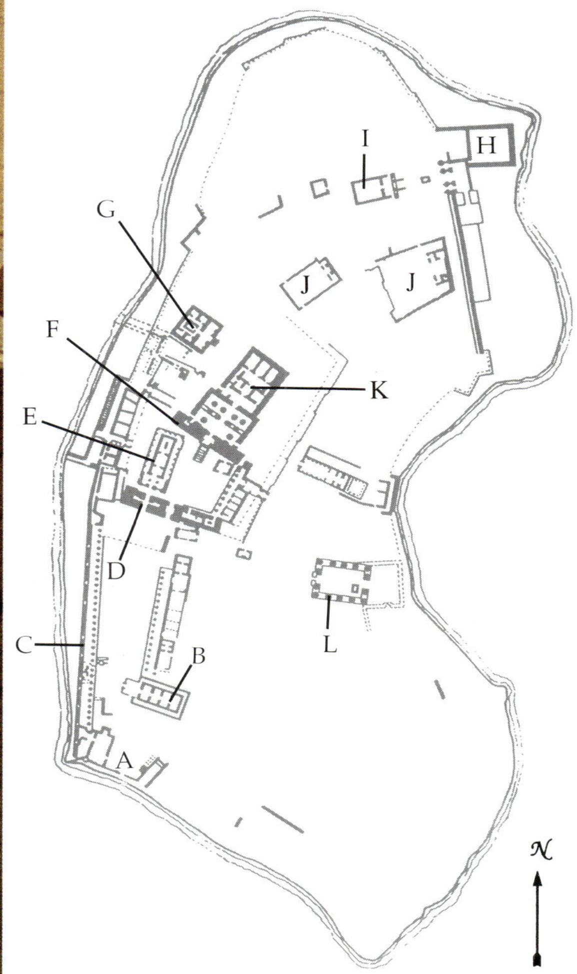

PHILAE

A Vestibül des Nektanebos I.
B Westlicher Säulengang
C Tempel von Arensnuphis
D 1. Pylon des Isis-Tempels
E Mammisi
F 2. Pylon
G Tempel von Harendotes
H Diokletianstor
I Augustus-Tempel
J Koptische Kirche
K Isis-Tempel
L Kiosk des Trajan

266-267 *Der 1. Pylon des Isis-Tempels wurde unter Ptolemaios XII. Neos Dionysos (1. Jahrhundert v. Chr.) gebaut und bezog das Vestibül aus der Zeit Nektanebos' I. (30. Dynastie) mit ein. Durch das Vestibül gelangt man zu den heiligen Tempelräumen. Auf der rechten Seite des Tores, vor dem zwei Löwen stehen, sind die drei Hauptgötter abgebildet, denen der Tempel geweiht ist: Isis, Horus und Hathor. Das Abbild der Isis auf der linken Seite des Tores ist fast gänzlich durch Steinbauerarbeiten in koptischer Zeit, als das Tempelatrium zur Kirche umfunktioniert wurde, zerstört worden.*

268-269 *Die Insel Philae wird vom mächtigen Isis-Tempel aus ptolemäischer Zeit beherrscht. In seiner Nähe stehen weitere Kultgebäude, wie der Tempel des Arensnuphis, der Hathor-Tempel, der Tempel des Harendotes und der Kiosk des Trajan auf der Ostseite.*
Links vom Isis-Tempel verläuft ein langer 'dromos', ein Gang mit zweiunddreißig Säulen. Die Bauwerke wären durch den Bau des Assuandamms zum Untergang verurteilt gewesen, wenn sich die UNESCO nicht im Rahmen einer internationalen Kampagne für die Rettung der nubischen Tempel eingesetzt hätte. Von 1972 bis 1980 wurden die Tempel abgebaut und auf der nahen Insel Agilkia in etwas höherer Position wieder rekonstruiert.

Die nubischen Tempel

Durch den Assuandammbau wären die Tempel, die zwischen dem 1. und 2. Katarakt auf den nubischen Nilufern standen, für immer im angestauten Wasser des Nassersees versunken. Zur Rettung dieser bedeutenden Bauten des Alten Ägypten rief die UNESCO zu einer internationalen Kampagne auf, durch die fast alle betroffenen Denkmäler gerettet werden konnten. Ägypten schenkte den Ländern (Italien, Spanien, Niederlande, USA, Deutschland), die sich großzügig an diesem Rettungswerk beteiligt hatten, die kleineren Tempel, die dann im jeweiligen Land wiedererrichtet wurden: in Turin der Tempel von el-Lessya, in Madrid der Tempel von Debod, in Leiden der Tempel von Taffa, in New York der Tempel von Dendur und in Berlin das Tor von Kalabscha. Die größeren Tempel wurden komplett zerlegt und an drei verschiedenen Orten wieder aufgebaut.
Die erste Stätte, die daraufhin Neu-Kalabscha genannt wurde und der einzige leicht zugängliche Ort ist, liegt auf der Höhe des Ostzipfels des Damms und umfaßt die Tempel von Kalabscha und Bet el-Wali. Der Tempel von Kalabscha wurde vom Imperator Augustus erbaut und dem nubischen Gott Mandulis geweiht. Bevor er zwischen 1961 und 1965 in die heutige Position gebracht wurde, befand er sich 40 km weiter südlich. Der Felsentempel von Bet el-Wali geht auf die Zeit Ramses' II. zurück und war dem Gott Amun-Rê geweiht. Die zweite Stätte befindet sich etwa 140 km südlich des Hochdamms inmitten der Wüste und umschließt die Tempel von ed-Dakka, von es-Sebua und von el-Maharraqa.
Der Tempel von ed-Dakka war zur Zeit der Ptolemäer und der Römer entstanden. Der große Tempel von es-Sebua war von Ramses II. errichtet und Amun-Rê, Rê-Harachte sowie dem göttlichen Ramses II. geweiht worden. Der römische Tempel von el-Maharraqa war der Göttin Isis und dem Gott Sarapis geweiht.
Etwa 40 km weiter südlich wurden die Tempel von Amada und ed-Derr sowie das Felsengrab des Pennût aus Aniba wieder aufgebaut. Der Tempel von Amada, unter Thutmosis IV. begonnen und unter Sethos I. und Ramses II. fertiggestellt, war Amun-Rê und Rê-Harachte geweiht. Das von Ramses II. gebaute Felsengrab von ed-Derr war Amun-Rê, Rê-Harachte, dem Gott-Pharao und Ptah geweiht. Sein Grundriß erinnert (stark verkleinert) an den großen Tempel von Abu Simbel.
Trotz aller Bemühungen ist es nicht gelungen, alle nubischen Denkmäler zu retten: Der kleine Horus-Tempel von es-Sebua, einer der zwei Tempel von Taffa, Gerf Hussein, die Festung von Quban (12. Dynastie), die Festung aus dem Mittleren Reich und der Tempel von Aniba (18. Dynastie), Qasr Ibrim, sind für immer in den Fluten des Nil verschwunden.

270-271 *Der Tempel von el-Maharraqa wurde in der Nähe der Tempel von ed-Dakka und es-Sebua wieder aufgebaut. Das römische Bauwerk befand sich auf der Höhe von Hierasykaminos, der Stadt des heiligen Maulbeerbaumes, am Südzipfel des Reiches, etwa vierzig Kilometer nördlich von seiner heutigen Position.*

Abu Simbel

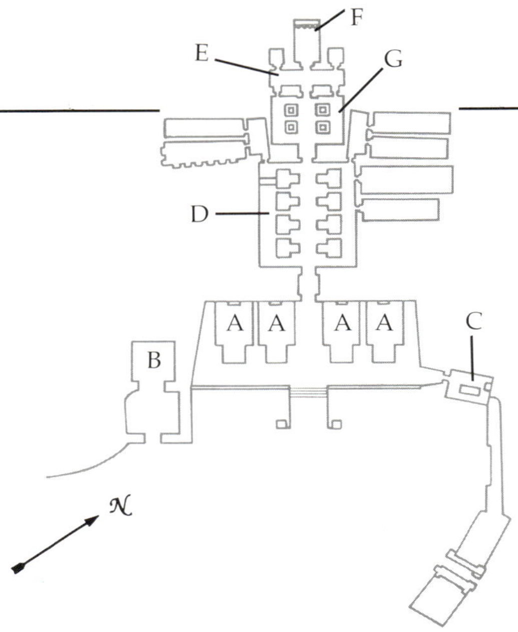

ABU SIMBEL

A Kolosse Ramses' II.
B Südliche Kapelle
C Nördliche Kapelle
D Große Hypostylhalle (Pronaos)
E Vestibül
F Allerheiligstes
G 2. Hypostylhalle

272-273 *Luftansicht des Felsentempels von Abu Simbel. Im Norden erkennt man den kleinen Tempel der Hathor und der Nofretiri, im Süden den majestätischen Tempel Ramses' II., der Amun, Rê-Harachte, Ptah und dem Pharao selbst geweiht war. Die Rettung dieses Komplexes, der wie alle anderen nubischen Tempel vom Nassersee überflutet worden wäre, war das Hauptanliegen der von der UNESCO organisierten Kampagne: In nur vier Jahren (von 1964 bis 1968) wurde der Tempel abgebaut und etwa zweihundert Meter von seinem ursprünglichen Standort entfernt vollständig wiederaufgebaut. Dafür mußte der Tempel in über tausend Blöcke zerteilt werden, von denen jeder etwa dreißig Tonnen wog. Die Feinarbeiten wurden 1972 fertiggestellt.*

Abu Simbel liegt etwa 850 km südlich von Kairo auf dem linken Nilufer in der Nähe des 2. Kararaktes und der Grenze zum Sudan. Hier endeckte der Schweizer J. L. Burckhardt, der in Jordanien die Hauptstadt des Nabatäer-Reiches, Petra, wiederentdeckt hatte, im März 1813 den großen Tempel, dessen Fassade halb von Sand begraben war.
Der Tempel war von Ramses II., dem bedeutendsten Pharao der 19. Dynastie, errichtet worden. In seiner Nähe stand ein weiterer Tempel, welcher der Göttin Hathor und der Königin Nofretiri, Gemahlin von Ramses II., geweiht war. Im Oktober 1815 besuchte ein englischer Reisender und Antiquitätenhändler namens William John Bankes in Begleitung seines Mitarbeiters Giovanni Finati aus Ferrara Abu Simbel. Sie drangen in den kleinen Tempel ein; vom großen Tempel war damals lediglich der Kopf einer der vier Kolossalstatuen, die die Fassade schmückten und den sitzenden Pharao darstellten, zu sehen.
Im März 1816 waren der piemontesische Konsul Drovetti und seine Agenten Cailliaud und Rifaud in Abu Simbel unterwegs. Aber wie Bankes fanden auch sie nicht genug Arbeitskräfte, die den Bau vom Sand hätten befreien können. Erst Giovanni Battista Belzoni gelang es in Begleitung der englischen Marineoffiziere Irby und Mangley sowie Finatis nach einem Monat harter Arbeit, den Eingang von den Sandmassen zu befreien. Am 1. August 1817 betrat Belzoni als erster das Tempelinnere. Er war zwar enttäuscht, daß er die erhofften Schätze nicht vorfand, (der Tempel war so gut wie leer), aber er begeisterte sich andererseits für die herrlichen polychromen Reliefs mit Szenen der Feldzüge von Ramses II. in Syrien, Libyen und Nubien sowie für die großen Pfeiler in der Hypo-

274-275 *Der kleine Felsentempel von Abu Simbel stand nördlich des großen Tempels auf einem anderen Hang und war der Göttin Hathor geweiht, die in Nubien als Gemahlin des Gott-Falken Horus und Schutzgöttin des Königtums galt. Die fast zehn Meter großen Statuen, die in Nischen der Fassade untergebracht waren, stellen Ramses II. und Hathor-Nofretiri dar. Die zwei Statuen der Königin, die mit Hathor wesensgleich war, sind von vier Ramsesstandbildern gesäumt. Im Gegensatz zur traditionellen königlichen Bildhauerkunst sind sie genauso groß wie die des Pharaos, was auf die Bedeutung der Herrscherin hinweist. Durch die Wesensgleichheit der Königin Nofretiri mit Hathor, Gemahlin des Horus, als dessen irdische Verkörperung der Pharao galt, wird das Königtum und seine Kontinuität bekräftigt.*

stylhalle, die den Pharao darstellten. Zur Erinnerung ritzten Belzoni und seine Begleiter ihre Namen und das Öffnungsdatum in die Nordwand der Cella.
Die etwa 30 m lange und 35 m breite Tempelfassade ist in den Felsen gehauen; die Kolossalstatuen sind über 20 m groß; neben den Beinen der Kolosse stehen einige kleinere Statuen, die die Königin Nofretiri, sowie Prinzen und Prinzessinnen darstellen.
In der Mitte über dem Tempeleingang befindet sich ein Bildnis des Gottes Rê mit Falkenhaupt, und das obere Gesims ist mit 23 Pavianstatuen geschmückt.
Im Inneren führte ein Vestibül zur großen Hypostylhalle, die von acht Osiris-Pfeilern gestützt wurde. Von hier gelangte man in eine zweite, etwas kleinere Hypostylhalle, die durch ein zweites Vestibül und letztendlich zur Cella führte. Hier standen vier Statuen in einer Nische, die die Götter Ptah aus Memphis, Amun-Rê aus Theben, Rê-Harachte aus Heliopolis und den Gott-Pharao selbst darstellten. Zweimal im Jahr schienen die Sonnenstrahlen durch die Raumabfolge und erleuchteten die Statuen in der Cella.
Auch in Abu Simbel mußten beide Tempel zwischen 1964 und 1968 abgebrochen und wieder rekonstruiert werden. Sie stehen heute 65 m höher, etwa 200 m vom ursprünglichen Ort entfernt.

***275** Der Eingang des kleinen Tempels von Abu Simbel führt in einen quadratischen* 'pronaos', *dessen Decke von sechs Hathor-Säulen getragen wird, in welche Anbetungsformeln an sechs Gottheiten eingemeißelt sind: Hathor, Anukis, Isis, Satis, Mut und Uretekau. Auf den Wänden des* 'pronaos' *sind der Pharao und Nofretiri bei einer Opferzeremonie dargestellt. Der* 'pronaos' *führt durch ein Vestibül zum Allerheiligsten, wo Hathor in Gestalt einer Kuh dargestellt wird.*

276 *Diese Abbildung zeigt den Kopf eines der Osiriskolosse im* 'pronaos' *des großen Tempels von Abu Simbel. Die Kolosse auf der Südseite stellen den Pharao mit der weißen Krone Oberägyptens und überkreuzten Armen mit dem Zepter* 'heqa' *und der Geißel* 'nekhakha' dar. *Die Kolosse auf der Nordseite tragen die Doppelkrone Ober- und Unterägyptens, so als sollte die Vorherrschaft Oberägyptens über den Rest des Landes betont werden. Belzoni, der am 1. August 1817 als erster in das Tempelinnere drang, beschrieb die Kolosse folgendermaßen: „An jedem Pfeiler lehnt eine Statue. Diese Statuen sind in bewundernswerter Weise beschlagen und zeigen kaum Spuren der Zeit. Sie unterscheiden sich nicht sehr von denen in Medinet Habu, und die Spitze ihrer Krone berührt die fast dreißig Meter hohe Decke."*

277 *Der* 'pronaos' *des großen Felsentempels Ramses' II. mißt achtzehn Meter und ist mit acht Osiris-Säulen, die zehn Meter hoch sind, geschmückt. Diese Säulen stellen Ramses II. als Osiris dar. Der Tempel wurde zwar 1813 von dem Schweizer Burckhardt entdeckt, aber der erste, der 1817 in sein Inneres drang, war Belzoni.*

278-279 *Die Fassade des großen Tempels von Abu Simbel ist mit vier über zwanzig Meter hohen Kolossalstatuen geschmückt, die Ramses II. darstellen. Der erste südliche Koloß, links vom Eingang, stürzte schon in pharaonischer Zeit in sich zusammen. An den Seiten und zwischen den Beinen jeder Statue sind zahlreiche kleinere Personen eingemeißelt, die die Gemahlin und die Mutter des Königs, sowie Prinzen und Prinzessinnen darstellen.*
Über dem Tor befindet sich eine Nische, in der der Gott Rê-Harachte dargestellt ist. Rechts davon ist ein Hieroglyphenzeichen zu sehen, das 'user' *bedeutet. Links davon ist die Göttin Maat abgebildet. Die Darstellungen ergeben den Thronnamen Ramses' II.: User-maatrê.*

Glossar

AMSET
Siehe Horuskinder

AMULETT
Talisman, der die Menschen im Leben beschützen und den Verstorbenen Lebenskraft sowie die Beibehaltung gewisser Lebensqualitäten gewährleisten sollte (Gesundheit, Schönheit, Wissen, etc.).

AMUN
Gott von Wind, Luft und Hauch, „König der Götter“; er wird normalerweise als Mann mit hoher Federkrone dargestellt, manchmal aber auch als Widder, ein ihm heiliges Tier. Zusammen mit den Göttern Mut und Chons bildete er die *Thebanische Triade*. Er wurde später mit dem Sonnengott Rê vereint und unter dem Namen Amun-Rê verehrt. Hauptkultort war Theben.

ANCH (HENKELKREUZ)
Hieroglyphenzeichen für Leben; das Henkelkreuz galt als mächtiges Amulett.

ANUBIS
Ein schakalköpfiger Gott, Vorsitzender bei der Einbalsamierung und Begleiter der Verstorbenen in das Totenreich

ANUKIS
Weibliche Gottheit, die auf der Insel Sehel nahe Assuan verehrt wurde. Mit Satis wurde sie als eine der zwei Gemahlinnen des Chnum angesehen.

APIS
Heiliger Stier, der in Memphis verehrt wurde. Symbol der Männlichkeit und Fruchtbarkeit. Der verstorbene Apis (Osiris + Apis = Sarapis) war in den unterirdischen Gruften des Serapeum in Sakkâra begraben.

APOPHIS
Eine boshafte Schlange des östlichen Horizonts, die jeden Morgen die aufgehende Sonne bekämpfte. Die Schlange wurde jedoch stets besiegt.

ATEF
Eine der charakteristischen Kronen des Gottes Osiris; es handelte sich um eine Kombination aus weißer Krone und Federkrone. Sie bestand aus einer Mitra, die von zwei aufrecht stehenden Straußenfedern eingerahmt war, die manchmal noch von einer kleinen Sonnenscheibe überragt wurden.

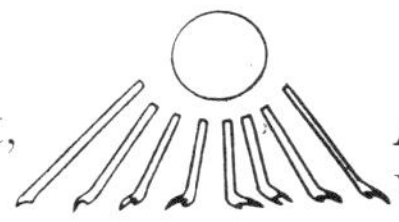

ATON (SONNENSCHEIBE)
Von Amenophis IV. (Echnaton) zur einzigen Gottheit erklärt; Aton wurde niemals in menschlicher Gestalt dargestellt.

ATUM
Ur- und Schöpfergott an der Spitze der Neunheit von Heliopolis; in Menschengestalt oder als Aal, stets mit der Doppelkrone dargestellt. Als Sonnengott (Atum-Rê) steht er für die untergehende Sonne.

BA
Eine der menschlichen Seelen, die als menschenköpfiger Vogel dargestellt wird. Die anderen Seelen waren *ach* („Leuchtkraft“) und *ka* („Lebenskraft“).

BASTET
Göttin der Liebe und Freude mit Katzenkopf (oder Löwenkopf) dargestellt; am Arm trägt sie ein Körbchen, in der Hand ein Sistrum.

BES
Gutmütiger Dämon mit Löwenmaske; Schutzgott der Gebärenden und der Kinder: Sein bedrohliches Grimassengesicht sollte unheilbringende Geister vertreiben.

BUSIRIS
Stadt in Unterägypten; hier hat der Osiriskult seinen Ursprung.

CHEPRE
Gottheit, die den Sonnenaufgang symbolisiert, meist als Skarabäus dargestellt.

CHNUM
Widderköpfiger Gott, Schöpfergott, der die Menschen auf der Töpferscheibe geformt haben soll; Herr über das Wasser. Er galt als Schutzgott von Elephantine und des Gebietes um den 1. Katarakt.

CHONS
Mondgott in Knabengestalt; in Theben galt er als Sohn Amuns und Muts. Er wird häufig mit einem Falkenkopf dargestellt, der mit einer Mondscheibe und -sichel geschmückt ist. Er galt als öffentlicher Ratgeber.

DESCHERET
Rote Krone, Symbol der Herrschaft über Unterägypten

DJED (PFEILER)
Beschützendes Amulett; Symbol der Festigkeit und Dauer. Er ist Sinnbild für die Wirbelsäule des Osiris.

ELLE
Königliches Längenmaß in Ägypten: Sie maß 52,3 cm und wurde in 7 Spannen und 28 Zoll unterteilt.

ENNEADE
Neun Gottheiten, Schöpfer der heliopolitanischen Kosmogonie: Atum, Schu, Tefnut, Geb, Nut, Osiris, Isis, Seth und Nephthys (siehe Kosmogonie)

FAYENCE
Künstlich hergestelltes Material durch erhitztes Gemisch aus Kiesel, Alkali, Kalk und Kupferoxid; es ist normalerweise blau und sieht aus wie Glas.

GEB
Personifikation der Erde; Gemahl der Nut und Vater des Osiris.

GENIUS
Dämon; häufig in Gestalt einer Mumie; er konnte sowohl gut- als auch bösartig sein.

HAPI
Siehe Horuskinder

HAPI-NIL
Nilgott; er wird als menschlicher Hermaphrodit mit Brüsten und vorstehendem Bauch als Symbole für Reichtum und Fruchtbarkeit dargestellt.

HARMACHIS
Sonnengott, „Horus am Horizont", Türhüter im Totenreich, als Sphinx dargestellt.

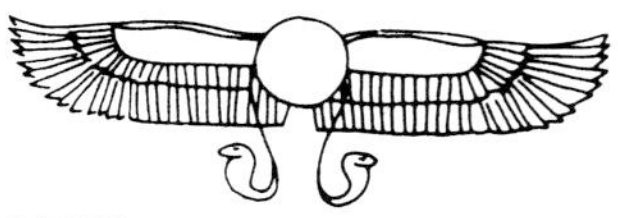

HAROERIS
Eine Gestalt des Horus, „Horus der Große"; wird mit einem Gott-Falken identifiziert.

HARPOKRATES
Spätägyptische Darstellung des Horus als Kind, mit Finger am Mund und Jugendlocke; beschützt vor Bissen giftiger Tiere.

HATHOR
Göttin, die als Kuh, als kuhköpfige Frau oder als Frau mit Kuhohren dargestellt wurde. Sie ist die Schutzheilige der Frauen, der Musik und als Göttin des Okzidents auch der Toten.

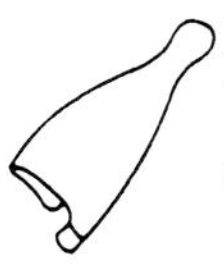

HEGET
Weiße Krone, Herrschersymbol von Oberägypten

HEKET
Weibliche Gottheit in Froschgestalt, Schutzgöttin der Geburt

HELIOPOLIS
Stadt in Unterägypten; von den Ägyptern ursprünglich *On*, „die Säule", genannt; Sitz des Sonnenkultes

HEMHEM
Ein aus drei Kronen *atef* gebildetes Diadem

HEQA
Zepter in Form eines Hirtenstabes, Symbol der Königswürde, Attribut des Gottes Osiris

HES
Schlanker ovaler Krug, Behälter für Weihwasser

HORUS
Gott in Falkengestalt oder falkenköpfig dargestellt; Gott des Himmels und Beschützer des Pharaos, in dem er seine Verkörperung fand. Als Sohn des Osiris und der Isis wird er häufig als daumenlutschendes Kind (Harpokrates) dargestellt.

HORUSKINDER
Vier mumiengestaltige Genien: Amset (menschliches Haupt), Hapi (Pavianhaupt), Duamutef (Schakalhaupt) und Kebechsenuef (Falkenhaupt). Sie waren die Beschützer der Kanopen und Vertreter der Himmelsrichtungen.

IARU
Siehe Iarusfluren

IARUSFLUREN
Felder im Jenseits, auf denen die Seelen der Verstorbenen arbeiten konnten.

IBIS
Ein dem Thot heiliger Vogel; in der Spätzeit hielt man ihn für dessen Verkörperung.

IMENTIT
Göttin des Okzidents; sie empfängt die Toten.

IMHOTEP
Baumeister der Totenanlage des Pharaos Djoser (3. Dynastie); Imhotep wurde in der Spätzeit als Arzt und Weiser vergöttlicht und von den Griechen mit Asklepios, dem Gott der Medizin, identifiziert.

ISIS
Gemahlin und Schwester des Gottes Osiris, Mutter des Horus; sie wird häufig mit einem Thron auf dem Kopf dargestellt.

ISISKNOTEN
Siehe Tit

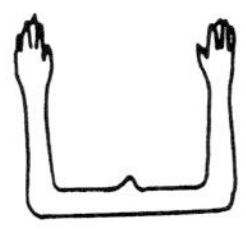

KA
Eine der menschlichen Seelen, die die Lebenskraft darstellt. Der Mensch und sein *ka* werden als identische Gestalten geschaffen. Das *ka* ist unsterblich und sollte dem Menschen die nötige Kraft für das Leben nach dem Tod verleihen.

KANOPEN
Krüge zur Aufbewahrung von Lunge, Magen, Darm und Leber, die dem Verstorbenen bei der Mumifizierung entnommen wurden. Die Eingeweide wurden von den vier Horuskindern (Amset, Hapi, Duamutef und Kebechsenuef) beschützt. Die Kanopendeckel aus ramessidischer Zeit wurden als Köpfe der Horuskinder gestaltet: Mensch, Pavian, Schakal und Falke. Sie waren nach den vier Himmelsrichtungen ausgerichtet.

KARTUSCHE
Seilschleife, die an der Unterseite einen Knoten hat und den Namen des Pharaos umrahmt. Der Gebrauch der Kartusche, die die universelle Macht des Sonnengottes und somit auch des Pharaos symbolisierte, war den beiden wichtigsten der fünf Namen des Königs vorbehalten: dem Geburtsnamen (der mit dem Titel ‚Sohn des Rê" eingeleitet wird) und dem Thronnamen (der mit dem Titel „König von Ober- und Unterägypten" eingeleitet wird).

KEBECHSENUEF
Siehe Horuskinder

KENOTAPH
Grabmal ohne Leichnam; berühmt ist der Sethos' I., in Abydos errichtete, um symbolisch in der Nähe des Osirisgrabes ruhen zu können.

KHEPRESCH
Blauer Zeremonienhelm des Pharaos aus runden Scheiben (kein Kriegshelm)

KIOSK
Pavillonartiges Bauwerk; das Dach wurde durch Säulen oder Pfeiler getragen. Bei Prozessionen und an Gedenktagen war der Kiosk Station für die heiligen Barken.

KOSMOGONIE

Die Priester aus Heliopolis glaubten, die Welt sei aus dem Ur-Ozean Nun entstanden, aus dem der Sonnengott Atum, der allmächtige Schöpfer, hervorging. Der Sonnendemiurg zeugt zwei Gottheiten (Schu, die trokkene Luft, und Tefnut, die feuchte Luft). Diese zeugen ihrerseits Geb (die Erde) und Nut (den Himmel); aus den letzteren werden Osiris, Isis, Seth und Nephthys geboren (siehe Enneade).

KRONE
Siehe Atef, Descheret, Heget, Khepresch, Pschent

KUSCH
Ägyptischer Name für den heutigen Sudan (Ober-Nubien)

LOTUS

Insbesondere der blaue Lotus wird als Ornament benutzt; aus dem Ur-Lotus wurde die Sonne zu Anbeginn der Welt geboren (siehe Nefertem).

MAAT

Göttin, die die kosmische Ordnung verkörpert, auch Göttin der Wahrheit und Gerechtigkeit; die Straußenfeder auf ihrem Kopf symbolisiert ihren Namen.

MAMMISI
Kleiner Tempel der Spätzeit, in dem die Geburt des jeweiligen Gottes gefeiert wurde; meist nahe bedeutenden Tempeln errichtet.

MASTABA

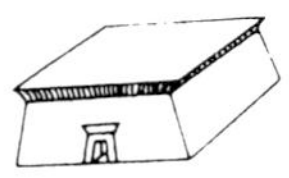

Arabisches Wort, das „Bank" bedeutet; es bezeichnet, einen rechteckigen, schräg abgeflachten Grabbau aus Lehmziegeln oder Stein. Im Inneren besteht die Mastaba aus einem oder mehreren Kulträumen und einem Schacht, der zur Grabkammer führt.

MAULBEERBAUM

Heiliger Baum, den Göttinnen Hathor und Nut geweiht; sein äußerst hartes Holz wurde zur Herstellung von Möbeln, Sarkophagen und anderen Totenkultgegenständen benutzt.

MEMPHIS
Stadt in Unterägypten, Hauptstadt des Alten Reiches

MENAT
Schmuckstück (Halsband) mit Gegengewicht

MERTSEGER
Weibliche Gottheit in Gestalt einer Kobra, ihr Hauptkultort war die Siedlung von Deir el-Medina, der Nekropole von Theben.

MIN

Mumiengestaltiger Gott mit Federkrone und erhobenem rechten Arm; in der Hand hält er eine Geißel. Er galt als Erntegott und als Schutzgott der Fruchtbarkeit und der Wege durch die Ostwüste; Kultorte waren Koptos und Akhmim. Am Minfest, an dem auch die Königin teilnahm, leiteten Prozessionen die Ernte ein.

MNEVIS
Heiliger Stier im Sonnenkult in Heliopolis verehrt

MONTH

Kriegsgott, ursprünglich falkenköpfig (ähnlich dem Gott Horus) dargestellt; häufig mit einer Sonnenscheibe und zwei Federn geschmückt; sein Kult war auf thebanischem Gebiet angesiedelt.

MUMIE
Leichnam, der straff in Stoffstreifen gewickelt wurde; das Wort geht auf das persische *mumia* zurück, was soviel wie „Pech" bedeutet. Pech ist an ägyptischen Mumien allerdings erst seit römischer Zeit nachweisbar.

MUNDÖFFNUNG

Bei diesem Ritual wurde Statuen und Mumien durch die Berührung mit einer kleinen Axt das Leben zurückgegeben.

MUT

Göttin, die ursprünglich als Geier dargestellt wurde, später in menschlicher Gestalt; Gemahlin des Amun und Mutter des Chons *(Thebanische Triade);* Kultort war Theben.

NAOS

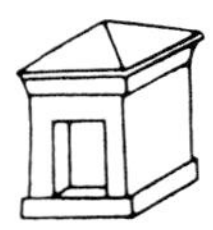

Kleiner Schrein aus Stein oder Holz, in dem die Statue des Gottes im Allerheiligsten aufbewahrt wurde.

NEB

Hieroglyphenzeichen (eine Goldkette) zur Bezeichnung des Edelmetalls

NEBRIDE

Tierleder an einem Stock; eines der Symbole des Osiris und Anubis

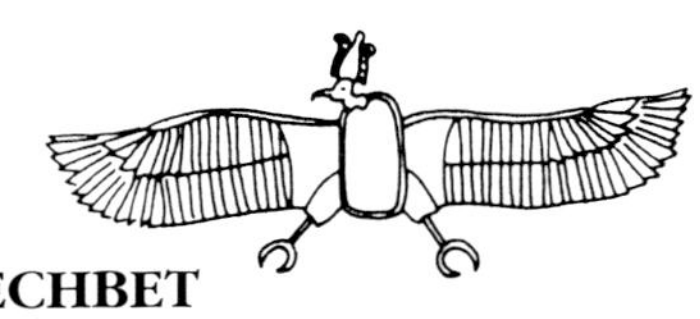

NECHBET
Göttin, die als Geier dargestellt wurde; in Nekheb (heute el-Kâb) verehrt; Schutzgöttin Oberägyptens.

NEFERTEM
Männliche Gottheit als Personifikation des Ur-Lotus, auf dem die Sonne bei der Weltschöpfung geboren wurde.

NEITH
Göttin aus Sais im Delta. Sie wurde mit Krieg und Webkunst in Verbindung gebracht; sie galt als Schutzgöttin und übte diese Rolle zusammen mit Isis, Nephthys und Selkis im Totenkult aus. Seit dem Neuen Reich wurde sie als Schöpfergöttin betrachtet, als Mutter der Sonne. Auf Darstellungen trägt sie die rote Krone Unterägyptens; manchmal trägt sie auch ein Schild mit zwei überkreuzten Pfeilen.

NEKHAKHA
Geißel aus geflochtenem Leder, Symbol der Autorität, Attribut des Osiris

NEMES
Eine vom Herrscher getragene Kopfbedeckung aus Stoff: Sie wurde um den Kopf gewickelt; ihre Enden fielen seitlich des Gesichts auf die Schultern.

NEPHTHYS
Schwester der Göttin Isis und Gemahlin des Seth; Mutter des Anubis

NILOMETER
Wasserstandsmesser zur Bestimmung der Nilüberschwemmung, von der sowohl das religiöse als auch das wirtschaftliche Leben in Ägypten abhing; der Nilometer wurde an allen bedeutenden Tempeln angebracht.

NOMOS
Griechisches Wort, mit dem die verschiedenen Verwaltungsbezirke (je nach Periode 39 bis 42) in Ägypten bezeichnet wurden. Dieses Verwaltungssystem hatte seinen Ursprung vermutlich in Frühgeschichtlicher Zeit und hielt sich bis zur römischen Zeit.

NUBIEN
Landschaft zwischen dem 1. und 4. Katarakt. Man unterscheidet Unter-Nubien zwischen dem 1. und 2. Katarakt (von den Ägyptern *wawat* genannt) von Ober-Nubien, unter dem Namen Kusch bekannt.

NUN
Gottheit, die die Ur-Gewässer und das Ur-Chaos darstellt, in denen die Schöpfung ihren Anfang fand (siehe Kosmogonie).

NUT
Himmelsgöttin, Gemahlin des Geb, des Gottes der Erde, und Schwester von Schu und Tefnut. Sie wird in gekrümmter Haltung entsprechend dem Lauf der Gestirne dargestellt. Sie ist häufig zum Schutz in Königsgräbern oder auf Sarkophagdeckeln abgebildet.

OBELISK
Das Wort aus dem Griechischen („kleiner Spieß") bezeichnet einen vierseitigen Steinpfeiler, den eine goldene Spitze, ein *Pyramidion,* krönte. Obelisken wurden häufig paarweise vor den Tempelpylonen aufgestellt. Der Obelisk ist ein Sonnensymbol und erinnert an den vorgeschichtlichen Kult aufeinandergeschichteter Steine, die von der aufgehenden Sonne bestrahlt wurden.

OKZIDENT
Das Totenreich

OPET-FEST
Großes religiöses Fest in Luxor im zweiten oder dritten Überschwemmungsmonat. Bei diesem Anlaß wurde das Kultbild Amuns vom Tempel von Karnak zum Tempel von Luxor getragen.

OPFERTISCH
Platte aus Stein oder Ton, in die verschiedene Opfergaben für den Verstorbenen eingeritzt oder eingemeißelt waren; sie wurde zur Verpflegung des Verstorbenen mit ins Grab gelegt.

OSIRIS
Gottheit in Gestalt einer Mumie, Herrscher über die Toten, dessen Hauptkultort in Abydos war. Als Gemahl der Isis zeugte er nach seinem eigenen, durch seinen Bruder Seth verursachten Tod seinen Sohn Horus. Als Erwachsener rächt Horus seinen Vater. Auf Darstellungen trägt er die Krone *atef,* das Zepter *heqa* und die Geißel *nekhakha*.

OSTRAKON
Scherbe eines Tongefäßes oder Steinsplitter, der zum Schreiben benutzt wurde.

PAPYRUS
Sumpfpflanze *(Cyperus papyrus),* deren überkreuzte und übereinandergelegte Stengelfasern ein Blatt bilden.

PFORTENBUCH
Führer für den Verstorbenen zur Überwindung der Türen und ihrer Hüter im Totenreich

PHARAO
Wort, das auf das ägyptische *Per aa,* „großes Haus", zurückgeht und zur Bezeichnung des Königspalastes benutzt wurde; ab dem 1. Jahrtausend v. Chr. wird auch der Herrscher so genannt.

PRONAOS
Vestibül (Vorhalle) eines Tempels oder Grabmals

PSCHENT
Doppelkrone, Herrschersymbol in Ober- und Unterägypten; die weiße Krone wurde in die rote Krone gesetzt (siehe Heget und Descheret).

PSYCHOSTASIS
Das Wiegen der Seele: Nach dem Tod wurde die Seele bzw.

das Herz auf einer zweischaligen Waage gewogen; wenn sie so leicht wie eine Feder (Symbol der Wahrheit und Gerechtigkeit) war, ging sie in das Reich der ewigen Glückseligkeit ein, anderenfalls wurde sie von einem Ungeheuer verschlungen.

PTAH

Schöpfergott, der in Memphis verehrt wurde; Gemahl der Löwengöttin Sechmet und als mumiengestaltiger Mann mit dem Zepter *was* dargestellt. Später verschmolz er mit Sokaris, dem anderen memphitischen Totengott, und wurde in der synkretistischen Form des Ptah-Sokaris angebetet.

PYLON

Monumentaler Tempeleingang, bestehend aus zwei turmartigen Torbauten

PYRAMIDE
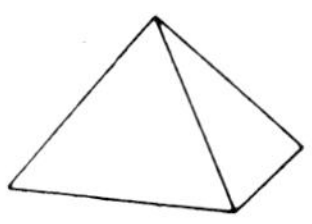
Grabbau zum Schutz und für den Totenkult des Pharaos; die Pyramide war aber auch Symbol einer Himmelstreppe und der Sonnenstrahlen. Man unterscheidet Stufenpyramiden (3. Dynastie) von „echten" Pyramiden (4. Dynastie). Südlich des Bauwerks befanden sich eine oder mehrere Nebenpyramiden (Pyramiden der Königinnen), östlich der Totentempel, der durch eine Prozessionsstraße mit dem Taltempel für die Beerdigungszeremonien des Pharaos verbunden war.

PYRAMIDENTEXTE
Dem Pharao vorbehaltene Formeln für den Beerdigungsritus, die in die Grabkammerwände der Pyramiden aus der Zeit der 5. und 6. Dynastie eingemeißelt wurden.

PYRAMIDION
Kleine Steinpyramide, Sonnensymbol, die auf die Spitze eines Obelisken gesetzt wurde oder die Spitze ersetzte. Oft war sie mit Gold verkleidet.

RÊ

Alte Sonnengottheit, die später mit vielen Gottheiten (Atum, Chepre, Horus, Rê-Harachte) als wesensgleich betrachtet wurde; Kultort war Heliopolis. Rê wird entweder mit einem Falkenhaupt dargestellt, das von der Sonnenscheibe überragt wird, oder auf seinen nächtlichen Reisen mit einem Widderkopf. Seit der 4. Dynastie galt der Pharao als „Sohn des Rê".

RÊ-HARACHTE
Sonnengott, „Horus der zwei Horizonte"; er wird in Gestalt eines Falken und mit Sonnenscheibe dargestellt; er verbindet die Eigenschaften von Rê und Horus.

REGISTER
Waagerechte Einteilung des Wandschmucks in Gräbern, Tempeln.

RENENUT

Weibliche Göttin mit Kobrahaupt, Beschützerin der Feldarbeit und Fruchtbarkeit. Im Mittleren Reich ist ihr Kult im Fayûm, in Medinet Madi, nachweisbar.

SARAPIS

Gottheit aus spätptolemäischer Zeit, die die ägyptischen Attribute des Osiris-Apis mit den griechischen des Zeus-Pluto in sich vereint. Berühmt sind die Serapeien, Kultstätten des Sarapis, in Sakkâra und Alexandria.

SARGTEXTE
Zauberformeln, die dem Verstorbenen ein Leben im Jenseits gewährleisteten. Sie wurden in der Ersten Zwischenzeit und im Mittleren Reich auf die Sarkophagwände gemalt.

SATIS

Weibliche Göttin, die in Assuan auf der Insel Elephantine verehrt wurde. Zusammen mit Anukis galt sie als Gemahlin des Chnum.

SÄULEN

Ein wesentliches Element der ägyptischen Architektur. Man unterscheidet, je nach Kapitell, verschiedene Ordnungen: Bündelsäule (oder protodorische Säule mit einem einfachen Parallelabakus), Palmsäule (Kapitell aus Palmen- oder Dattelbaumblättern), Lotusbündelsäule (Kapitell aus geschlossenen Lotusknospen), Papyrusbündelsäule (mit zusammengebundenen Papyrusstengeln) und Hathor-Säule (Kapitell in Form des Kopfes der Göttin Hathor).

SCHU

Männliche Gottheit der trokkenen Luft, der Leere und Gemahl der Tefnut (Göttin der feuchten Luft) in der heliopolitanischen Kosmogonie.

SECHMET

Weibliche Gottheit mit Löwenhaupt, oft von der Sonnenscheibe überragt; Beschützerin der königlichen Macht des Pharaos, verantwortlichen für Gesundheit und Krankheit; wesensgleich mit Hathor, Bastet und Isis.

SED
Fest des „Jubiläums", das der Pharao nach dreißig Regierungsjahren feierte und das dann alle drei Jahre wiederholt wurde.

SEKHEM

Zepter (Krummstab), Zeichen der Pharaonenwürde

SELKIS

Schutzgöttin des Totenkultes, (wie Isis, Nephthys und Neith). Auf ihrem Kopf befindet sich ein Skorpion, der ihren Namen umschreibt.

SERDAB
Eine in der Mastaba verschlossene Standbildkammer, in der die Statuen der Verstorbenen aufbewahrt wurden.

SEREKH

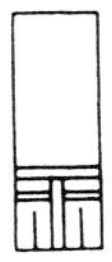

Stilisierte Darstellung der Fassade des Königspalastes, auf welcher der erste der fünf Pharaonamen geschrieben stand.

SETH

Gott der chaotischen Mächte, Bruder und Mörder des Osiris sowie Rivale des Horus. Er wird entweder als undefinierbares Lebewesen oder als Mensch mit Tierhaupt dargestellt.

SISTRUM (RASSELSTAB)

Ein den Göttinnen Hathor und Bastet geweihtes Musikinstrument. Es bestand entweder aus einem kapellenförmigen Oberteil, und Metallscheiben in seinem Inneren oder aus einem Handgriff mit einem daran befestigten Bügel, durch den drei oder vier Metallstäbe hindurchgesteckt wurden.

SKARABÄUS

Käfer, Symbol der Wiederbelebung (das Lautzeichen bedeutet „geboren werden", „entstehen"); er repräsentiert die aufgehende Sonne (siehe Chepre).

SOBEK

Krokodilgott, als Tier oder als Mensch mit Krokodilkopf und der Krone *atef* dargestellt. Hauptkultorte waren Kom Ombo und das Fayûm.

SPHINX

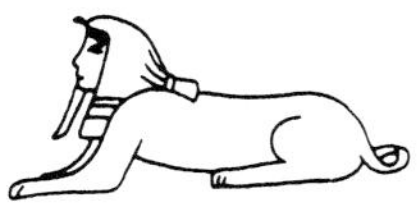

Löwe mit Menschenhaupt, Symbolisierung der Herrschermacht und Türhüter der Tempel; die bekannteste Sphinx ist die von Gîza, die den König Chephren (4. Dynastie) darstellt, der später mit dem Gott Harmachis, „Horus am Horizont", identifiziert wurde.

STELE

Stein- oder Holzplatte unterschiedlicher Form mit Dekorationen und Inschriften, meist als Grabstein; bedeutend sind die historischen Stelen, die vom Pharao zur politischen Propaganda benutzt wurden.

TEFNUT

Weibliche Gottheit der Feuchtigkeit, Gemahlin des Schu

THOT

Gottheit, die als Pavian, als Ibis oder als Mann mit Ibiskopf dargestellt wird. Gott der Weisheit, der Gesetze und heiligen Bücher; Erfinder der Schrift und der Wissenschaften, Schutzgott der Schreiber; Kultort war Hermopolis.

TIT

Schutzamulett aus rotem Stein (Jaspis), auch „Isisknoten" genannt. Es wird im 156. Kapitel des *Totenbuches* erwähnt, welches genaue Anleitungen gibt, wie das Amulett zum Schutz des Verstorbenen am Hals angebracht werden sollte.

TOTENBUCH

Textsammlung in 190 Kapiteln; illustrierte Zauberformeln, die dem Verstorbenen das Überleben im Jenseits gewährleisteten. Die Formeln wurden auf Papyri geschrieben und neben den Toten gelegt. In der Spätzeit wurden die Stoffstreifen der Mumie bemalt und mit den Formeln beschrieben.

UDJAT

Auge des himmlischen Gott-Falken Horus; wurde als Schutzamulett benutzt.

URÄUSSCHLANGE

Kobra, Symbol des Lichtes und des Königtums. Sie war der Göttin Uto und dem Sonnengott heilig (man hielt die Uräusschlange für das Auge des Sonnengottes).

USCHEBTI

Eine mumiengestaltige Figur, die den Verstorbenen bei der Feldarbeit im Jenseits ersetzte. Der Name wurde von *usceb* (antworten) hergeleitet, denn sie folgten (antworteten) jeden Tag dem Ruf zur Arbeit.

UTO (WADJET)

Eine als Uräusschlange dargestellte Göttin, die in Buto (heute Tell el-Farain) im Delta verehrt wurde; Beschützerin des Herrschers von Unterägypten.

WAG

Zepter in Form eines Papyrusstengels; Attribut der weiblichen Gottheiten

WAS

Zepter, Attribut der männlichen Gottheiten

WESIR

Titel des Oberhauptes der altägyptischen Exekutivgewalt; er vertrat den Pharao in allen Verwaltungsfragen des Landes.

ZEPTER

Siehe Heqa, Sekhem, Was, Wag

ZEREMONIENBART

Ein künstlicher Bart, der dem König, einer Gottheit oder einer vergöttlichten Person am Kinn angebracht wurde; entweder einfach oder geflochten. Der Zeremonienbart endet normalerweise in einer Locke.

Das Alte Ägypten und seine Provinzen

Das Alte Ägypten war in verschiedene *sepat* (Verwaltungsbezirke) unterteilt. Die Griechen nannten diese Bezirke später *nomoi* (Singular: *nomos*).
Jeder *nomos* war durch ein Emblem (zum Beispiel Tiere, Schutzgötter, Idole oder magische Zeichen) gekennzeichnet, das vor der Vereinigung Ägyptens vermutlich ein Erkennungszeichen für die Menschen war, die in der betreffenden Region lebten.
Die Einteilung in *nomoi* entsprach landwirtschaftlichen, wirtschaftlichen und steuerlichen Erfordernissen, deren Ursprung in Verbindung mit der Bewässerung eines bestimmten Gebietes gestanden haben muß. Das bestätigt ein Hieroglyphenzeichen, das zu jedem Emblem gehört und ein Kanalsystem symbolisiert: 𓈘
Jeder *nomos* hatte eine eigene Hauptstadt und wurde von einem *nomarch*, einem „der die Kanäle gräbt", regiert.
Im Alten Reich gab es 39 Verwaltungsbezirke; später wurde die Zahl auf 42 erhöht (20 *nomoi* in Unterägypten und 22 in Oberägypten). Diese Zahl hing mit dem Glauben der Alten Ägypter zusammen, denn auch das Totengericht des Gottes Osiris bestand aus 42 Richtern.
Das Fayûm und Nubien oberhalb des 1. Kataraktes wurden nicht zu den 42 Verwaltungsbezirken gezählt, sondern galten als eigene Gebiete.
Die Hieroglyphen, die in diesem Buch oben auf jeder Seite zu sehen sind, kennzeichnen den *nomos* der Orte, die in dem jeweiligen Abschnitt behandelt werden.

UNTERÄGYPTEN

1. *nomos: ineb heg*, „Weiße Mauer"
Gîza, Sakkâra, Memphis

19. *nomos: imety pehu*, „königliches Kind"
Tanis

OBERÄGYPTEN

1. *nomos: ta-seti*, „Land von Nubien"
Elephantine, Kom Ombo, Philae

15. *nomos: unu*, „Hase"
Amarna

2. *nomos: utches-tor*, „Thron des Horus"
Edfu

21. *nomos: naret pehetet*, „Nar-Baum"
Dahschûr, Meidum

3. *nomos: nekhen*, „ländlich"
Esna

mer-uer, „der große See"
el-Fayûm

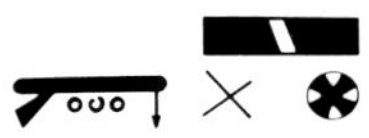

4. *nomos: waset*, „Zepter"
Theben, Luxor, Medinet Habu, Tal der Könige, Tal der Königinnen

Nubien, Abu Simbel

6. *nomos: iker*, „Krokodil"
Dendera

sema tauy,
„Vereinigung der zwei Länder"
(Ober- und Unterägypten)

8. *nomos: ta-ur*, „das große Land"
Abydos

Bildnachweis

Archivio Image Service:
1, 6-7, 10, 11, 17, 22 oben, 24, 25 unten rechts, 30, 31, 34 oben, 34-35, 48, 54, 55, 56, 61, 62-63, 64 unten, 66, 67, 68, 69, 70, 71, 72, 73, 74, 75, 76, 77, 78, 79, 82, 90, 91, 106, 108 unten, 112, 113, 117, 126, 138, 141, 148-149, 150, 151, 154 unten, 164, 165, 166, 167, 174 links, 180-181, 185, 186, 187, 190, 192, 193, 194 unten, 195, 196-197, 214, 215, 216, 217, 218, 219, 224-225, 226-227, 228, 229, 230-231, 232-233, 234-235, 236, 237, 238, 239, 242-243, 244, 246-247, 250, 260-261, 262 unten, 262-263, 276, 277

Archivio Scala:
202, 203

Antonio Attini/White Star:
64 oben, 65, 142, 143, 200-201

Marcello Bertinetti/White Star:
33 oben, 240, 243

Yann-Arthus Bertrand/Altitude/Grazia Neri:
16, 18-19, 26-27, 28-29, 144-145

James P. Blair/National Geographic Society:
105

Hervé Champollion:
14-15, 257 rechts, 270-271, 278-279

Patrick Chapuis:
106-107, 107 unten, 108 oben, 109

Giuliano Colliva:
156-157, 198, 268-269, 272-273

Anne Conway:
172-173

Dallas and John Eaton/Apa Photo Agency:
191

Cesare Gerolimetto:
20

Griffith Institute Ashmolean Museum, Oxford:
92, 93, 94, 95, 96, 97, 98, 103

IGDA:
36-37, 39, 46, 50, 80-81, 184, 206

Barry Iverson:
2-3

Jürgen Liepe:
8, 49, 51, 52, 53, 121 unten, 133, 140, 146, 196 unten, 199, 205, 210-211, 212, 213, 249, 252, 253, 254-255

Kazuyoshi Nomachi/PPS/Grazia Neri:
194-195

Claude E. Petrone/National Geographic Society:
104

J. CH. Pratt/Diaf:
21

Pratt-Pries/Diaf:
24-25

Johann Scheibner:
25 unten links

Henri Stierlin:
4-5, 9, 58, 60, 116, 117, 118-119, 120, 121 oben, 122, 123, 124, 125, 134, 152, 153, 207, 208, 209

Yvan Travert/Diaf:
131

Giulio Veggi/White Star:
12-13, 57, 110-111, 126-127, 127 unten 134, 135, 136-137, 154-155, 155 oben, 156 unten 157 rechts, 162-163, 168-169, 170, 171, 174-175, 176, 177, 178, 179, 182-183, 241, 245, 248, 256-257, 258, 259, 260 unten, 264, 265, 266-267, 274-275, 275 rechts

Waldemar Herz:
130

Zefa:
22-23, 32-33, 204

Register

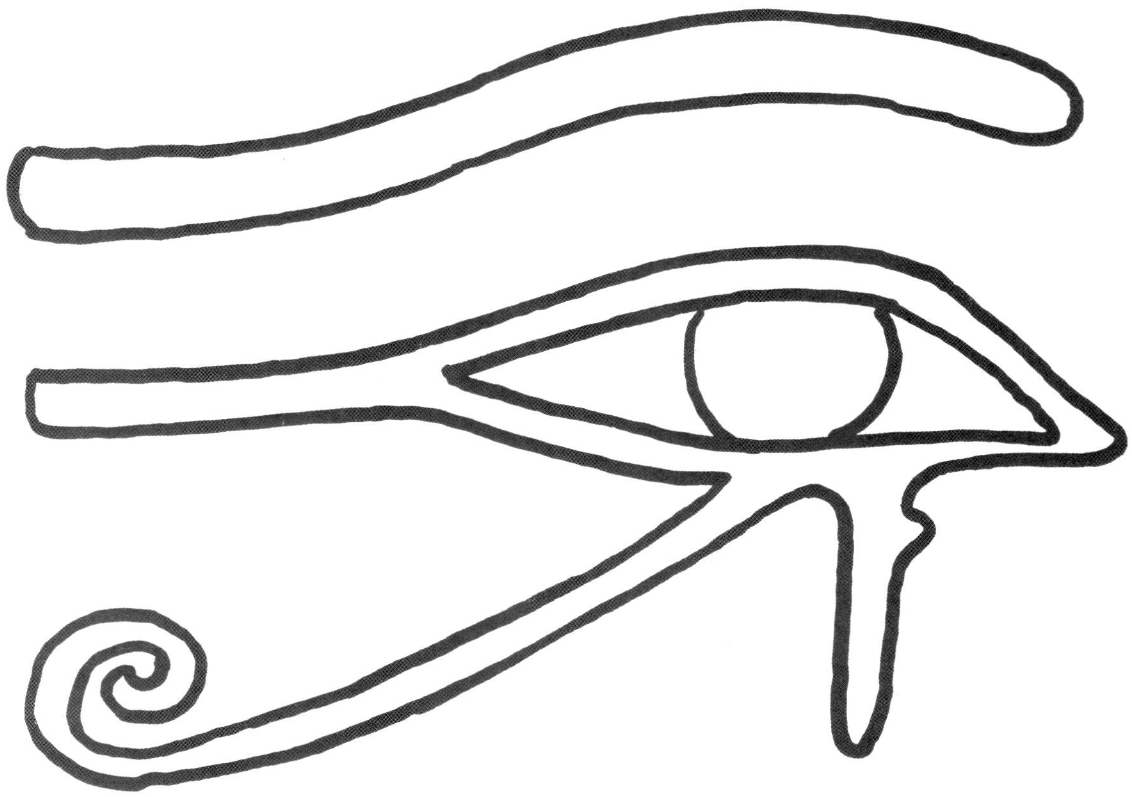